谨以此书献给中国制碱业巨擘

大化厂 大化人

张燕燕 著

大连出版社
DALIAN PUBLISHING HOUSE

图书在版编目（CIP）数据

大化厂　大化人／张燕燕著．—大连：大连出版社，2012.8
ISBN 978-7-5505-0348-9

Ⅰ．①大…　Ⅱ．①张…　Ⅲ．①化工厂－工厂史－大连市　Ⅳ．①F426.7

中国版本图书馆CIP数据核字(2012)第193434号

出 版 人：刘明辉
策划编辑：张　波
责任编辑：金　琦
责任校对：刘丽君
封面设计：林　洋
版式设计：张　波
责任印制：徐丽红

出版发行者：大连出版社
地址：大连市西岗区长白街12号
邮编：116011
电话：0411-83620490
传真：0411-83610391
网址：http://www.dlmpm.com
E-mail：zb@dlmpm.com
印 刷 者：大连美跃彩色印刷有限公司
经 销 者：各地新华书店

幅面尺寸：170 mm×230 mm
插　　页：6
印　　张：17.25
字　　数：300千字
出版时间：2012年8月第1版
印刷时间：2012年8月第1次印刷
书　　号：ISBN 978-7-5505-0348-9
定　　价：42.00元

引言

2010年的一天，我听到了“大化”要搬迁的消息。于是，我这个大化子弟被不舍与眷恋的心情牵引，独自来到大化，来到这个与我的生命息息相关的老厂，一次次按下相机快门，记录着大化逐渐“消失”的背影。

那天天很热，湛蓝的天空没有一丝云彩，我站在大化正门三号门向厂区里望去，居然可以一眼看到最远处的海端，这在过去是绝对不可能的。以前，一走进三号门，就能看到一条南北走向直通海边的厂区道路，而道路两边林立着总厂办公大楼、大食堂、合成车间大楼等建筑，从合成车间伸出来的多条气体管线在道路上空纵横交错，只有透过管线的缝隙，才可以隐约地看到道路尽头的那个被“大化人”称为“南海头”的海边。“南海头”的西北面，有一座灰黑色的高楼，那是硫铵车间。硫铵车间的排空管线每天都要排出一定量的废气——三氧化硫。遇到阴天或雾天，三氧化硫就会与潮湿的空气发生反应，生成低浓度的硫酸降下来，人称“硫酸雨”。硫酸雨落到人的衣服上，衣服会被烧出一个个小窟窿；落到脸上、脖子上，便会有灼痛感。现在这里没有硫酸雨了，这是因为硫铵车间已经搬迁了。

三号门门岗的执勤人员管理很严，他们只允许前来怀旧的人们在距三号门门岗几米外拍照，而不许人们随便进厂。厂子里不时开出一辆辆载满陈旧设备的卡车，从人群边呼啸而去。拍照的人越来越多，由最初的几个到几十个、几百个。在人群中，我看到了曾经熟悉的面孔，有建国后第一批留美归国的大化老工程师李祉川的女儿李美漪，还有中心化验室的老工程师王琅骥的儿子王铮。这些老知识分子的儿女也已是七十多岁的老人了，他们的父辈早已不在人世，我想他们是来替父辈向曾为之奋斗一生的中国制碱工业的发源地——大连化学工业公司告别的。

二十世纪五十年代，在美国已读小学二年级的李美漪，跟着父亲李祉川举家回到了祖国，全家落脚在北京。李祉川是应时任化工部部长侯德榜的邀请回国从事化工工作的。后来因侯德榜提议"侯氏制碱法"要在大化试验应用，于是一批归国效力的制碱专家被调进大化，李祉川就是其中的一位，他的全家也就从北京迁到了大连。

大化是中国建设最早、规模最大的基本化学原料和化学肥料的生产基地。作为新中国成立后最早恢复生产的国有化工企业，它积聚了全国当时最优秀的化工技术人才和管理者，并以最优质的产品支援了社会主义的建设，多种产品被评为"国优"、"部优"。纯碱是大化的主要产品，大化每年的纯碱产量占全国纯碱总产量的二分之一。

生产纯碱的工艺被称作"联合制碱法"。这个联合制碱法在二十世纪六十年代以前，叫"侯氏制碱法"。侯氏制碱法是由侯德榜博士于抗战期间在条件极其艰苦的四川五通桥，经潜心研究反复试验后创造的纯碱制造工艺。一经应用，使用该方法生产的纯碱便在美国费城的万国博览会上获得金奖，在时任永利制碱公司经理范旭东先生的提议下，这一制碱工艺获得了国民政府的认可和冠名。

中国的制碱工业从旧中国民营的永利公司，到新中国的大化集团，经历了近一个世纪几代制碱人的不懈努力，才得以最终发展成功。现在的大化就像一位耄耋老人，虽历经沧桑，却难忘走过的路……

目录

上篇　大化厂

下篇　大化人

上篇　大化厂

大化，是一个约定俗成的叫法。大连有许多国营大厂，大连人感到说全称麻烦，就习惯性地给它们冠以简称，比如：大化、大钢、石油、五二三、重工、起重、大机床、海港、造船……在大连人的口头语里，别看它们都成了一块块“压缩饼干”，但人们明白大化就是指大化厂。

大化厂。我之所以在大化后面加了一个“厂”字，就因为我要强调大化是一座工厂，而且是一座老牌的化工厂。它曾经是新中国化学工业的摇篮，曾经给所在的城市带来了很多荣耀。

大化的主打产品，是纯碱。永利公司，属于大化的前世。侯氏制碱法，给了大化的今生。联合制碱法，是大化的光荣。在一个以农为本的国度里，能把一种用途极广的化工产品“焐熟”，并让它放出光芒，何其难也。

而今，这座拥有太多故事的百年老厂，在老工业企业搬迁改造的大背景下远迁他处，老厂区被夷为平地，一切的故事，都成了往事。

永利公司

范旭东其人

1945年10月4日，重庆的大气闷热得透不过气。而比这更让人透不过气的，是正在这里举行的国共谈判。进行了近一个半月的谈判已陷入僵局。可就在这关键时刻，谈判的会场却空无一人。双方突然停止谈判，究竟是什么原因呢？

原来是刚刚当选为中国化学会理事长的民营永利公司董事长范旭东先生，因突患黄疸病在重庆沙坪坝去世。这位日后被称为“中国化学工业之父”的民族工业先驱，享年只有62岁。

范旭东先生的追悼会是在10月21日召开的。蒋介石所送的“力行至用”四字匾，安放在灵堂正中范旭东遗像的上方。毛泽东所送的“工业先导，功在中华”挽联，悬挂在范旭东遗像的对面。灵堂内挽联如林，鲜花似海，祭台上燃烧着两支高高的蜡烛，吊唁的人们络绎不绝。国共两党领袖能这样高度一致地评价同一个人，可以说是前所未有的。

范旭东早年留学日本，毕业于京都帝国大学应用化学专业。在归国后的三十年间，他先后创建了久大盐业公司、天津塘沽碱厂和全国第一家化工研究机构——黄海化学工业研究社，并在极其艰苦的条件下与侯德榜博士合作，研发出含量达到99%的高质量的“红三角”纯碱。“红三角”纯碱在1926年8月举办的美国费城万国博览会上获得金奖。从此中国的纯碱不但开始畅销国内外，还能与当时的国际制碱垄断集团——英国卜内门公司生产的纯碱相抗衡。

范旭东呕心沥血，为我国的化工事业做出了不可磨灭的贡献。他之所以能有这样出众的业绩，与他的哥哥有着密不可分的关系。

范旭东原名范源让，1883年10月24日出生在湖南省长沙东乡的一个小康之家，父亲是教书先生，母亲是心灵手巧的智慧女人，其上有一哥一姐，他排行老三。哥哥范源濂曾担任过北洋政府的教育总长，相当于现在的教育部部长。范旭东从小聪明过人，三四岁就能跟着父亲“之乎者也”地唱读《百家姓》、《神童诗》，稍稍长大一点，开始学四书五经。

可好景不长，1894年中日甲午战争爆发，清军北洋水师全军覆没。第二年，无能的清政府与日本政府签订了丧权辱国的《马关条约》，清政府被迫割让台湾、澎湖列岛和辽东半岛给日本政府，赔偿日本军费白银两亿两，等等。消息传出，全国民众无不痛心疾首，义愤填膺。就在这国难当头的关键时刻，涌现出一批开明人士，如皮鹿门、谭嗣同、唐才常、熊希龄、陈伯严等，并于1897年创立了“时务学堂”。学堂的教学事宜由梁启超负责，他采用康有为在万木草堂的教学经验向学生授课，大力宣传变法理论，积极推行新政和新思想，同时对封建皇朝的无能与腐败，进行无情的揭露和抨击。湖南的学生都以可以考进这所学堂为荣。

当时刚满20岁的范源濂，听说此事后立即应考。与范源濂同时应考的还有一人，叫蔡松坡，也就是现在人们熟悉的蔡锷将军。蔡锷入学时年仅16岁。蔡锷与范源濂不仅成为好朋友，而且成为梁启超一文一武的两位得意门生。

范源濂将在校期间打零工赚的钱供弟弟范源让上学，也常常将自己看过的进步书籍送给弟弟。哥哥的人生观深深地影响着十几岁的范源让。

1898年9月，慈禧太后发动戊戌政变，光绪皇帝被囚禁。维新派人士康有为、梁启超被迫逃往日本。而没有来得及脱身的康广仁、杨锐、林旭、刘光第、杨深秀、谭嗣同等六人却在北京菜市口惨遭杀害。范源濂因在这之前有事去了上海，才躲过了这一劫。不久之后，梁启超在日本经多方努力，将他的两位得意门生范源濂和蔡锷办去日本留学。

范源濂的出走惊动了当地的官府，官府时常派一些暗探到范家骚扰。母亲担心范源让出事，就劝他到离家很远的地方学习绘画。

逃亡日本的梁启超等维新派人士不甘心变法失败，又以“刷新政治”为号令，再次联络长江沿岸的各会党和防军，准备东山再起。梁启超派范源濂、蔡鄂等人秘密潜回国内，在上海成立自立会，在汉口组织自立军，时务学堂的学生听说是梁启超的号令，都争先恐后报名参加。各路军原定在8月9日同时暴动，但由于暴动所需的经费未能及时筹措到位，他们决定暴动延期。有一部分人未能及时接到延期暴动的通知，仍按原计划行动，结果暴动失败。

时任湖广总督的张之洞，勾结当地的英国领事馆封锁沿江各码头，搜查设在汉口英租界的自立军机关。搜查当夜就逮捕了二十余人，天亮前便将其中的11人秘密杀害。之后张之洞大开杀戒，湖北维新派人士被杀害了100多人。

汉口出事时，范源濂还在洞庭湖的船上，与湖南时务学堂的师友研究暴动的事。在赶往长沙的途中，他才得知汉口已出事，而此时大批密探正在各地搜查参与暴动的革命党人。范源濂见形势如此险恶，怕弟弟范源让受到株连，决定带上弟弟出逃日本。

一天夜里，哥俩在好友陈少芝的帮助下，藏进好友黄忠治迎娶新娘的商船舱底，从长沙经汉口到上海，准备东渡日本避难。

启程那天，范源让站在渐渐离岸而去的船舷边，望着岸上来来往往的洋人，黄浦江上横冲直撞的外国兵舰、商船，想到无能的清政府和凶残的八国联军肆意涂炭生灵，心情极为沉重。船渐渐开出吴淞口，强劲的海风让范源让不由得打个冷战。他发现哥哥不知何时站在距离他几步远的甲板上，知道哥哥此时的心情比自己更难过。他强烈地意识到，应该尽自己的力量帮助哥哥。想到这儿，范源让轻轻地走过去，拉起哥哥的手说："国家有难，匹夫有责。我就此改名范锐，字旭东，下定决心一辈子锐意进取，复兴中华。"

范源濂没想到，只有16岁的小弟在背井离乡的时候，有的不是对前途未卜的恐惧，而是忧国忧民的胸怀。他情不自禁地把弟弟揽入怀中，拍拍弟弟的肩膀说："小弟，你长大了。你将来一定能胜过哥哥而成为国家的栋梁。"弟弟没再说话，只是紧紧地抱住哥哥，他带着哥哥的希望，更带着坚定的梦想踏上了赴日之路。

留学日本

初到日本的范源让就以"范旭东"这个名字，进入由华侨犬养毅资助而建的清华学校读书。在这里，范旭东接受了正规且严格的教育。他不仅学习政治、哲学和数理化知识，还学习击剑、射击、马术等运动技能。渐渐的，他感到与同班的日本同学比起来，自己的身体不仅单薄而且虚弱，甚至还有几个日本同学讥笑他为“支那病夫”。面对在异国他乡遭遇的种种歧视，范旭东从未对哥哥提起，因为他非常清楚哥哥带他到日本的目的。逃命是为了将来东山再起，所以他要努力学习、锻炼体魄，将来能为哥哥做更多的事情。他认为骑马不仅能锻炼身体还能磨炼意志，因此坚持每天早晨都练习马术，无论严寒酷暑，从不间断。

1905年，范旭东考入日本冈山第六高等学校时的留影。

范旭东很喜欢阅读梁启超先生在横滨创办的《新民丛报》，他常就报上的观点请教梁先生，并受到很大启发。一次，范旭东在《新民丛报》看到日本自由党在1881年发表的政治主张：“组织自由党，发挥协同一致的精神，扩大天赋自由，抑制人为权势，上以改良政治，下以推进自治。”他发现日本的历史进程，与多年前梁启超先生以及哥哥他们发动的中国维新运动有极大的相似之处。于是他决定要到日本各地去考察“明治维新”之后的变化，想为中国找出一把民族振兴的钥匙。

范旭东游历了大阪、神户、横滨、东京、冈山等地，同时考察了日本崛起的原因。沿途他看到无论是乡村还是城市，到处一派生机勃勃的景象。人民由于丰衣足食而显得精力旺盛，具有一种自强不息、艰苦奋斗、团结进取的精神，而这种精神与30年前的明治维新有着极大的关系。明治维新时的日本处在幕僚统治时代，封建统治的枷锁束缚了日本经济和政治的发展，美、英、荷、俄、法等列强入侵时所签订的不平等条约，压得日本人民透不过气来，国内的阶级矛盾和民族矛盾日益尖锐，所以一场反对幕僚统治和外国侵略的“尊王倒幕”运动迅速展开了。倒幕派的政变，彻底摧毁了当时日本的德川庆喜政权。新政府则积极推行了资产阶级性质的改革，实施新政，促进了日本资本主义的发展，使日本很快摆脱了沦为殖民地的危机，走上了近代化的发展道路。

日本通过明治维新，已成为东方的强国了，而中华民族的出路又在何方呢？年轻气盛的范旭东马上就联系了几位在日本留学的湖南籍学生，如陈少芝、杨笳生等人，出版了一本《游学译编》。在这本书里，他们翻译了西方和日本人所写的哲学、教育、军事、历史等方面的文章，同时还写下对中国国内和国际大事的评论。这还不够，心急如焚的他还曾一度到千叶岛学制炸药，大概他也认识到仅在理论上宣传是不够的，还需要枪杆子才行。

范旭东的这种精神，深得梁启超的喜欢。在生活上梁启超给予他无微的照顾，对此范旭东一直念念不忘。范旭东经常对身边的朋友说："梁先生以写稿所得润资来接济我的学费，因为单靠老兄的接济，有时遇到预算外的必要用项，还是不够。"

1905年范旭东中学毕业，并顺利考进冈山第六高等学校，与一位名叫付冰芝的中国留学生同在一班。两人一见如故，相互帮助扶持，成为终生的朋友。1904年至1905年，日俄战争在我国东北进行。战后，日、俄这两个侵略者在美国的怂恿下，于1905年在英国的朴次茅斯私订了瓜分中国领土的合约。这种强盗行径，大大地刺伤了深深热爱祖国的范旭东。他特意去照相馆照了张照片，并在照片上写下："我愿从今以后，寡言力行，摄像做立誓之证。"又加旁注："时方中原不靖，安危一发，有感而记之，男儿，男儿，其勿忘之。"此后，范旭东就为振兴中华一心埋头读书。

在冈山高等学校期间，由于学习刻苦，范旭东深得校长酒井佐保的赏识与器重。在毕业前夕，为选择专业，范旭东特地向校长酒井佐保征求意见。他把这位尊敬的校长当作前辈，当作可以信任的朋友对他说："我想学军工专业，以坚舰利炮来拯救中国。"

可万没想到酒井佐保却对范旭东哈哈大笑："俟君学成，中国早亡矣！"

范旭东一愣，一个小小的日本教师竟然也这样轻视中国，看来，通过造炮救国是来不及了，只有专攻化学，走工业救国的路。

1908年，范旭东考入日本京都帝国大学应用化学专业。因考试成绩优异，他享受到官费待遇，也就是现在所说的奖学金。有了这个待遇，在校期间，范旭东把所有的时间都用来学习，各科成绩名列前茅。他的导师近重真澄先生是一位知识渊博、平易近人的日本人，尤其对冶金术探源的研究很有创见。范旭东在这个领域亦有很深的造诣，他非常认真地搜集了中国汉唐两代的钱币和各种金属器皿，对“中国冶金术”不仅有深入的研究，还有新的见解。近重真澄先生对这个中国学生很是看重，当1910年范旭东毕业时，近重真澄力荐他留校任专科助教。

范旭东与夫人许馥

好事成双。刚开始工作没多久，在哥哥范源濂的介绍下，范旭东与小他一岁的东京青山实践女校附设师范班的许馥女士相识。许馥也是湖南长沙人，出身名门望族，是中国第一批去日本的女留学生。二人情趣相同，很快便在日本结婚。婚后，许馥在生活上全力照顾范旭东，使他全心全意投入到工作中去。虽然范旭东每天早出晚归，在京都帝国大学做研究工作，但生活倒是非常安逸。

这样的生活没过上一年，国内就传来了推翻清政府的消息。

1911年10月10日，中国发生了震惊中外的“辛亥革命”。孙中山先生提出“驱除鞑虏，恢复中华，创立民国，平均地权”的革命纲领，得到了全国人民的拥护。先是武昌起义，而后全国各地纷纷起义，仅两个月的时间里，就有湖北、四川、山东等十几个省先后宣布独立。清政府顷刻瓦解，在中华大地上空飘扬近267年的大清龙旗，黯然降落。

两个多月后的1912年1月1日，中华民国临时政府在南京宣告成立。身在国外的范旭东听到这个消息，欢欣鼓舞，他对妻子说：“辛亥革命激动了年轻人的感情，不由得不热血沸腾。”

范旭东早年所期待的那一天终于来到了。他要立即回国，投身到这场改朝换代的伟大运动中来，妻子许馥女士亦全心全意支持丈夫的回国安排。

可是在京都帝国大学做研究工作的范旭东，不是说走就能走的人。他首先要提出辞呈，然后还要交接工作……这些事情做起来都需要时间。更重要的是，如果校方不同意，不但走不成，而且还会暴露这种动机，那就麻烦了。经过反复思量，范旭东最终决定，等到学校放冬假时，再以回家探亲为名赶回祖国。

久大盐业

1912年年初，京都帝国大学开始放冬假了。范旭东与妻子还有哥哥嫂子像探亲的学生一样，带着简单的行李登上了回国的轮船。在北京东斜街范家的住宅里，范旭东见到了分别十几年的母亲。母亲看着两个儿子和两个儿媳，高兴得老泪纵横，尽管这十几年过着提心吊胆的日子，但毕竟现在全家团圆了。

回国后，哥哥范源濂上任北洋政府教育部次长，接着又替范旭东在财政部谋得一个差事，虽拿着俸禄但无所事事。渐渐地，范旭东发现国家之事并不像他想的那样。

自孙中山辞去临时大总统的职务，袁世凯就窃取了辛亥革命的成果，成为中华民国的总统。袁世凯当上总统之后，为了消灭和打击国民党在南方各省的势力，他未经当时的国会同意，就以办理“善后”的名义，私自决定向英、法、德、俄、日五国组成的财团借来一笔巨款。为了不惊动国会和百姓，他密派赵秉均、陆徵祥、周学熙等人，于1913年4月26日，在北京同五国银团代表签订非法“善后借款合同”。其中有一条内容是：借款2500万英镑，八四实交，年息五厘，以盐税、海关税为担保；47年偿清本息共计6789万英镑。合同中还规定：中国须聘请国外人士“协助管理”盐税征收事务，以保证盐税收入偿还借款本息。这意味着中国的盐政主权被交给这五国财团了。虽说被推翻的清政府曾签署了很多丧失国权的条款，但至少始终把盐税大权死死地握在手里。可是清政府被推翻后，袁世凯的新政府却将剩下的唯一主权也交给了列强。

袁世凯的做法遭到社会舆论和人民大众的强烈谴责。为平息众怒，袁世凯又提出：改革盐政，改革盐质。他要财政部派出一位既懂业务又能查阅盐专卖法的能文能武的人去欧洲考察。由于范旭东是学化学的，又刚从国外回来，所以他被确定为这个人选。从此，范旭东与盐开始结伴终身。

范旭东在欧洲用近一年的时间，走遍了欧洲各国的盐业产地，同时他第一次看到了又白又卫生的高质盐。

按照欧洲各国的盐业管理部门的规定，如果氯化钠含量低于85%，即使作为牲口用盐也是不合格的。这让范旭东惊讶了，因为中国百姓吃的盐，氯化钠的含量还不到50%，这哪里是吃盐，简直是在吃土。更让他惊讶的是，盐不仅可以食用，还可以作为原料用于工业，甚至很多化工厂就直接设在盐矿上。当地政府为了鼓励发展工业，明文规定工业用盐一律免税。

这次考察，使学化学的范旭东大开了眼界。他想，欧洲人把化工厂建造在盐矿上绝不是要生产食用盐，一定是用它做原料生产其他的东西。我一定要探个究竟。

就在范旭东要摸清盐在工业上的用途时，突然接到国内财政部的电报：说是政府为改良盐质，急于要建立一个新型盐厂，命他立即回国筹办。

接到这份回国开办盐厂的电报，范旭东心情极为复杂。本来他想通过这次实地考察，对欧洲的盐务和盐业有个彻底的了解，然后再弄清盐究竟还可以生产什么物质。可就在这个关键时刻，却不得不半途而废。但反过来又一想，国家兴办盐厂也是他学以致用，实现工业救国、科学救国的好机会，于是他决定立即启程回国。

回国途中，范旭东听说爪哇（现在属印度尼西亚）有个制压盐砖技术不错的盐厂，他便下船直奔那个盐厂，学习并掌握了压制盐砖的技术，希望以这个技术来弥补在欧洲考察的不足。

一个秋高气爽的日子，范旭东乘坐的海轮驶进了吴淞口。一下船，他便迫不及待地买了一份当天的报纸，想马上了解一下国内的情况。

打开报纸，一则消息映入眼帘：范源濂已辞去教育部的职务，现正在上海。范旭东顿时预感到，盐厂的建立不会一帆风顺的。

范旭东找到哥哥的住处，从哥哥那里得知，这一年，政局发生了很大的变化，母亲和自己的妻子也已迁到杭州安家。范旭东向哥哥说明了让他突然中止考察的那封电报，他顾不上回家看望母亲，也顾不上和妻子小聚，便急匆匆地赶往北京。

由于在北京的家已迁到杭州，范旭东就住进了兵马司前街一号——留日同学黄孟曦的家里。黄孟曦虽是巴蜀子弟，却长得人高马大。在日本留学时，他也常去梁启超、范源濂、蔡锷那里小聚，并与范旭东相识。特别是黄孟曦也是学化学的，因此两个人你来我往引为知己。见到久违的范旭东，黄孟曦把家里最好的一间客房腾出来，想让范旭东在这里好好休息几天，再去政府汇报工作。可是范旭东急于向财政部讲述自己对改革盐政和兴办新型盐厂的设想，连眼前的黄家大院栽的什么花、回廊有多长都没来得及看上一眼，就急三火四地赶到了财政部。

到了部里，范旭东傻眼了。由于财政部人员变动，过去安排他出国考察的人已被换走。财长对于兴办盐厂的事只字不提，在范旭东几次追问下，他才说：“等等再说。”

范旭东改革盐政、兴办盐厂的热情一下子就被压了下去。此时，他不知道该找谁说，怎么说。

这个时候范旭东发现，有关盐政改革的一场笔墨官司正打得火热，双方不但组织盐政讨论会，还分别发行了代表各自观点的盐业杂志。一方是由人称“汇北才子”的张謇和盐务专家景韬白为代表的《盐政杂志》，另一方是由守旧人士、淮商周学熙为代表所办的《谈盐丛刊》。前者主张：打倒脏盐，批判盐糊涂，即不分干净盐与脏盐都卖的，黑着良心赚钱的盐商；后者则是守着旧制卖盐法继续卖盐。范旭东坚决支持景韬白主编的《盐政杂志》的观点，同时也参与到了这场打倒脏盐，给人民吃盐自由的战斗中去。

后来，范旭东又将旅欧调查报告中“取消专商，废除引岸，改良盐质，统一税率，特别奖励工业用盐，工业盐免税……”的主张，呈报给现任的财长张弧。张弧看后很感兴趣，就问范旭东：“咱们自己办一个精盐工厂如何？”

范旭东当即回答：“我们能够办到。”

范旭东要自办新型盐厂的决定，得到了哥哥范源濂、梁启超、景韬白、黄孟曦等人的支持。他为了不受官方的阻挠，毅然辞去了财政部的公职，走上了创办私人企业这条坎坷的道路。

在北京兵马司前街黄宅大院漂亮的回廊里，范旭东架起了各种化学仪器，开始进行精盐制造的试验。试验由小试发展到中试，这个院子不再够用，后来就转到天津日租界，在那里租一幢小楼继续试验，直至中试成功。

试验成功就表明可以批量生产盐，这样就需要找一处大的地方建厂。思来想去，范旭东决定到离天津较近的塘沽建厂。因为自汉唐开始，那里的人们就用大锅灶在海边熬盐，至今已发展到开沟引海水，再利用日光晒盐田。塘沽是具有天赋的盐都，当时国人食用的就是这种经风吹日晒的不卫生的脏盐。

1914年年初，范旭东只身来到了塘沽。他看到一块块盐田边码放的盐坨子像小山似的延绵起伏，附近还有京奉铁路经过，不远处还有个海口可停靠商轮。这里不仅交通便利，而且资源十分丰富，是兴办新型盐厂不可多得的好地方。于是，范旭东下定决心，在这里建中国第一个盐厂。

盐可以制碱

厂址选定后，范旭东回到北京，把在塘沽所看到的情况和自己的设想与几位留日的同学说了，大家都表示支持，并积极组织起来为建厂筹款。由范旭东、景韬白、胡浚泰、李积芳、胡森林、方积林、黄孟曦为发起人，后来梁启超、范源濂、李思浩、卫家襄、刘癸一、陈国祥、左树珍、李穆、钱锦孙等人也加入了赞助人的行列，成立了“久大盐业”。1914年7月，北洋政府财政部盐务署批准立案：可在塘沽筹建精盐公司，名为“久大”。

同年11月29日，在由发起人组织召开的筹备会上，范旭东决定要大家集资五万元作为建厂资金，而自己会负责其中的两万五千元。他非常清楚这是个天文数字，不是说拿就能拿得出来的。但如果拿不出这笔钱，要建久大精盐公司只能是一句空话！现在的头等大事就是借钱！借钱！借钱！

找谁借呢？范旭东眼前一亮，他想起在日本留学时的同学付冰芝。听说他考上了美国的官费留学，估计他能有办法解决筹措资金的问题。几经周折，范旭东终于联系上了付冰芝，他把自己办精盐公司的初衷和理由写信寄给付冰芝。

当范旭东接到付冰芝的回信时，激动得眼泪都流了下来。原来付冰芝到美国后考上了哈佛大学，因成绩优秀，被选为为美国最大的航空母舰设计绘图的人之一，也因此得到了一大笔酬金。为了范旭东的工业救国大业，他仅仅留点生活费，把其余酬金全部寄了回来。

当年的久大盐厂

有了这笔启动资金，范旭东再次去了塘沽，从一个通州盐商的手里买下个小作坊。

1915年6月，久大开始破土动工建厂房，当年年底便正式投产。久大盐业制造精盐的工艺是，先将日晒而得的粗盐，也就是当时老百姓吃的盐，经溶化、沉淀后，再用平锅熬煎，使盐重新结晶。这种精盐的工业炼制方法，在中国制盐史上是首创。采用此方法所生产出的精盐，色泽洁白，品质纯净，从而结束了中国人民吃粗盐、脏盐的历史。

精盐是生产出来了，可是能吃到这种好盐的只有天津一带的居民，用今天的话说是销路有问题了。因为当时北洋政府的盐务管理，沿袭了封建的旧制，食盐的销售只掌控在少数的盐商手里。这些盐商又划定专卖范围，如有越过规定范围的买卖，就会被定为“越界为私”和“以私盐论处”两项大罪。所以这对于年产3万担的久大盐业是一个严重的威胁。

为了打开销路，范旭东急匆匆地赶去北京，他通过朋友的引荐，认识了一位袁世凯身边的红人——杨度，杨度当时是为袁世凯鼓吹帝制所设的筹安会中六君子之一。范旭东非常明白，此人是打开销路的关键人物，如果把他搞定，那么久大的前景与发展将是不可估量的。

几经往来，杨度被请进久大盐业的董事会并成为股东。这个杨度也真没白当这个股东，更没有让范旭东失望，他带着久大的精盐请袁世凯品尝。袁世凯对久大的精盐非常赞赏，他也认为这是好盐，应该让更多的国人吃到。当时正逢袁世凯复辟帝制，他一时高兴，一口答应给久大精盐开辟四个口岸为销售地。从此，久大精盐在长江流域的鄂、湘、赣、皖四省开始销售。

久大的精盐是用粗盐加工制成的，不仅加工成本和人工费用高，产品的包装也价格不菲，但久大精盐的销售价格却与粗盐同等。这样一来，买盐的人都集中在盐质好、外包装又漂亮的久大精盐的摊位上，这引起了旧盐商的不满，他们联合起来与久大作对。

当时国家盐务稽核所的权力掌握在一个英国人的手里，政府对盐政没有明文管理规定。随着事态越发严重，盐务署的官员不得不出台新的精盐条例以平复旧盐商的不满。这个条例就是专对久大而定的，它对久大的年产量进行了限制，控制了制精盐的源头——粗盐。更为恶劣的是，政府还勾结英国海军封锁塘沽的海口，用以阻止久大盐船出海运输。

就在久大走投无路的时候，北洋政府的人事发生了很大的变动。曾经赞助过久大的梁启超，不仅就任北洋政府财长，还主管了盐务署的督办。这下子范旭东如鱼得水，精盐的销路不仅是原来的那四个口岸，还进军长江两岸，并在长沙、岳阳、湘潭、常德等地开设精盐商店。

从1916年到1918年，仅仅两年的时间，久大盐业的规模就发生了翻天覆地的变化——粗盐加工厂发展到六间，同时还收购了德国在塘沽的铁路支线和俄国码头。这一年，我国著名的爱国实业家李烛尘先生，经景韬白的介绍加入久大精盐公司，负责久大的经营管理。

由于梁启超的力荐，范源濂出任教育总长。

在一次国务会议上，新上任的财长陈锦涛对教育总长范源濂说："你弟弟办了几个大盐厂，盐可以制碱，他为何不办？"

"盐可以制碱，你听谁说的？" 范源濂不解地问。

"昨天为政府借款，我去了几家外国银行，都没有什么结果。但英国汇丰银行的经理熙礼尔却说，借款可以，但必须答应他一个条件，就是要在我们国家享有以盐制碱的特权。我虽然不知道以盐制碱是怎么回事，但我非常清楚，英国人肯定是想以此为钓饵，获得这项特权。如果他们获得这项权利，必定会损害国家和人民的利益。但为了不得罪他，我就推托说，以盐制碱，中国已有人创办了，不能将特权再转给外人。没想到，熙礼尔紧接着追问是谁在做。我一时也答不上来，就告诉他，记不清了，等我查准了再告诉他。现在如果你弟弟能以久大盐业来申请制碱，我立即批准，但是申请日期必须写在我与熙礼尔谈话之前，你可不能对任何人透漏这件事。"

散会后，范源濂马上找到范旭东和景韬白，转述了陈财长的良苦用心，并要范旭东立即起草"以盐制碱"的申请。

说实话，在写这个申请的时候，范旭东也不清楚盐怎么加工才能成为碱。

永利制碱公司成立

20世纪初，要衡量一个国家的工业发达程度，都是以酸、碱的产量为衡量标准的。

中国当时的工业水平相当落后，人们做馒头、洗衣服所用的碱，几乎都是用产自内蒙古碱湖的天然碱。这种天然碱在当地经过简单的加工后，就用骆驼运到张家口，通过张家口这个集散地，再向全国各地批发。由于加工粗糙、杂质很多，只能食用，所以人称这样的碱为“口碱”。

当时国内有几家生产肥皂、玻璃、纸、搪瓷、冶金等的新型工厂，在生产中所用的碱都是洋碱，也就是进口的外国碱。这些洋碱几乎都是在鸦片战争后，随着侵略者的大炮、鸦片、工业用品等一起闯入中国市场的，主要来源于英国卜内门公司、美国杜邦公司和法国法本公司。

其中英国卜内门的碱销量最多，约占总进口量的90%，其余的10%是由美国和法国分占的。卜内门公司是英国最大的碱厂，它在中国的哈尔滨、大连、天津、汉口等城市都有代销公司。

1918年11月，范旭东的制碱公司在陈锦涛的全力支持下，终于在财政部的盐务署备上了案，取名为“永利制碱公司”，并被允许按当时工业用盐的国际惯例，向盐务稽核所提出用盐免税的申请。

永利制碱公司的成立，终于实现了范旭东多年来实业救国的夙愿。

当时范旭东要成立我国第一家制碱公司的消息在全国工商、学术两界炸开一道火渠。这道火渠的巨焰惊动了两个人：一个是刚刚毕业于苏州东吴大学化学系的学生陈调甫，而另一个则是盐务稽核所所长丁恩。

陈调甫曾在实验室里，用当时世界上最先进的索尔维制碱法，成功地制得了纯碱。当他听说创办久大盐业的范旭东要办制碱公司时，就带着自己的纯碱样品找到了范旭东，希望也能加入永利，为国家的制碱业出一份力。

范旭东见到纯碱的样品后，即刻同意陈调甫加盟的要求。但陈调甫又提出，北方的盐与南方的盐是不一样的，需要再做些试验才能确定。于是，范旭东、陈调甫等几人又筹集了5000块钱，在天津三条石的一个小铁工厂，定制了一套用来试验的小型设备。此套设备不仅包括吸收塔、碳化塔，还有一个用来供碳酸气的石灰窑。

试验是在范旭东位于天津日租界地租来的房子里进行的。因为供碳酸气的石灰窑足有三米高，所以试验也只能在院子里进行。经过多次反复试验，最终成功地生产出合格的纯碱九公斤。这次小试验的成功，给范旭东创立永利制碱公司奠定了基础。

丁恩是英国人，又是监督盐税的所长，他非常清楚，中国人只要办碱厂，就一定会申请免税的工业用盐，如果不用免税的盐制碱，那么制碱的成本就会高过进口洋碱的价格，所以申请工业用盐免税一事，是中国人非办不可的事。假如中国人的制碱厂用上了免税盐，那么进口的洋碱就会滞销，这对于英国卜内门公司将会很不利。为了保护英国人在华的既得利益，丁恩就用手中的权力，寻找各种借口，极力阻挠范旭东递交的工业用盐免税申请的批复。

丁恩在范旭东提交的工业用盐免税申请的文件上批示：海盐不是矿盐，不能制碱。

范旭东看到批示后，拿着陈调甫用海盐制的碱去找丁恩理论。他质问丁恩："怎么能说海盐不能制碱？你看看这就是用海盐制的碱！"

在铁证面前，丁恩无话可说，但又不肯善罢甘休，他又以用盐制碱的转化率不准确为由，继续刁难，不予批准。

由于工业用盐免税的申请始终没批下来，所以永利制碱厂就无法开工。时间拖了很久，无事可做的陈调甫决定先去美国进修一阵子。临行前范旭东把他请到家里，语重心长地说："你目前去留学，我很赞成，但有几件事要托付于你：一是学习期间要顺便考察一下制碱设备，准备将来碱厂开工时，购进最先进的制碱设备；二是去美国多方物色人才，发现好的人才一定立即电告我。"

发现侯德榜

陈调甫赴美留学后，范旭东的用盐免税申请在丁恩的抽屉里睡了两年。

当梁启超听说此事后，就以财长的身份来到盐务稽核所，命令丁恩马上批准永利制碱公司工业用盐免税的申请。丁恩面对中方顶头上司的命令，不敢违抗，但也不肯马上批复。他犹豫了半天，只答应减免一半税。范旭东听后气愤地拍桌吼到："一文盐税也不缴！"

这时有智有谋的梁启超走到丁恩面前，拍着他的肩膀说："盐税担保是指食盐用税而不是工业用盐，稽核所只有稽核税收的权力，至于税收如何规定，那是我们国家的主权，洋人怎能干涉呢？如果你要坚持，那我财务部就有权力公布农工用盐一律免税，决不能因为盐税担保借款，而妨碍我们国家的工业发展。”说完就对站在身后的盐务专家景韬白说：“你马上去财政部起草一份《农工业用盐免税条例草案》，并在草案上标明：拟请国务会议议决，再以大总统命令公布。”

丁恩听后自知再也无力抵抗，便马上打开抽屉，在永利制碱公司的申请上，盖上了刻着“批准”的大印。

1920年9月，永利制碱公司终于得到了“工业用盐免税30年”的优惠政策。范旭东马上把这一喜讯电告了在美国的陈调甫，并要求他代表永利公司在美国开始着手聘请专家，订购设备和准备制碱厂的工艺设计。

由于当时世界的制碱工业完全垄断在几家大公司手里，并且技术资料被严格保密，一些重要的制碱设备几乎都是各自制造的，所以要想创办制碱工厂，最大的困难是没有渠道购买成套的设备。如果想要自行设计就必须暗中摸索，但这样确实是来不及了。

万般无奈的陈调甫，只好通过朋友关系，约到一家美国制碱公司的制碱工程师梯泼尔先生。陈调甫不顾天寒地冻，一路小跑地赶到相约的地方。梯泼尔见到陈调甫，还没听完陈调甫的自我介绍就问：“中国人为什么要制碱？”

陈调甫警觉地回答：“无非是供造纸、肥皂、玻璃等工业上用，再就是发面做大馒头、大饼等食品。”

梯泼尔眼睛向陈调甫的脸上一扫说：“怪不得中国人脸黄，都是吃碱吃得太多了。”

陈调甫一听气得转身就走。他点名要求访问美国制碱权威屈兰波，请他协助建厂，但遭到拒绝。而后陈调甫又找到美国最大的碱厂要求参观，但也被拒之门外。他仍不死心，冒着大雪在制碱厂外绕了一圈又一圈，结果什么也没看到。

后来，在范源濂的介绍下，陈调甫在纽约认识了当地华人贸易公司的经理李国欣。

李国欣，1914年毕业于英国伦敦皇家矿业学校，获得矿业工程师的资格。1916年加入美国国籍，曾任纽约市五金同业工会主席。当他听到陈调甫介绍说，永利制碱公司在国内已经获得批准建厂时，不禁大为惊讶，因为在这样艰难的时刻，中国人要破除万难建一个碱厂，这不仅仅是勇气的问题。他对范旭东的此举非常感动，并非常支持范旭东的事业，并愿意为永利制碱公司助一臂之力。

在李国欣的引见下，陈调甫认识了一位赴美留学多年，并即将获得博士学位的中国留学生侯德榜。

侯德榜利用暑假的时间，帮助陈调甫设计了永利碱厂的图纸。一天他俩看到一则广告：工程师孟德曾在马叙逊碱业公司任过厂长，愿为人设计碱厂。

这真是雪中送炭，想什么来什么。陈调甫和侯德榜马上约孟德见面，并委托其帮助设计碱厂。孟德也不客气，张口就开价两万美元。迫于无奈，陈调甫忍痛同意并在合约上签了字。

孟德将马叙逊碱厂的一套工艺流程图和几个关键部件的图纸画了出来，送给了陈调甫。陈调甫和侯德榜看后与他商量，能否介绍他们去马叙逊碱厂参观一下。孟德说："我离开之后就不允许再进去了，你们就更不可能让进了。"陈调甫觉得话都说到这份上了，就只能自己想办法吧。

两个人反复研究设备图纸，最后决定只要是国内能自制的设备，就在国内购买。除非像可刨光直径二至三米、重一至二吨的大法兰这样的机床，国内没有，才在国外购买，但也只买二手货，因为它的价格仅是新货价的二十分之一。这台机床连同锅炉、发电机、压缩机、真空泵等化工设备，全部都是由李国欣的贸易公司在美国代购，这样一来就为永利碱厂最初的起步，节省了一大笔开支。

随后陈调甫带着图纸回到了国内。在范旭东的举荐下，他开始主持永利碱厂的基建施工、设备制造和工程安装。由于当时中国工业落后，工人们又没有建设大型化工厂的经验，因此在加工和安装设备时遇到太多的困难。比如，有时铁水的温度不够，加工出来的铸件砂眼很多，没办法只得回炉重铸。等把这些部件加工完了，运输又是个大问题。在上海铁工厂加工好的部件，要运回天津的塘沽，首先得把这些部件从上海的工厂运到上海的码头，然后再由船运至天津的塘沽。

曾有一次因设备的部件太重，从码头往船上吊运时，竟将设备掉到水里去了。费了好大的劲，才捞了上来。还有一次，也是因为设备部件太重，在搬运时将码头地面压得塌陷了下去，结果被法国巡捕房发现并要求赔偿。

好不容易把这些大而重的设备部件从塘沽码头搬下来，又没有任何交通工具能将它移走。最后只好依靠人工，用圆木一寸一寸地把它滚到厂区里。总之，建厂的过程所遇到的困难，真是比唐僧取经还难上几倍。

建厂的三年时间里，无论是设备制造还是设备安装，陈调甫都冲锋在前。他的工作责任心与工作效率，深得范旭东的赞赏。就在工厂要试车（也就是化工生产开始）的关键时刻，范旭东找到了陈调甫，要他负起制碱的技术责任，不料陈调甫当场拒绝。陈调甫拒绝，不是因为自己累得不能干了，也不是工资少不想干，而是他非常明白，纯碱的研制与生产绝不是一件简单的事，也绝不是他能胜任的。

虽然他的制碱小试成功了，但将小试放大到中试甚至到生产，这每一步都是一个很大的台阶，陈调甫清楚自己是担不起这个责任的。其实他心里早已有了人选，于是对范旭东说："还记得我在出国前，你交代我帮你物色人才吗？我还真的发现一位可以担当此任的人选，他叫侯德榜。也就是我跟你提起过，在美国帮助我们搞设计的那个留学生博士。"

范旭东先是一愣，而后慢慢地想起来，是呀，陈调甫回国时还没来得及休息就跑到建厂工地上，说发现了一个人才，一个难得的人才。只是因为这两年手头事太多，竟把这件大事忘了。他转身回到办公室，马上提笔写了一份发往美国的邀请函……

侯德榜其人

1919年春天，在美国哥伦比亚大学，已攻读近八年制革专业的侯德榜，正在校图书馆修改博士答辩的论文，这时，他收到一封来自中国塘沽的信。

他本以为是陈调甫一封平常的问候信，可万没想到竟是陈调甫曾跟他讲过的中国著名盐业大王范旭东发来的邀请函。侯德榜虽然没有见过范旭东，可邀请函里的话，却字字句句都敲打在他的心坎上。范旭东先给他讲述了国家要制碱的重要性，又介绍了这些年来洋碱在中国欺行霸市的种种行径，以及范旭东本人工业救国的远大抱负，并提到陈调甫的推荐以及自己对他的热切期望……

年轻人是易被感染的，尤其是要为国家做事。每个热血青年都会在祖国需要的关键时刻，听从祖国的召唤。可眼下的侯德榜的确很为难，他也深知这是一个紧要关头。自从与陈调甫相识后，陈调甫讲了许多国内的事，都给他留下了深深的印象：由于没有碱，祖国的人们都穿没有染色的土布衣服，北方人都吃带酸味的馒头，还有民族工业由于缺乏纯碱原料而得不到发展。

可眼下苦读这么多年的制革专业，已为将来的事业打下了基础，尤其是那篇《铁盐鞣革》的毕业论文，已被导师评价为在制革的学术研究方面的新建树，这些都说明以后的事业前途无量。但在这个时候要为国家放弃本专业，到一个极陌生的制碱专业里去，这绝不是一件小事，必须要慎重考虑。

几天过去了，当夜幕降临，侯德榜又一次打开范旭东寄来的邀请函。他在想，范旭东做这一切，所受的那些苦是为什么？我学制革又是为了什么？不都是要振兴中华的民族工业吗？像范旭东这样既有胆识又有热心发展民族工业的人，我怎么能拒绝他的邀请呢？既然是祖国的需要，那么制碱就是值得我为之奋斗一生的事业。

想到这里，侯德榜提笔回信："决不辜负范先生的期望，我会将制碱的技术，以及与此相关的事宜一肩担起……"

1921年10月，侯德榜取得了制革专业的博士学位。他那篇《铁盐鞣革》的博士论文，在国际制革界引起了极大的关注，很快他就被吸收为美国科学会荣誉会员和美国化学会荣誉会员。

这时的侯德榜已是三十出头的人了。如果他当时选择留在美国，不用说已获得的荣誉，就算是拥有这两个学会中的任何一个头衔，都可以让他今生过得衣食无忧，优哉游哉。可侯德榜没有犹豫，立刻登上海轮，向阔别八年的祖国驶去。

八年前，一群清华学堂的学生正在教室里等待教师来公布毕业成绩。这些学生都是两年前在北京宣武门内学部的考棚里，经过复试公开选拔进入到"留美预科班"学习的。此次考试成绩前十六名的同学将被送往美国学习。

这些学生大部分是出身富豪或官宦人家的子弟，与这些公子哥比起来，农民出身的侯德榜就显得十分寒酸了。这些纨绔子弟在背地里叫他"土包子"，但就是这个被称作"土包子"的侯德榜，在清华园里创造了奇迹。

当美国教员夹着装有成绩单的皮包走进教室时，教室里喧闹的声音顿时消失了。

"第一名侯德榜：数学100，物理100，化学100……"

十门功课，总成绩1000分。美国教员在此停顿了一会儿，侯德榜这一优异的成绩，不仅使宣布成绩的美国教员震惊，更震动了整个校园。每个同学都用一种或惊奇或钦佩的目光看着侯德榜，就连平时一向喊他“土包子”的小少爷们，也不得不低下了头。

侯德榜能考出这样的成绩，他自己心里很清楚应该感谢一个人，这就是长他三岁的妻子，她叫张淑春。

侯氏制碱法

娶妻读书

侯德榜1890年8月9日出生在福州南门外一个叫坡尾乡的小村落。侯家是世代以农为业的大家族。爷爷希望这个孙子长大后能有功德于世，所以取名“德榜”。由于家里地多人少，所以侯德榜在六岁时，就一面跟着爷爷学习认字，一面还要跟着父亲下地干些力所能及的活，如放牛、插秧、车水（使用人力的旧式提水灌溉工具）等。

随着父亲身体越来越差，侯德榜在田里要干的农活也就越来越多。但他始终对学习知识有着浓厚的兴趣，而爷爷对他的教育更是一丝不苟。侯德榜常常在放牛时带着书，车水时也手不离卷，甚至在帮忙做饭烧火时嘴里也是念念有词。姑姑发现13岁的侯德榜竟能看《古文观止》，就决定资助他去福州最有名的洋学堂上学。侯德榜得知后非常高兴，但高兴的同时又担心家里的庄稼活没人干。

就在侯德榜举棋不定的时候，一天傍晚，他像往常一样在自家的地里锄地，直到天黑下也没想回家。黑暗中，父亲夺过了小德榜手中那把锄头，侯德榜不知道发生了什么事情，抬头直愣愣地望着父亲。父亲在一阵咳嗽之后，用颤抖的声音说：“别干了，到福州考学吧。”

“那家里……”

父亲见侯德榜一直愣在那里，就说：“你爷爷说明年给你说门亲。”年仅13岁的侯德榜在似懂非懂中不知所措，但能上学堂还是让他很高兴。这一夜，侯德榜躺在床上高兴地想着上学的事，竟睁着眼睛到天亮。

转过年，也就是1904年，侯德榜住的小村里唢呐声声，14岁的侯德榜迎娶了福州洪山桥坡乡下农民的女儿张淑春。这个17岁的姑娘，相貌一般，但膀大腰圆，一看就知道是个干活的好手。

唢呐在侯家的门前吹得热火朝天，侯家的亲友们欢天喜地，说说笑笑，走进走出地忙乎着。只有小德榜麻木得就像是在看别人娶亲似的。新娘子望着比自己小三岁的面目呆板的丈夫，眼泪不由得掉了下来。

新婚的夜晚，月儿特圆特亮，有一丝丝白云在月儿前轻轻地飘动着，像烟、像雾，飘飘缈缈，整个村子静得像无人一样。

婚礼的喧闹刚刚退去，但那还未散去的浓烈的烟草味、酒味、汗味还充溢着新房。一盏油灯下，坐着两个和衣相对的陌生人。

“你情愿吗？”侯德榜轻声地问这位已成为他妻子的女人。

“……”

“你来我家，知道做什么吗？”

“干活的。”

这就是洞房花烛夜，一对小夫妻的对话。

“天亮我就要去福州英华书院读书了。”

“走呗。”

“家里就你一个人了。”

“我知道。”

往下便没话了。两个人就这样呆坐着直到天边出现灰白的光亮。

天刚亮，侯德榜就走了，一夜之间他就变得无牵无挂了。她没有去送他，她觉得他是自己的丈夫，但不是自己的依靠。唯一的依靠就是自己的青春，还有她已做好受苦的准备。她默默地脱下红袄，卷起裤腿，拿着锄头跟着侯家的人下地干活去了……

侯德榜在姑妈的安排下进入了福州英华书院，这是美国人在福州开办的一所教会学校。校园里不仅有美式的教学楼和健身房，还有先进的教学设备、图书仪器以及一流的师资。侯德榜学习刻苦，各科成绩均名列前茅，深得老师们的好评。

一年后，也就是1905年，因美国种族主义者在旧金山对当地华人制造了驱逐华工、焚烧华人住宅的事件，激起了全中国人民的抗议。先是上海、广州、天津、汉口和长沙等地的民众纷纷起来抗议，而后迅速波及全国。福州商界和在校学生也跟着举旗呐喊，最先参与的就是英华书院的学生，他们在罢课的同时还上街游行。侯德榜不仅参加了这些活动，而且表现得极为突出。

那是一个下着瓢泼大雨的星期天，由数百名学生自发组织的游行队伍经过江边码头的时候，走在队伍前面的侯德榜突然在轰隆隆的雷声中，听到一声刺耳的惨叫。他循声望去，只见几个洋人正在用皮鞭驱赶着一群中国苦力上船。这些中国人全都赤裸着上身，每个人的胸前都烙有洋文的号码标记，他们在大雨中拖着沉重的脚步向轮船的踏板移动。由于雨大路滑，一个苦力不慎摔倒，站在一旁的那个洋人举鞭就打，还没来得及起身的苦力就在泥水里挣扎翻滚，嘴里不时地发出让人撕心裂肺的惨叫。侯德榜看到这一切怒火中烧，正要冲上前去，突然一只有力的手抓住了他的臂膀。他回头一看，原来是英华书院的黄先生。

虽然侯德榜对这个洋人并没做什么，但美国教会办的学校不会允许学生搞反美示威罢课，学校一怒之下将数百名参加罢课的学生全部开除。就这样，侯德榜不得不离开了学校，也没有再去求姑姑。

无学可上的侯德榜与其他被开除的学生，集体请求福州当地的爱国绅士陈宝琛另组建一所中学。陈宝琛听说此事后二话没说，立即在南门鳌峰坊新开一所中学，收容了被英华书院开除的全体爱国学生。

侯德榜无比珍惜这次学习机会，由于成绩优异，他被保送到上海新成立的闽皖铁路学堂。经过三年苦读，1910年夏天，侯德榜被分配到当时正在兴建的津浦铁路南段的符离集车站，做工程练习生。

符离集是津浦铁路蚌埠到徐州之间的一个小车站，这里每天有几百名工人干着挖土、打夯、砸石、填路、铺枕木、抬铁轨等重体力劳动。侯德榜的师傅是一位长他十几岁的工程师。一天，师傅告诉他说："我们现在干的这条铁路是英国人的，他们用这条铁路把洋货运进来，然后再把中国的大量黄金白银运走……"

侯德榜听后不禁一愣："我辛苦学习六年，究竟是为谁修路？是为中国，还是英国？要挽救中华，就必须用西方的科学技术来振兴中国的工业。"

1911年的元旦到了，那天的报上刊登了北京清华留美预备学堂首次在全国公开招考留美学生的消息，同时还规定了招生的条件：身体强健，性情纯正，相貌完全，身家清白。

侯德榜立即被这则招生启事所吸引，特别是启事中的后面几句话：如果选上，先在国内训练，其间的学、宿、膳，全部公费，择学行兼优、资性聪颖的随时送往美国学习。侯德榜马上就感到"上天"的路有梯子了，他决定弃职考试。

侯德榜要辞职投考的消息很快就在同事中传开了，一些与他交往时间虽不长但又合得来的工友劝他好好想想，不要丢了现有的铁饭碗。还有一个英华书院的同窗劝他："老弟，这事最好再慎重考虑，你也知道现在铁路工作不仅收入比较丰厚，而且工作又比较稳定。咱们当下能有这么一份工作，是多少人想都不敢想的，一旦你考不上，那后悔可就来不及了。"

侯德榜看着这位老大哥，沉思了一会儿说："谢谢大哥，你的心意，小弟领了，但我是不会反悔的。你想一想，我们国家的工厂有几个是中国人的？轮船有几艘是中国人造的？就连现在我们正在修的铁路的主权也都不是中国的！如果继续在这条铁路上干下去，我个人生活倒是没有问题，但我们国家绝不会因为有了洋人的铁路而富起来，相反将会更加深我们民族的灾难。这样的工作我干得憋气，我之所以能下这么大的决心，就是要把国外先进的科学技术学到手，回来用双手开拓我们的民族工业。"

侯德榜告别了同学、朋友，也告别了可以让他过上安稳生活的工作，义无反顾地参加考试。

侯德榜先以优异的成绩通过了省里的初试，然后于同年三月去北京参加在宣武门内学部的考棚里举行的复试，连闯两关后，侯德榜被录取进了清华学堂。

清华学堂按考试的分数分为初等部和高等部，侯德榜因成绩特优，被直接送进了高等部三班，这是清华学堂的最高年级，只需学一年的时间就可以去美国了。

这个班级里聚集的是全国优秀的学生，他们大多出身于富豪和官宦的家庭，在清华园里过着阔气的生活。相比之下，来自农家、靠公费维持生活的侯德榜就显得很寒酸了。

一次，期末考试刚过，大家说说笑笑，教室里很是嘈杂，可是侯德榜却独自一人坐在角落里专心看书。这时一个常在背地里叫他"土包子"的小阔少指着侯德榜对大家说："你们看，这'土包子'这会儿可不好过了，刚考完试，还像个书虫似的埋头苦读，我看他十有八九是考糊了。"大家一阵哄堂大笑后都走出了教室，可侯德榜竟然像什么也没发生似的，仍然在那里安静地看书。

功夫不负有心人，侯德榜最终以实力取得了去美国留学的资格。他没有参加任何一个为他而开的庆功宴，而是收拾行李马不停蹄地往家赶。

家对侯德榜来说是很亲切的，家乡的山，家乡的水，家乡的父老乡亲，还有那间他当过新郎的小屋。当再踏进这间小屋时，侯德榜心里顿时觉得沉甸甸的。屋里很清凉，也很黑暗，因为它凝结了许多不眠的夜。在小屋的一角，他看到了那张无言的笑脸，那笑容夹带着惨淡。

此时侯德榜感觉到淑春虽然愈发粗壮结实，但却变得柔情了，她那丰满的躯体辐射出强烈的渴求与淡淡的孤寂。而淑春静静地望着这个经过几年已经长成大人的侯德榜，感觉心中热乎乎的，他们两人的双眼相互对视了许久，眼睛里包含着一些不愿说出来的深长意味。

他们都变了。

月亮初升，小村如往常一样静谧。还是那盏油灯，照着这对重逢的夫妻。

这一夜，侯德榜的话格外多，他对她讲述了英华书院是美国人开办的学院，位置在福州仓前山鹤岭，那里环境优美，景色秀丽，是个读书的好地方。他还讲了上海的闽皖铁路学校，还有上海的外滩，外滩的大楼，黄浦江上的轮船……

张淑春静静地看着侯德榜，这是她重新见到的丈夫，与多年前离家时的那个孩子判若两人，他变成了一个深沉内敛，有抱负、有理想的大男人。尽管岁月与风雨吞噬着她的青春，但有了这样的丈夫，已使她很欣慰。

窗外，乌云密布，遮星闭月……

“啥时还走？”

“过些日子。”

“去哪儿呢？”

“留洋读书。”

“远吗？”

“是的。”

“……”

一声长长的汽笛，把侯德榜带进了太平洋那个摇荡的世界。

然而，这次离家和上次是大不一样了。在轮船的甲板上他凭栏远眺，心里不免惆怅，他已经有了思念，有了牵挂，眼里也有了泪花。他情不自禁地吟着“行行重行行，与君生别离。相去万余里，各在天一涯。道路阻且长，会面安可知？”心里升起对未来全然不知的迷惘。

以十门功课1000分的成绩留学美国的侯德榜，到了美国后突然发现，化学这门学科能使所有的物质都发生变化，它一定是认识自然、改造自然的一把金钥匙。于是他放弃了铁路工程专业，决定到美国东海岸的波士顿，在全美最著名的麻省理工学院学习化工专业。

在麻省理工学院学习期间，侯德榜大部分的时间是在图书馆里度过的。一天傍晚，图书馆下班的铃声响过，人们纷纷离去，只有侯德榜一个人还在聚精会神地读书。老管理员早就熟悉这位来自东方的留学生，他没有马上去惊动他，而是把所有的清理工作都做完之后，才走到侯德榜的桌旁轻轻地敲了几下桌子。侯德榜先是一惊，然后抬头一看，整个大厅早已没人了，他立即起身非常抱歉地说："对不起，我没听见铃声。"侯德榜一边说一边收拾书本。他刚要走，老管理员微笑着对他说："没关系，来，坐一会儿，告诉我你叫什么名字，是哪国人？"

"我是中国留学生，叫侯德榜。"

"中国人，侯德榜，很好！很好！"管理员拍拍侯德榜的肩膀，又和蔼地问道："你喜欢我的国家吗？"

"喜欢。"侯德榜小声地回答。

"你怎么天天在这里看书，不去看看电影或者到酒吧、夜总会坐坐？"

"我到美国是来学习的。"

管理员赞许地点点头，又问道："你们中国好吗？"

"我的国家现在很穷，比不上美国富裕，但是，中国一定会强盛起来的。"

"对，对！中国一定会强盛起来的，我很佩服你勤奋学习的精神，让我们交个朋友吧！"

站在图书馆外绿油油的草坪上，侯德榜望着灿灿的月亮发呆，他知道地球另一边的故乡，此时正是艳阳高照，那里有着自己的小屋，那里的太阳是深情的，它把土地染成了金黄色，并给土地的主人以无限美好的遐想。他想象着，水田里的稻子随风起伏，露出一个黑色的粗壮的身躯。

此时妻子张淑春还真的在炎炎的烈日下挥汗如雨地苦干着。只不过，地头上多了一个活泼可爱的儿子在爬来爬去，一会儿提个小虫，一会儿抓把泥土。在天色渐黑时，淑春拉着儿子从地里回来，接着抱着全家老少的衣服来到河边，随着洗衣的棒槌起落，"咣当"的槌声砸碎了一河的星星。就这样一天又一天，一年又一年，她常常望着水中破碎的星星发愣，猜想在那个遥远的地方，那个同样孤独的人已经睡了吧。

她不知道，她的丈夫通过四年的学习已经获得了学士学位，因为成绩优异和在化工方面的建树，麻省理工学院决定让侯德榜参加该院的化学工程实习。由于当时第一次世界大战还没结束，局势动荡不安，侯德榜便同意留美继续学习。

至于再学什么专业，侯德榜想了好久。他发现祖国是一个盛产皮毛的地方，而且每年有大量的皮毛出口，但加工这些皮毛，始终沿用的是极其落后的传统工艺。这样一来，很好的皮毛只能以低廉的价格被外国人收购。要想改变这个供需环境，就必须改进现有的落后工艺。于是他选择了“制革”这个专业作为他下一步深造的方向。

侯德榜顺利考入纽约哥伦比亚大学研究院，开始攻读制革专业的硕士学位。

1919年，侯德榜获得硕士学位后又被校方挽留，继续攻读博士学位。

在读博期间，侯德榜了解到目前世界各国流行的制革方式是“铬盐鞣革”，而中国恰恰缺少“铬”这种原料。为了适合中国国情，他将“铬盐”改成了“铁盐”，作为自己研究的课题。

围绕铁盐的特性进行了多次试验后，侯德榜在《铁盐鞣革》的博士论文中，用大量的试验数据论述了铁盐在鞣制品中出现的不耐温、粗糙、粒面、发脆、易腐、易吸潮、盐斑等现象的主要原因及解决办法。

1921年，侯德榜的《铁盐鞣革》论文，使他顺利地通过了答辩，并获得博士学位。同时因其独特的学术观点，被当年的美国制革学术界的权威刊物《美国制革化学师协会会志》选中并发表，该文在国际制革界引起强烈关注。

侯德榜因此被美国两个国家级协会接纳为会员，成为了美国科学会荣誉会员和美国化学会荣誉会员。两个学会各发给侯德榜一把金钥匙！

侯德榜在美国奋斗了整整八年的时间，最终一夜成名，这时他刚满30岁。

加盟永利公司

侯德榜热衷于制革研究，并用几年的心血为他将来从事制革事业打下了良好的基础，尤其是那篇《铁盐鞣革》的博士论文，使他在国际制革界有了不小的名气。

在美国导师的极力推荐下，美国制革行业中的各大企业都争相出高薪聘用他。此时的侯德榜可谓是八面来风，只要留在美国，凭借那两个学会的荣誉，他就可以衣食无忧。

也就在这个时刻，侯德榜接到了范旭东邀他毕业后回国加入永利制碱公司的邀请函，不由得他不认真考虑。他不是留恋这里优越的生活条件，而是犹豫能否放下已打下坚实基础的制革专业，转而开辟陌生的制碱专业。

夜已深，侯德榜却无半点睡意，他拿出范旭东的来信又看了一遍，那恳切的话语、真诚的邀请让侯德榜热血沸腾。他知道，人生道路虽然漫长，但决定命运的抉择却只有几次，现在就到了关键的时候，范旭东搞制碱和自己搞制革，不都是为了振兴中华民族的工业吗？既然现在祖国已经在召唤，就索性把制碱当作为之奋斗终生的事业！

当侯德榜踏上回国的轮船时，他万没想到，死神正在一点点地逼近张淑春，威胁着他那分别八年的妻子。张淑春一连几天高烧不退，烧得口干舌燥，浑身不断地抽搐。全家人都团团围在她身边，刚刚懂事的儿子泪流满面爬到妈妈枕边，捧着妈妈的脸呼喊着，而此时处在极度昏迷中的张淑春，用微弱的声音呼唤着侯德榜的名字。令人心酸的场面，使侯德榜的祖父落泪了，此时他深深地感到自己是罪魁祸首，如果这房孙媳妇有个三长两短，那害死她的人就是自己了，是自己加给这房孙媳妇无尽的孤寂与等待。

侯德榜的祖父站起身来，招呼全家跪下，嘴里念念有词地向天发誓：德榜回家，再不让他走了。这时东北天空意外地出现一道红色的闪电，不知为什么，从那闪电过后，张淑春的烧退了，病情也向好的方向发展了。村里有人说，这是对侯家的一个警告。

几个月后，侯德榜漂洋过海回到了家乡。一进家门，他首先看到的是老态龙钟的祖父正坐在窗前，呆呆地望着窗外的夕阳。侯德榜直奔过去，轻轻地呼喊着爷爷，只见爷爷惊奇地看着他，眼睛不住地上下打量。侯德榜从包里取出了那象征着辉煌的博士帽，高高地举过头，跪在了爷爷的面前。

祖父立即瞪大了眼睛，他弄不懂这方方的帽子意味着什么，但他知道这帽子一定是最珍贵的东西，否则，孙子不会这样郑重其事。

“爸爸！”一声呼喊，似乎是从遥远的天际飞来似的，声音清脆而甜润。侯德榜转过身，他惊呆了！只见一个小男孩瞪着怯生生的双眼望着他，两只小手死死地扯着张淑春的衣角。淑春挽着裤腿，握着锄头站在门边，她头发乱蓬蓬的，脸色蜡黄，瘦削的脸上布满了皱纹，两只噙满了泪水的大眼睛在望着他微笑。

这就是张淑春，这就是分别八年的妻子。侯德榜看着眼前的妻子，顿时在内心深处涌起了深沉的痛苦。

还是那盏油灯，还是这对夫妻。可是这一夜却显得特别的短，屋里也显得特别的寂静，他们是在体味着久别重逢的温暖。但隔壁爷爷的叹息声却一夜没停。

1924年的春节刚过。

“我又得走了。”侯德榜对送别他的妻子说。

“走吧。”她还是那句话，但声音却是爽朗而又坚定的。

这次侯德榜离家，张淑春是同意并支持的。祖父却为此事一天没起床，一声不吭的闷闷不乐。他老人家认为，侯家出了这个留洋博士已经够光宗耀祖的了，现在这个家真是需要这个人，他不希望孙子再走了，他很怕那道血红色的闪电。

可孙媳妇张淑春却不以为然，她高高兴兴地对爷爷说：“爷爷，您说念书干啥，不就是为了做事嘛！德榜在外学了这么多年，他既然愿意出去闯闯，就让他去吧。”

“男人应该是棵大树，为女人遮风挡雨啊！”爷爷心疼地对孙媳妇说。

“我用不着。”

“这些年是我对不起你，我会遭报应的。”爷爷说。

“要报应就报应我，这次是我让他走的。”张淑春虽嘴上这样说，但当侯德榜真的要走时，她的心里不免又爬满了孤独。

侯德榜将这一切都看在眼里，他对妻子说：“我受人之托，不能不去。”

“我知道。”

侯德榜望着张淑春：“范旭东先生为中国的制碱工业，求贤若渴，专程派人到美国寻找人才。德榜虽不才，但被先生看中，我不能辜负他。”

“那工厂在哪儿？”

“在塘沽，估计此一去，一切要从头做起，恐怕没有时间回家，全家老少都交给你了。”

“你一个人在外，可要好好地保重身体呀，吃要吃好，睡要睡好，家里的事你就放心吧，有我呢！”听着妻子的话，侯德榜紧紧地握着她的手，心里不觉地泛起一阵阵的酸楚。

得知侯德榜同意加盟永利公司，范旭东高兴地逢人就说：“我们永利有能人了，我们永利有希望了。”兴奋之余，他还计算着侯德榜回国的确切日子，对陈调甫说：“你一定要陪我到码头接他。”

1924年春节刚过，侯德榜冒着早春寒风，匆匆地从福建老家赶往天津塘沽。

侯德榜到达天津的这天早晨，尽管积雪已经开始融化，但西北风仍像小刀一样刮在人们的脸上，阵阵作痛。范旭东和陈调甫全然不顾天气的寒冷，准时赶到了码头接人。望着下船的人群，范旭东急不可待地问：“侯德榜怎么还没下来，你是不是记不清他长什么样了？”

陈调甫站在一个高高的山坡上，头也没回地回答：“急什么，他可能在船上还没有下来。”

随着人群渐渐变得稀少，他俩也没有见到侯德榜的身影。范旭东沉不住气了，冲着陈调甫说：“没有特殊情况他不会不来的，一个搞科学的人一向是说到做到。”其实陈调甫比他还着急，眼下工厂的设备几乎都装得差不多了，只等侯德榜了，可他为什么答应今天来，却没有到呢？

望着最后一个人走出了码头，陈调甫转过身来默默地跟在范旭东身后走回了工厂。他不知道该怎样对范旭东解释，也不知道用什么方式来安慰他。当他们来到设备安装的现场时，陈调甫无意间向正在安装的高塔上望去，顿时眼前一亮，在塔上站着一个极为熟悉的身影，这个人身穿只有美国工人才有的蓝色工装，手里拿着一份图纸，右耳的上方还夹着一截红蓝铅笔。只见这个人一会儿看看图纸，一会儿还不时地在图纸上记着什么，那由于谢顶而微秃的前额，让陈调甫一下子认清了这个人竟是侯德榜。

陈调甫激动地大声喊："德榜兄！德榜兄！"听到陈调甫的喊声，范旭东先是一愣，随后便明白了，原来不是人家没来，而是人家先到了。

陈调甫激动地握着侯德榜的手，对还愣在不远处的范旭东喊到："快过来！快过来！人在这儿。"

"你什么时候到的，我与范旭东白去了一趟码头！"陈调甫一边拍打着侯德榜的肩膀一边埋怨道。

侯德榜腼腆地对急步走过来的范旭东说："久仰范先生大名，我能到永利与范先生共谋大业深感荣幸。"

范旭东抱住侯德榜的双肩说："实在抱歉，我们去码头迎接侯博士。没想到您却捷足先登了。"

侯德榜有些不好意思地笑道："德榜到永利心切，本应乘轮船，后改乘火车了。"

陈调甫拍拍侯德榜的肩膀风趣地说："这叫'迫不及待'呀！"

说完三人都哈哈大笑起来。范旭东擦掉喜极而泣的泪水，郑重地对侯德榜说："今后永利的技术和生产全靠你侯博士了，你是永利事业和全体同仁的希望。"

侯德榜坚定地说："德榜无才，但愿竭尽全力！"

侯德榜在永利的工作是竭尽了全力。他首先熟悉了在当时唯一可用的索尔维制碱法的工艺流程，然后亲自去车间爬管道，装设备，细致地检查在生产中可能出现的一切隐患。

索尔维制碱法的特点之一是连续生产，整个工艺流程中所有的设备环环相连，形成一个完整的系统。全部的生产过程分化盐、烧灰、吸氨、碳化、煅烧、蒸氨、动力这七个主要部分，只有在这七个部分都正常运转的情况下，生产才能进行，如有一个部分发生故障，生产就不可能正常进行，甚至还会发生事故。

这一天，范旭东让陈调甫把一连几天都吃住在车间的侯德榜找到办公室，气呼呼地讲述他前几天的庐山之行——

为解决生产资金问题，范旭东去了一趟庐山，他住的房子正巧与英国卜内门公司总经理李特尔相邻。在一次交谈中，李特尔得知范旭东要办碱厂后，马上用一种轻蔑的口吻对范旭东说："碱厂对贵国确实很重要，只可惜办早了点，用索尔维制碱，日本尚且失败，何况中国，就条件来说，再迟30年也不晚。”

范旭东一听怒火冲天，立即反驳：“恨不早办30年！好在事在人为，今日急起直追，还不算晚。”

侯德榜听了范旭东这番话，激愤难忍。他痛恨李特尔的骄横和对中国的凌辱，他咽不下这口恶气。稍稍平复一会儿，他对范旭东说：“今天我别无他言，只能用实际行动和成功的产品来打击李特尔的挑战！”

爱国的话可以轻松地说，但现实是，在上世纪20年代，中国的工业十分落后，而且可以说没起步，在这种情况下要建一个制碱厂，简直比唐僧取经还难。

可再难也要干，这就是中国第一代留学生特有的为国家为民族而献身的精神。侯德榜就是怀着这种精神，带领永利的技术人员与工人，踏上创建中国制碱工业这条艰难的道路。

永利制碱厂要顺利开工需要两个条件：一是所有设备的安装到位；二是安装后对所有大小设备的连接调试必须成功。

侯德榜对设备安装的每个环节都亲力亲为，就连法兰上已经上好的螺栓，他也用管扳子再拧一拧，试试有没有撸扣。因为即使再好的设备，如果螺栓没有上好，就会出现反应物料由此溢出的现象，这样不仅危险，还会降低产品的质量。

侯德榜不仅检查工人们已经安装好的设备，还与工人一道现场解决庞大设备的安装难题。有一个近两吨重的特大铸件，就是在侯德榜和几十名工人齐心合力的操作下，经过慢慢吊装才被缓缓地移动到指定的位置上的。但在它没到预定的位置之前，谁都不敢停下来喘一口气，这是整个安装过程中最重要的吊装工作。侯德榜在密切地注视着，随着一声哨响，这个最大最难安装的家伙终于顺利就位了。在场的人无不欢呼雀跃，侯德榜这才松了口气。

“德榜兄！德榜兄！”正处于过度紧张状态的侯德榜听到有人叫他，回头一看，原来是范旭东，他赶紧跑过去与范旭东握手。

“德榜兄，刚才的吊装我都看见了，实在太紧张了，我没敢惊动你。”范旭东握着侯德榜的手激动地说。

在这个最大的设备就位之后，侯德榜经过反复检查确认没有问题，便下令：“试车开始！”

因为所有的人对制碱都没有经验，在试车过程中能发生什么问题更是心中无数，所以整个试车就像一条没有目的地的大船在海上盲航。

试车所用的工艺，就是当时世界上最先进的索尔维制碱工艺。其实就原理来讲，索尔维的制碱原理并不复杂，它是以食盐、氨、石灰石为原料，通过分解与化合反应得到碱。但它的工艺技术比较复杂，不易掌握。当时在德国、日本这样工业相对发达的国家，也是在多次试车后以失败而告终。

侯德榜是在没有名师指导，没有详细资料的极端困难的条件下开始试车的。

试车从最初的分盐工段开始，侯德榜小心翼翼地注视着所有管线上的仪表，压力表的左右摇摆、温度计上下的浮动都牵动着他的每根神经。物料的反应顺从地按照工艺流程，一步步向纯碱的成品方向发展。

就在大家紧张的心悄悄放松时，突然，蒸氨工段30米高的蒸氨塔开始摆动起来，同时还伴随着震耳的声响。随着摆动的幅度越来越大，在场的工作人员谁都不清楚发生了什么情况，顿时乱成一片。

侯德榜虽然也不清楚怎么回事，可他知道必须立即停车，所以他连忙高呼："停车！停车！"几分钟后，随着进气阀被关闭，设备缓缓地停止了转动，那蒸氨塔也渐渐地停止了摆动，大家也从这次惊险中一点点缓过神来，都望着侯德榜，全场一片寂静。

这时一名工人急急忙忙从蒸氨塔那边跑过来，上气不接下气地对侯德榜说："蒸氨塔的溢流管被一种白色的东西堵得严严实实的，什么都看不清楚。"

侯德榜一听，立刻组织几名工人跑到蒸氨塔下，他一边指挥工人们卸下塔上的螺栓螺母，一边打开塔下方的入口孔盖，用手电筒往上一照，发现蒸氨塔的菌帽上集结着一层白色的沉淀物，就是这白色的沉淀物把溢流管堵得死死的。

侯德榜站起身来长嘘了一口气，对一直跟在他身后的陈调甫说："这是因为硫酸铵的浓度太大，与石灰结成了硫酸钙沉淀物。这种沉淀物不仅堵死了反应塔的塔板，还堵住了溢流管。这样一来塔内就出现液体流不下来，气体上不去的现象，所以就会产生塔内轰轰直响和塔身摇摇摆摆的现象。"

调整了硫酸铵的浓度，控制了进料速度后，试车又开始平稳地进行了。

可这回侯德榜是一刻也不敢离开车间了，到了吃饭的时间，他就端着饭盒站在滤碱机旁，扒拉几口。如果有事，放下饭盒就跑，常常一天也吃不上一顿饱饭。范旭东看在眼里，急在心上，他为侯德榜吃饭的问题想了不少法子，但都不大管用。最后他找来了一个叫阿福的15岁小男孩，让他把每顿饭都送到侯德榜工作的地方，然后再看着侯德榜把饭吃掉。

工作中的侯德榜就好像是上满弦的钟表，一刻不停地在现场爬管道、钻设备。而这个只有15岁的小阿福常常是提着饭盒，跑遍了厂区也找不到人。对于不能让总工程师按时吃饭，小阿福也时常感到有负于范旭东对自己的重托。

这天，满头大汗又累又气的小阿福费尽了周折，才在塔器里“揪”出了侯德榜。他不客气地说：“吃早饭找不到你，吃午饭找不到你，现在都下午一点多了，你还没吃一点东西，你是想把身体搞垮啊！”

小阿福说的这番话，侯德榜就像没听见似的，他坐在一截“工”字钢上，一边大口大口地嚼着饭菜，一边用竹筷子的另一头在地上反复地画着数字，他还在计算着……侯德榜始终牢记范旭东先生的一句话：只能成功，不能失败。

侯德榜还没吃上几口小阿福送来的饭，一名工人又急匆匆地跑来对侯德榜说：“侯先生，干燥锅结巴了，请您快去看看吧！”

侯德榜站起身来，对蒸氨塔旁边的工程师交代说：“请你组织工人，3小时之内把塔里的沉淀物清除干净。至于如何解决这个问题，请查阅昨天我给你们的那份技术资料的第32页，然后拿出意见，明天上午报给我。”说完，他放下饭盒，一路小跑地来到干燥工段。

干燥锅不仅结巴了，而且把送碱的绞刀给咬住了，干燥锅已经停止了转动。技术人员和工人们正在讨论如何能使绞刀松动，有人主张把干燥炉头的结巴捅开，使绞刀松开，这样就可以继续试车。侯德榜认同大家的说法，他顺手拿起一根铁棒往炉头里捅去。大家见侯德榜开始干了，也七手八脚地抡起铁锹、铁棒、铁管跟着捅了起来。

结巴被捅开，干燥锅又转起来了。打这之后，干燥锅三天两头地结巴，试车的生产就是因为这样干干停停，反反复复。

侯德榜认为必须赶紧想个解决的办法，他找主管干燥工艺的张佐汤工程师说：“这只‘拦路虎’你想怎么把它赶走呢？”

“我正在搞一个方案。”张佐汤回答。

侯德榜点了点头，就回到了他的办公室，这时书桌上的闹钟已指向23时55分。侯德榜只脱掉了身上的蓝色工装，便倒床而睡。

过了一会儿，他脑子里的那个干燥锅出现了。他随手从书桌上拿起一本书翻看，忽然起身下地，打来一盆凉水洗了一把脸，就坐在书桌前画了起来，工艺、管线、阀门……

当闹钟指向2时05分时，侯德榜从抽屉内翻出几块干馒头，啃了几口，喝了杯水，就又和衣躺下，沉沉睡去。

门被推开，张佐汤走了进来，见侯德榜睡得正香，一只脚穿着鞋而另一只脚上的鞋已掉在地上。张佐汤不忍心叫醒侯德榜，因为他知道别人工作是有时有刻的，即便是倒班工作也有下班休息的时候，而侯德榜却是“长”在厂里，无论白天黑夜，无论几点钟，只要生产上出现一点问题，他都亲临一线解决。

张佐汤刚要转身离开，侯德榜腾的一下坐了起来：“你有事？”

张佐汤说：“我想，结巴的问题是否可用加返碱的办法来解决？”

“哦？来来来！”侯德榜此时睡意全无，他把张佐汤拉坐到椅子上，而自己却拉来个小板凳，像个小学生似的，坐在张佐汤的对面。

“您看，这是方案。”张佐汤递过去几张纸。

“好，好，好，就是需要这样的工作效率！”侯德榜一边看方案一边称赞。

看完方案后，侯德榜非常高兴地说：“对，对，结巴与重碱水分有关，就用加返碱的办法解决。至于加返碱的比例，待试验后确定。”

侯德榜望着张佐汤关切地说：“现在问题已经找出来了，办法也有了，你我现在的任务是休息！”

张佐汤指指闹钟，笑着说：“您看，6时15分了。”

二人放声大笑，侯德榜说：“你太辛苦了，累吧？”

张佐汤精神抖擞地站直了身子说：“您看呢？”

侯德榜钦佩地点头笑道：“是呀，是呀，有所收获，是战胜疲劳的灵丹妙药。”

送走了张佐汤，侯德榜拿着张佐汤的方案向黄海化学工业研究社走去，他决定今天就开始试验这个方案。

临出门时，侯德榜顺手烧掉了几页纸，那是他半夜起身洗脸之后画的方案，和张佐汤的方案几乎是异曲同工，不谋而合。侯德榜算出的几个数字与反应式，比张佐汤的要精确得多，但侯德榜认为，张佐汤已经弄出来了，就应尽量用张佐汤的，这样做是对年轻人的一种鼓励。至于那些不精确的计算与反应，在试验中修改就是了。

几个月后，由于四口干燥锅相继都被烧坏，试车的生产被迫停工。

这时，英国卜内门公司的人跳出来，挑唆那些不明真相的股东说：“制碱技术极为复杂，你们黄种人掌握不了。永利想制碱，非得请外国工程师不可，否则，需要再等30年，你们才有条件谈制碱。”

这些股东投资永利，都是以赚钱盈利为目的，眼看着发财致富的希望即将化为泡影，他们就把所有怨气都发在侯德榜身上。他们要求范旭东用英国的工程师取代侯德榜，理由是侯德榜是学制革的，不懂制碱。

侯德榜此时的处境非常艰难。这时，侯德榜在开滦矿务局做事的一个同乡来看望他，他向侯德榜透露开滦矿务局欲请侯德榜去当总化学师的事。自从1922年，黄海化学工业研究社将开滦矿务局总化学师孙学悟博士挖走后，总化学师的位置至今空缺。

“开滦矿藏书数万册，实验室设施也非常完善，月薪400元，比你现在还高出一倍吧？你还有什么要求，我愿从中周旋……”同乡劝侯德榜道。

“丰富的藏书、完善的实验室，确实是我梦寐以求的。可是永利正在倒悬之际，德榜重任在肩，决无他图之意。”侯德榜委婉而又坚定地回答。

“听说要开股东会，你在永利能否站住还很难说，要是让人撵走，不如自找退路。古语云：良臣择主而事，良禽择木而栖……”老乡不甘心又继续劝道。

“发展民族工业，是我辈不可推卸的重任。德榜坚信，黄头发蓝眼睛的英国人能办到，我们一定也能办到。而且比他们办得还要好。”侯德榜的眼睛里闪着坚毅的光芒。

自全厂因干燥锅烧坏而停工后，侯德榜就开始对这半圆形干燥炉的合理性产生怀疑。后来他研究出了一种改造干燥锅的方案，但在要进行试验的那天，他突然改变了主意，他对准备要做试验的两位技师说：“先别忙着点火，我觉得这里边还有个问题没有很好地解决。我去燕京大学一趟，燕京大学新聘来一位化学教授，曾在一家碱厂工作过，我想从他身上挖出点东西来。你们利用这段时间再考虑一下，试验前的工作做充分些，以免失误。”

但当天下午，侯德榜一无所获地回到了厂里。原来这位教授畏惧英国卜内门公司的淫威，未敢将制碱奥秘透露给侯德榜。

而回到厂里的侯德榜觉得厂里的气氛有点不对劲，他看见人们在小声地议论。侯德榜觉得不妙，就急忙来到了试验场地。眼前的一切让他倒吸了一口凉气，只见门窗的玻璃碎满一地，一面墙也炸开三个豁口，试验的设备也散落在厂房内外。

原来这两名技术人员求胜心切，侯德榜前脚走，他们后脚就擅自点火做起了试验。在这个节骨眼上，他们真是给侯德榜帮了个大大的倒忙。

事故分析会上，侯德榜就像个罪犯一样，坐在那里准备听候审判。

分析会还没开始，一位姓吴的股东就不请自来了，他仗着在永利的股份较大，蛮横无理。他进门后挥舞着文明棍吵吵起来："毁了一座厂房，伤了两名技师，这样一来开工生产就更遥远得很了，我们股东本填进去了，可是红利在哪里呢？啊？我们要的是红利！红利！"

在他带头吵闹的时候，其他的股东也都纷纷跟着吵要红利。

"你们不能这样对侯博士，事故发生时，侯博士并不在现场，他是去燕京大学……"陈调甫站起来为侯德榜抱打不平。

吴股东冲着陈调甫说："去燕京大学？开滦不去了？又去燕京了？侯博士是否想跳槽啊？"

人们这时都想听听侯德榜面对这种带有侮辱性的挑衅语言，会做怎样的回击。可等了很长的时间，也没有反应，这时的侯德榜正若旁人似的，在笔记本上画着什么。

吴股东自觉无味地找个座位坐下，双手拄着文明棍，慢条斯理地对范旭东说道："永利不能这样下去了，必须得想个万全之策。"

"什么万全之策？干脆说侯德榜先生不称职，用外国工程师取而代之！"陈调甫说完，吴股东急着插嘴："对！对！英国卜内门公司有几十年的制碱经验，就聘卜内门工程师！"

陈调甫起身走到吴股东几步远的地方说："照吴翁这么说，我们这民族工业的牌子也应该换一下了！那样一来，主权何在？"

"我们拿不到红利，股金不是白扔了吗？主权能当饭吃？"吴股东非常不耐烦地向陈调甫挥了一下手说道。

这时侯德榜站起身来，在地上来回踱了几步，眼睛直直地看着前方，想了一会儿，像无人在场似的，踱出会场。

吴股东来到侯德榜坐过的地方，拿起侯德榜的笔记本，只见上面画着一组工程图，一个金属圆桶架在钢铁架上，下面的火舌舔着金属圆桶，用箭头表示圆桶是旋转的。

这位吴股东是一个只上过几天私塾的富豪子弟，根本看不懂这样的工程图，他大声喊道："大家看看，看看，这是什么！侯德榜根本就没有洗心革面之意，他是想在永利垮台后去当画家！"

就在股东们传看侯德榜的笔记本时，侯德榜早已在干燥锅的下面，测量炉灶与锅体间的距离了。而会议室里，笔记本已经被送到一直未开口说话的范旭东手里，他仔细地看了一会儿，脸上现出了会心的微笑："四五年来，为了创办永利事业，为攻破一个个技术难关，侯德榜和诸位同仁呕心沥血，煞费苦心，虽赴汤蹈火也在所不辞。我们永利能发展到今天，侯博士是有功的，他的功劳在于不仅仅为我们解决了很多技术上的问题，更重要的是为永利培养了一种实干、苦干、任劳任怨的工作作风，对于这种难得的人才，我希望大家像我一样支持他，不要挫减他的锐气！"

"范总经理，问题是什么时候能正常生产，我们可等不及了！"吴股东见大家都不说话，自己不得不找个台阶悻悻地说。

范旭东把侯德榜的笔记本高高举过头，对在场的各位股东说："侯博士将干燥锅的新结构已经设计出了雏形。范某的意见是，派侯德榜博士带队到美国再次考察，看看近年来碱业设备有什么新的发展，在侯博士设计的基础上加以改进，彻底消除干燥锅弊端。"

就因干燥锅的问题无法解决，侯德榜来到了美国。

到美国后，侯德榜发现，原来美国的蒸氨塔在试车时，采用的是炼焦厂的副产品粗氨水为原料。而自己在试车时，因搞不到粗氨水，就用了进口的硫酸铵来代替蒸氨。结果由于没有经验，工人们将没有经过稀释的浓硫酸铵直接加进了塔内，再加上进料的速度过快，结果导致大量的硫酸钙沉淀出来，并很快把溢流管堵塞。

就这样，侯德榜在美国的实地调查中，获得了大量的制碱工艺，积累了丰富的设备经验，使自己从一个制革专家变成了一个造诣很深的使用索尔维法制碱的专家。

永利制碱工业的这条索尔维制碱工艺流程，犹如一条沉睡的巨龙，在范旭东与侯德榜的努力下，终于渐渐地苏醒了过来。

回国后，侯德榜与范旭东决定，于1924年8月13日再次试车生产。

这天一大早，工程师和工人们早早地来到了工厂。随着侯德榜一声令下，机器轰隆隆地转动起来。大家纷纷聚到了出料口，就像期盼着自家三代单传的孩子降生一样，急切地盼望着第一时间见到“中国碱”的诞生。

碱，在人们的期盼中，终于生产出来了。可展现在人们眼前的并不是雪白的碱，而是黑红相间的、与当时的洋碱根本无法相比的不合格的碱。

现场的人都大为失望，有几个股东当场拂袖而去。此刻，范旭东面对的形势非常严峻。怎么办？这样的碱是无法冲击已被洋碱占据的市场的。

如果继续谋求技术改进，就需要大量的资金。倘若就此停产，那就意味着中国制碱工业的失败，永利制碱公司的彻底破产。

在股东大会上，个别发起人曾心灰意冷地说：“早知如此，当初虽白刃架颈也不为之。”谁都不愿意再投资。

但作为技术负责人的侯德榜却认为，现在永利公司就像一个临产前不断经受阵痛的孕妇，中国的制碱工业，决不能因为痛而不要孩子，只有知难而进，才能熬过这一难关，否则就会功亏一篑。

侯德榜的想法与范旭东不谋而合。于是侯德榜一面设法克服红黑碱的问题，一面又投入试验生产。这次侯德榜从原材料的化验阶段开始跟踪，发现使用炼焦炉所产的粗氨水在原料阶段就含有硫化铵，而改用氨水就没有硫离子，侯德榜认为这是问题的关键。因为这些含有硫离子的粗氨水，在整个制碱设备的运行中，与塔器和管道的铁壁接触时，会在其壁上生成一层坚固的硫化铁薄膜，而这层薄膜可使铁壁与氨水间形成介质隔离，铁就不会被腐蚀，碱色即可以为白色。

又经过两年的研制，1926年6月29日，为保证再度试车成功，侯德榜带领机械师、工艺师、工程师对制碱工艺过程的每一个设备、每一个环节都进行了认真检查。因为有前两次失败的教训，侯德榜和全体职工都在各自的岗位上严阵以待，不敢有一丝一毫的懈怠。

总调度室里的范旭东、陈调甫凝神注视着侯德榜通过电话、传话器最后一次询问各车间的试车准备情况。当各车间先后回答“准备完毕，等待命令”时，侯德榜回过头来看了一眼范旭东，范旭东只轻轻地点了一下头。

侯德榜逐个下达试车的命令。各式各样巨大的机器转动了起来，随后从操作室传来一切正常的报告。

快出碱时，大家不约而同地汇集到产品的出口——包装室。随着“出料”的命令发出，包装工迅速拉开制动翻板。顿时，像白雪一样的碱面，吐珠泻玉般从出料口倾泻下来。人们情不自禁地欢呼起来：“白的，雪白的！”

范旭东抓了一把，细细地看着，对侯德榜喃喃地说："雪白的纯碱，多好啊！"人群迸发出一阵热烈的掌声。

范旭东激动地说："诸位，今天，我们总算制出合格的中国碱。这是我们梦寐以求的夙愿，为此我们付出多少心血与辛酸！经过整整八年的苦干，终于降服了这条化工流水线的'长龙'。在世界上，用索尔维法制碱，我们永利是第三十一家，而在远东，在亚洲，我们则是第一家！"

人群里响起一阵掌声，而范旭东眼睛里闪着泪花，抬手示意大家静一静，他接着说：

"今天看到雪白纯洁的产品，我心里无比喜悦和激动。为使我们的产品区别于洋碱，我提议，将我们生产的碱取名为'纯碱'。"又是一阵热烈的经久不息的掌声，人们高呼"纯碱！纯碱！纯碱！"

范旭东继续说："永利制碱的成功，要归功于诸位同心同德，努力苦干。但大家应该同意，首功要记在侯博士身上。是他数年如一日，为谋求技术问题的解决而奋不顾身，废寝忘食，一意死拼才换来的。为了今日中国制碱的成功，他度过了多少不眠之夜，吃了多少苦头，受了多少磨难。他来厂三四年，连家都没回过一次，可见事业心、责任心之强。在此，我谢谢了！"

说完，范旭东面向大家双手一拱，行了个大礼。在大家热烈的掌声中，范旭东与侯德榜紧紧地拥抱在一起。

此时此刻，在侯德榜离开家的几年里，中国制碱工业终于冲破了帝国主义的一切封锁，雄踞世界。而也是在这几年中，侯家却一步步地走向衰败。先是祖父、祖母相继去世，妻子张淑春用一种不屈的精神，支撑着这个风雨飘摇的侯家。

当侯德榜在工厂车间里接到这些电报时，他再也无法镇定。他紧紧地握着电文，就像握着妻子的手一样，泪水如断线的珠子滑落下来。

看到自己生产的纯碱，工人们的干劲更高涨了。随着生产工艺的逐渐稳定，产品的质量也越来越高，纯碱中碳酸钠的含量已达到99%以上，日产量迅速超过30吨。

中国碱打破了英商的垄断，开创了中国化工史的新篇章。

一个多月后，在美国费城举办的万国博览会上，人们看到一袋雪白的"永利”纯碱。

这就是当年那枚金质奖章

袋子的正面中部印着一个极为别致的商标，那是一个近似红玛瑙一样倒立的三角镶嵌在双环之中，光闪夺目，上方印着“中国永利”四个刚劲有力的大字，下方是“纯碱”二字。中国永利制碱公司制造的“红三角”纯碱，在这次万国博览会上，荣获金质奖章。

消息传来，永利碱厂沉浸在一片欢乐之中。厂里立即举行了隆重的庆祝大会，到会的有当时天津金城银行总经理周作民，南开大学校长张伯苓，大公报的王芸生、胡政之、张季鸾等各界贵宾。华灯初上时分，范旭东、李烛尘、陈调甫、侯德榜一起走入了会场。侯德榜特地穿上了白领礼服，显得格外的意气风发，神采奕奕。

庆祝会上，范旭东激动地说：“这么多年的辛劳艰苦，换来了中国人民自己制造的纯碱，也换来了大家头上的白发。求仁得仁，诸君内心是得到安慰的。我为诸君祝福，求进步的人们应当是永生。”

1930年，永利“红三角”纯碱，在瑞士举办的国际商品展览会上再次荣获金奖。

侯德榜写《纯碱制造》

侯德榜在永利制碱公司经过近十年的研究，终于掌握了索尔维制碱工艺，同时还积累了一整套完整的经验。中国成为当时世界上除了索尔维集团之外，为数不多的掌握这一技术的国家之一。

如果这时出售侯德榜的制碱专利，那么一定会给侯德榜本人和永利公司带来极为丰厚的利益。

当时的索尔维集团，对索尔维制碱的工艺、技术是严格保密的，集团的设计图纸仅仅只对几个会员国公开，如果在工艺与设备上有什么新发现，也只是几个会员国相互之间通通消息而已，谁也不允许申请专利。凡在索尔维公司工作的技术人员，无论在生产中有什么样的革新，都不准公开发表专题论文。所有的技术人员、技师、工人，也只能长期工作在一个岗位上，对其他岗位上的技术不可以过问，也不准知道自己岗位以外的技术。索尔维集团如此安排，就是为了获得高额的利润。

可侯德榜却不这么想，他认为，永利公司从要制碱到制成碱，是用了十年的时间，而在这十年中，永利公司曾经历过三次濒临破产的危机，这都是因为索尔维集团技术封锁造成的。如果我们以高价出售现有的专利技术，岂不是和卜内门公司如出一辙吗？那么受害的一方，也会像我们从前那样，一切都要从头开始，而那些人也会像我们当初恨卜内门公司一样，恨我们永利公司。永利公司的同仁苦战十年，既是为了振兴我们的民族工业，更是为了使中国摆脱贫穷落后的困境。

侯德榜想起在美国留学时的导师杰克逊曾告诫过他的话："科学技术是属于全人类的，它应该造福于人类。不造福于人类的学问，是不能称其为科学的。一个真正的科学家，决不能把科学技术作为谋求个人财富的工具。"

想到这里，侯德榜决定马上着手，写一本关于制碱技术的书籍，并把永利十年制碱的经验公布于世。假如有一天，这个制碱工艺的细节被公布于世，那么不仅从此能打破索尔维集团对制碱技术的垄断，同时也能推动世界制碱技术向前大踏步发展。

侯德榜将这一想法告诉了范旭东，范旭东听后，高兴地拍案称好，并对侯德榜说起十几年前发生的几件事。

第一件事。1913年范旭东刚毕业不久，在北洋政府工作的哥哥就给他在财政部找了个闲差。之后不多日，范旭东就以财政部要员的身份，被派往欧洲考察盐专卖法和盐厂的制盐设备。在欧洲考察盐政期间，他曾向英国人提出参观卜内门碱厂的要求，当时英国人对范旭东的这一要求是满口答应。可在参观时，他们领着范旭东只是在卜内门碱厂的锅炉房转了一圈，就将他们几个人由后门送出厂外。

第二件事。1919年陈调甫在美国考察制碱工业时，也想参观卜内门碱厂，他便请求以前曾在这个工厂做过厂长的孟德先生引荐。孟德说："以前我是该厂的厂长，但离开后就不许再入其门，何况你是外人，万万不会获准去参观的。”后来陈调甫又到索尔维厂去找老熟人梯泼尔帮忙，结果也没成功。最后只能是在大雪天里，绕着那个碱厂的外围墙转了几圈。

第三件事。在永利碱厂建厂的第二年，由于种种原因，实在开办不下去了，无奈只得想办法找个外商将工厂卖掉。没想到，那外商在谈判中，只肯给出一个几乎是卖破铜烂铁的价格。范旭东对此气愤之极，他想，与其让外国人捡便宜，还不如自己背水一战，死里求生。

最后范旭东对侯德榜说：“我们决不能今天受人欺压，骂人不仁不义，明天再去欺压别人，又被别人骂作不仁不义。公司支持你的想法，你就专心写作吧！把我们创办碱厂这么多年失败的教训和成功的经验都系统地总结一下。不过著书立说是件很费心血的苦差事，你有什么难处尽管说，我们齐心合力把这件事办好，为中华民族争一口气。”

侯德榜也清楚，要写好这样一本前无古人的制碱书籍，绝不是一件容易的事情。他首先要将多年来的工作笔记、记录报表、图纸、手册一张不少地收集在一起，然后再找和制碱有关的专业参考书，把这些东西按时间、按生产顺序排列后，再进行反复的研究。同时还要与永利碱厂的工人技师，就其操作时记录的数据，一遍遍地核对。

说干就干，即使是天寒地冻，侯德榜都风雨不误地到黄海化工图书馆查阅资料。用了一年的时间，他终于将这部以英文撰写的制碱巨著的初稿完成。

在这部书里，侯德榜毫无保留地把自己多年来用心血换来的经验公布于众。他用通俗易懂的语言，系统地介绍了工业制碱的历史。从最初的天然碱、路布兰法制碱到索尔维法制碱，同时还介绍了小苏打、苛化法制烧碱、电解法制烧碱的生产过程，以及氯产品的加工。尤其对索尔维制碱法从理论、化学反应、操作数据、生产控制、设备结构以及技术经济方面的要求，都着重细化地介绍了一番。

侯德榜以一个科学家的严谨治学态度来撰写这部书籍，为了让该书能达到深入浅出的效果，他将书稿交给刚大学毕业的萧志明看。

萧志明说：“我是学机械的，对化工完全陌生。”侯德榜听了，还是执意让他仔细阅读，并要求他把读后的意见告诉自己。

一个月后，萧志明告诉侯德榜，他看懂这本制碱书了，侯德榜非常高兴。

就在这部书马上要进入修改阶段时，又一件意想不到的好事从天而降。侯德榜得到一个由“北京中华促进教育文化基金会”资助去美国进修的机会。

侯德榜到美国后，一边进修一边抓紧时间修改整理书稿。这期间，他又得到杰克逊教授的热心指导和帮助。更出乎侯德榜意料的是，美国化学会竟破例首次接受中国学者的著作，同时将这部著作列入化学会丛书第65卷。

侯德榜这部英文版的制碱书，是于1933年在纽约出版的。

那天早晨，侯德榜的这部著作，被一位金发碧眼的姑娘放进纽约一家书店的橱窗里。放书的背景墙上是一幅中国南方水乡的田园风景画——在一片碧绿的稻田深处，有一条河流，一个留着长辫子的英俊少年，双脚一上一下地踏在水车的踏板上，双手捧着一本书。这就是侯德榜少年时期挂车攻读的形象。书脊上烫着几个金光闪闪的英文小字：*Manufature of Soda* TE-PANG HOU（即《纯碱制造》侯德榜），这本书吸引着所有过路人的目光。

书店的大门刚刚打开，就涌进来好多等待已久的人。其中一位是从事制碱的美国人，他一次就买了好几本侯德榜的书。因为他在翻阅这本新书的前言和目录时，发现在全书27章349页里，对于如何进行工业制碱，做到了知无不言，言无不尽的描述，而且还配有72张插图和127个实用的数据表。像这样既有理论指导又有实践经验的制碱书籍，是一本罕见的宝书。它揭开了70年来索尔维制碱技术的神秘面纱，并将其中的奥秘揭示得清清楚楚，使全世界为之震动。

侯德榜在书的前言中这样写道：

本著作可说是对存心严加保密达世纪之久的氨碱工艺的一个突破。书中叙述了氨碱制造法，对其细节尽可能叙述详尽，并以做到切实可行为本书的特点。

书中内容是作者在厂十多年，从直接参加操作中所获得的经验、记录、观察及心得等自然发展而形成的……作者认为，总的来说，制造厂已得到本工业独特要求的充分保护，而其细节只能通过多年实际操作，亲身体验方可获得。至于工厂的特殊环节，可以说任何一个好的设计师，通过一些试验都能得到好的解决办法，所以无必要为工业对外保密……还认为在物理化学这一领域中，处理大量气体与液体的经验及数据，应当公之于世界，为其他化学工业所利用。这是出版此书的基本动机。

侯德榜在书中不仅毫无保留地将自己从艰苦辛劳中一点一滴积累起来的经验介绍给读者，而且还把许多在当时认为是绝密的技术资料也公布于众。

在这本书中，侯德榜还特别提到1924年8月试车时生产出了红碱，他把红碱产生的原因和消除的对策作了详细的介绍，同时还进行了理论上的总结，在书中多次指出应在制碱溶液中加入硫化钠（或硫化铵）的必要性，以及详细地阐述了加入硫化钠和防止出现红碱的关系。在这个问题上，侯德榜不仅定性地加以描述，还细化了加入硫化钠的量与操作的关系，甚至把硫化钠含量的检测手段也说明得清清楚楚。

范旭东对此曾说："侯博士的著作现在风行全国，给全人类打开了制碱工程的秘境，比起索尔维氏的经营自守来，侯博士的崇高气度尤其值得赞扬。"

侯德榜不仅是一位严肃的学者，更是一位谦虚的学者，他在学术上从不掠美。在这部著作卷首的显要位置上，他恭恭敬敬地写道：献给亲爱的朋友，帮助过我的老师——杰克逊教授。

《纯碱制造》这部专著在美国出版以后，获得了各国制碱学者的高度评价。因为它在制碱工业的设计、研究和生产方面，都具有重要的指导意义。

侯德榜一心将世界制碱技术公布于世的坦荡胸怀和崇高思想，得到了全世界制碱同行与学术界的尊敬。美国的著名化学家威尔逊先生称赞道：侯的《纯碱制造》是中国化学家对世界文明所做的重大贡献！

永利与卜内门的斗争

看到中国永利公司的纯碱在国际博览会连续获得金奖，卜内门公司的官员们有些惊慌。他们通过熟悉永利公司的人，频频地向范旭东、侯德榜表示，卜内门愿意与永利合作，并暗示如果同意合作，卜内门会给予范旭东、侯德榜大量好处。

范旭东讽刺道："卜内门乃世界碱业大王，永利乃一小厂，且未出货，成败尚不可知，何敢与大王合作？"

对方也不示弱："是否必待失败后始求助于卜内门？"

范旭东不紧不慢地说："果然失败，当然迟30年再说，但无合作余地。"

其实范旭东很清楚，永利制碱公司在注册时，英国在华的卜内门公司的官员对此并没有多大的反应。因为在他们认为，永利想要建制碱厂，要么是与美国合作，要么与日本合作，如果不这样，必会因资金不到位或技术无着落而最终失败。可他们做梦也没想到，短短的十年里，永利公司依靠自己的努力所制的碱，竟能在世界上获得金奖。当他们想改变方式来拉拢范旭东时，又被范旭东这不卑不亢的几句话给顶了回去。范旭东的话，不仅报了几年前对方轻蔑中国人的仇，同时也给他们的谈话圈上了句号。

卜内门不甘心，一计未成，就又来一计。

英方代表尼可逊利用在大连开会的机会，再次派人分别向范旭东、侯德榜表示，愿以高于永利全部投资一倍的价格，收购永利。他们急欲铲除永利这个中国市场的潜在对手，竟对范旭东和侯德榜施用小人的做法。

范旭东断然回答道："我搞不成碱厂，宁可杀头，也不能出卖自己的灵魂。"尼可逊被范旭东这句话噎得张口结舌，半天没回过神来。

恼羞成怒的卜内门，眼见永利纯碱的销售量节节攀升，便依仗着他们雄厚的财力，在上海、汉口和长沙等销售永利纯碱的地方，把他们自己经营的洋碱大幅度降价，企图用这一办法将永利纯碱挤出这三地市场。而在天津，卜内门则维持原价。

该如何应对，永利公司内部存在不同意见。范旭东和侯德榜主张降价竞销，但也有一部分人反对。范旭东和侯德榜认为，这是卜内门的圈套，他们就等着永利公司把产品都收回天津市场，待他们吞并了全国其他市场之后，再回过头来集中力量收拾天津。

从1926年到1927年的两年时间里，永利公司的纯碱价格，被迫随着卜内门的一次次调价而跌落，卜内门的碱价一直降至原价的40%才罢手。在这期间，永利的"红三角"纯碱成本为每担6.5元，而卜内门洋碱最后一次降价后的零售价为每担4.2元。但永利公司仍扛着，还以每担比卜内门的碱低三角钱的价格竞销。

此时永利公司的账上已经亏损了近140万元，在面临公司破产的紧急时刻，范旭东、侯德榜带领永利全体员工，与卜内门进行了最后的斗争。

首先他们扩大舆论宣传，号召人们选用国货，并突出"红三角"纯碱金奖产品物美价廉的优势。同时将两种产品进行性能上的比较，即永利的"红三角"纯碱是轻灰，而卜内门的洋碱是重灰。就使用上来讲，工业用途轻灰不如重灰；而制造块碱、晶碱，用于发酵和洗涤时，则重灰不如轻灰。这样一来，"红三角"轻灰碱，马上占领了一部分市场。

在经营策略上，永利尽量在卜内门销售的碱覆盖不到的地方多开代销点，避免正面冲突。同时极力激发代销商的爱国热情，从而使一大批卜内门代销店的代销商，改为做永利的代销商。永利又以此为契机，打入南北市场开辟基地。在价格上，永利公司不管卜内门怎么降价，总是保持每担纯碱比卜内门再低三角钱。

永利公司营销部的同仁和爱国代销商们紧密配合，使用掉包计来应对卜内门的挑战，这对支持永利公司战胜卜内门公司，又多了一条节支的门路。

范旭东、李烛尘两人多年留学日本，他们十分熟悉日本的工业发展情况，知道日本工业发达，用碱量也很大，而且大部分都是用卜内门的进口碱。通过一段时间的了解，他们二人得知，日本国内有两大财团，即三井与三菱，他们相互争霸。三菱有一个叫旭硝子的工厂产碱，而三井没有碱厂且以此为恨。范旭东与李烛尘两人认识到，这里有可乘之机。于是，他俩便找三井的代表，商量由他们在日本代销永利“红三角”纯碱。

永利的建议正和三井的心意，两家顺利地签订了协议。因为当时三井正急于有纯碱销售，以便于与三菱一比高下，所以并不计较代销的佣金是多少。“红三角”纯碱以低价，通过三井在日本的分支机构散销至全日本。

本来卜内门是想在中国市场用降价这一手段来压倒永利，重新垄断中国市场。万没想到中国永利不但在中国没倒，反而挺进了日本，他们再度领教了永利公司是不可欺的！

为了不在经济上受到更大的损失，也为了不在赔本的泥坑里越陷越深，卜内门主动来找永利，声明：今后在中国市场绝不再搞廉价竞销，将来碱价如有调整，必先与永利协商联合进行。

后来，永利公司根据国内供求情况，对碱价作了合理调整，并从此掌握了纯碱的市场主动权。卜内门公司在世界碱业的竞争中，第一次尝到了失败的滋味，不得不对昔日被自己藐视而今已成长起来的永利公司刮目相看了。

为求得在日本市场的相安无事，1928年6月21日，卜内门与永利签订了由卜内门代销永利“红三角”纯碱的协议，主要内容是：

代销区域：日本和台湾。

期限：从1928年11月1日起至1931年10月31日止。

数量：1928年11月至1929年夏季，每月委销纯碱600吨。此后每月委销纯碱

1000吨。在协定期内任何12个月里委销的纯碱不得超过15000吨。

卖价：卜内门以尽量使“红三角”纯碱价接近“峨眉”牌（卜内门公司当年生产的碱叫“峨眉”牌）洋碱价为原则，在任何情况下，不得低于“峨眉”牌洋碱的5%；万一有时不得不再低价出售，这项价差卜内门保证仍按低于“峨眉”牌洋碱5%缴付永利。

付款：在塘沽交货后，卜内门同意每担先付银元2元，其余在50天内结清。

报账：卜内门经销的碱，在销光后必以销账报告永利，并按日元折合天津银元的兑换率付还永利。

佣金：卜内门按塘沽交货所得的净价抽提4%的佣金。

押金：协议签订后，卜内门即将押金30万天津银元交付永利，并于1931年10月31日以前6个月内，由永利以现款或货款抵付。议定年息6.5%，每半年一付。

天灾人祸：遇有天灾人祸，罢工、停工、停制，非永利可能抵抗的事情，永利不负交货责任。但如值中日罢工或地震、内战，卜内门无法运走纯碱时，卜内门也不负任何责任。

续约：本协定期满后，如双方同意，可续约三年。再满期时，续约亦同。

此项协定在实施过程中双方均认真负责执行，其后结合需要于1931年、1934年、1937年一再续约。

1928年，在永利建厂十周年庆祝大会上，范旭东站在亚洲第一高的碳化塔的大楼顶端亲自点燃一挂鞭炮，一边放一边大声说：“真痛快！真痛快！”阵阵爆竹声中，永利员工吐出了内心深处的郁气。他们以自己的行为，为我国民族工业谱写了一曲壮丽的战歌。

再建合成氨厂

《纯碱制造》一书刚刚在美国出版，侯德榜就接到范旭东自国内发来的加急电报：有报国重任，急待回国并肩战斗。

其实之前侯德榜就听美国同事说过，日本要入侵中国，可万没想到，传说已成为现实。如若不然，范先生绝不会来急电催回。

1933年3月29日，侯德榜风尘仆仆地在天津码头下了船，范旭东和永利的同事们热情地欢迎他。当侯德榜看到码头上多处站立着荷枪实弹的日本兵时，不禁心头一沉。离开不过两年的时间，国土已不完整。今东北沦亡，热河又失，天津的上空也弥漫着战争的阴云。

范旭东见侯德榜情绪低沉，便装出一副轻松的样子微微一笑说："又有什么想法了？万变不离化工呀！"说着范旭东与侯德榜边聊边回到了工厂。

在工厂，侯德榜见到了孙学悟，两人情不自禁地拥抱在一起，长时间无语。

孙学悟是与侯德榜同期考上清华留美预备学堂的，1911年他就读美国哈佛大学，1915年获得博士学位。范旭东在塘沽办久大盐厂和永利碱厂时，听哥哥范源濂介绍孙学悟的为人后，立即派侯德榜去开滦煤矿诚邀孙学悟。那时孙学悟已是煤矿的总化学师，而且待遇非常优厚。但老同学相见后，几句话就说到一块了。彼此都有志于发展科学，振兴工业，挽救民族，于是孙学悟欣然接受了范旭东的邀请，来到这荒凉的塘沽盐滩上，就任久大精盐公司的化学室主任。如今，当初的化学室已经变成了与久大、永利同影响力的黄海化学工业研究社，孙学悟任社长。

孙学悟对侯德榜这次去美国出书一事给予高度的赞扬，而对于当前的形势是只字不提，更不提想要建铵厂的事，他只是给侯德榜讲了个小故事。

在第一次世界大战期间，世界各国都抢着到智利这个国家去购买硝石。德国化学家奥斯特瓦尔德见此情景说了一句话："如果哪一个国家能将智利的硝石控制在自己手里，那么这个国家就能取得战争的胜利。"

这样说是因为硝石是制造硝酸的唯一原材料（至少在当时是这样），而硝酸就是炸药。德国的军事首脑，就是根据奥斯特瓦尔德的这个暗示，派军队在智利的沿海巡逻监视。可不久，德国的所有港口又都被已得到这个情报的协约国给封锁了，结果硝石的来源被迫中断。

后来有两个人，一个叫哈伯，另一个叫波许，他们联合研究，制成了新的产品合成氨，有了合成氨，这才解决了德国制造炸药的燃眉之急。

侯德榜听完这个故事，抬起头来向范旭东点了点头，三个人又都同时点了点头。此刻三人心里都明白，为国家建铵厂已迫在眉睫。

范旭东不无遗憾地说："现在我们国家科学落后，工业也落后，国运不振，国力不济，而洋人往往持科学、技术、经济、军事的优势来欺凌我们。”

侯德榜坐不住了，他没有心思去参加为他搞的庆功宴会，而是直奔塘沽的碱厂去了。在工厂里，他看到了这几年代他当厂长的许腾八。许腾八不仅带领全体职工使纯碱生产有了大的发展，还扩建了烧碱车间。而后侯德榜又见到了早已被范旭东接来的自己的妻子和儿子虞箎。虞箎都背上书包上学了。看到这里，他感到非常欣慰，他可以毫无顾忌地去进行下一个发明创造了。

第二天，范旭东把早已拟好的要办合成氨生产厂的报告，提交给国民政府的实业部。

国民政府实业部部长是刚刚上任不久的孔祥熙。他一上任就命技术厅会同工业、农业、矿业等各公司，拟订十项实业计划，而这其中就有一项是创办硫酸铵厂。硫酸铵，俗称肥田粉，是庄稼所需的肥料。它是硫酸与合成氨发生反应后生成的产物，也就是说，合成氨是硫酸铵的原料。

硫酸铵是当时沿海地区用量较大的进口货之一，而且用量逐年递增。从1928年的8800吨，到1930年的1.6万吨，所耗费的白银也由468.5吨升到925吨。因此当时的国民政府，为了减轻国库压力，才决定要自办硫酸铵厂。

国民政府实业部把要建硫酸铵厂的决定，在上海各报刊登。消息一见报，马上就引起英商卜内门公司、德商霭奇颜料公司的注意，他们两家分别致信实业部表示：愿以在欧洲创办硫酸铵厂的经验与中国政府合作，组建中国氮气公司，在中国创办硫酸铵厂。

孔祥熙接到信函后，立刻派实业部的技术负责人徐善祥、邹秉文到上海与英商卜内门公司经理、德商霭奇公司经理洽谈。

洽谈中，英、德代表反复阐述，中国不必自己办厂，因为英、德两国公司的技术高、制造成本低，中国很难跟上，不如就买英、德两国的货，以增加农业生产产量。

经过几番会谈，实业部的两位官员终于明白，原来对方的主要目的，是把中国作为他们销货的大市场，合作办厂只是一个幌子。无论中方给予什么样的条件，谈判建厂也只是与虎谋皮，绝不可能。

于是实业部的邹秉文亲自到天津，找到了曾向政府呈文要兴建合成氨厂的范旭东。

两人见面后，谈得十分投机。范旭东马上意识到，要振兴以农业为主的中国，兴办硫酸铵厂是当务之急。邹秉文提出要范旭东出任政府创办硫酸铵厂的筹备委员，范旭东不仅同意,还力荐陈调甫参与筹备。

邹秉文一回到上海，就立即向孔祥熙介绍了范旭东的为人，孔祥熙同意任命范旭东为中国氮气公司的筹备委员。邹秉文立即致电范旭东告知其已被聘为筹备委员，并请他到上海开会。

范旭东放下电话后，立即找来了久大精盐负责人李烛尘、永利制碱负责人侯德榜、黄海化学工业研究社负责人孙学悟，一同研究如何建硫酸铵厂。

大家听说此事后无比兴奋，侯德榜说：“我们要在范旭东的领导下，用创办塘沽碱厂的干劲去建设硫酸铵厂。现在我们国家没有实力，想要在这个强权的世界里谈平等，并得到别人尊重，你怎么可能只顾埋头苦干？只有尽快地把硫酸铵厂建好，这才是实实在在的。”

几个人你一言我一语，说的已不是干不干的事，而是怎么干的事。

范旭东看着眼前跟他一路拼命走过来的三位兄弟，心潮起伏。这三个人都是搞技术的，他们中没有一个人要躺在永利纯碱和久大精盐的利润上享福，而是一定要把这些利润用在科学救国、实业救国上。可是他们哪里知道，建一个硫酸铵厂需要多少钱？而这些钱，国民政府是不会拨一分下来的。虽然永利公司现在早已不是当初起步那个样子了，而是一个拥有久大精盐、永利制碱和黄海化学工业研究社的大型企业，但要动用大家辛苦赚来的利润再建厂，也必须要经过商量讨论，何况即便把利润都拿出来也不够。据实业部的人说，要办一个年产5万吨的硫酸铵厂，至少需要1200万元的资金。

当孔祥熙发给范旭东的聘书寄到天津永利公司时，恰是1931年9月18日，即发生“九一八”事变的日子。

9月19日上午，范旭东正在办公室里召集侯德榜等人开会。他把那封聘书放在桌子上，对大家兴高采烈地讲关于硫酸铵厂的事情。突然电话铃声响起，传来“九一八”的噩耗。欢愉的会议室里，顿时变得死一样的寂静。

片刻之后，范旭东缓缓地从桌上拿起聘书，对侯德榜说：“这份聘书来得真是时候！硫酸铵厂平时生产化肥，战时稍一改造，即可制造炸药。我想起1915年的德国，如果没遇到被敌国包围有亡国的危机，或许这门工业在他们那里，至今还是空中楼阁。在这国难深重的今日，我们要办硫酸铵厂，因为我们决不会忘记这段历史。”侯德榜极其严肃地注视着范旭东，脑子里反复回味着他说的话。

后来范旭东又收到行政院会议通过的决议。其内容是，特许永利制碱公司经理范旭东承办硫酸铵厂，并限令在动工后的两年半内建成。

范旭东当即决定：永利制碱公司改名为永利化学工业公司。侯德榜被任命为公司总工程师，并兼任碱、铵两厂的厂长。

范旭东鼓励大家："永利制碱的十年苦战，不就是在技术上、经济上与洋人的殊死拼搏中走过来的吗？现在为了民族的存亡，我们公司必须兴办硫酸铵厂、合成氨厂。这些对我们来说都是生疏的，我们再也不能像搞碱厂那样瞎摸了，这次公司决定，让侯德榜率队去美国，进行铵厂的设计和设备采购。"

侯德榜率队去美国，临行前范旭东对他说："这次设计、采购应以质量为主，要优中求快，优中求廉，尤其是设计所需的工艺和设备，都必须是先进的。日本帝国主义侵占我国东北已经三年了，现在热河又陷入敌手，华北也岌岌可危。大敌当前，我们即便遇到优质、廉价的日本货也不能要，绝不能贪小利而失大义。这就是我要增加的一个爱国条件。"

侯德榜率领张子丰、章怀西、许奎俊、杨远珊、侯敬思五人，从上海乘坐"日本皇后"号海轮启程，经过近一个月的海上颠簸，于1934年5月到达美国的旧金山。侯德榜在纽约华昌贸易公司总经理李国欣的帮助下，在纽约为永利公司设立了办事处，然后就马不停蹄地走访杜邦公司和氮气工程公司，对两家合成氨的生产流程进行了反复的比较。

面对氮气工程公司设计的一套近700张的图纸，侯德榜与其他几位同仁逐一进行了严格审查、核对、修改。最后在确定采用这套设计图纸的同时，也确定了生产硫酸采用接触法，生产硝酸采用氧化法。硫酸铵厂的设计规模定为：日产合成氨39吨，硫酸120吨，硫酸铵150吨，硝酸10吨。

送走了侯德榜等人，范旭东就抓紧时间去各地考察厂址。经过比较，最后决定在南京长江下游十公里处对岸一个叫卸甲甸的地方建硫酸铵厂。因为这里面对长江，背靠山，而陆路距津浦铁路线仅25公里，是一个水陆运输两便的好地方。

硫酸铵厂的厂址选好了，了结了范旭东一大心病。就在万事俱备只欠东风时，太平洋的对岸也传来了好消息：侯德榜一行即将满载而归。

侯德榜带回国的，不仅有建硫酸铵厂的图纸、设备，还有一个在美国学习化工专业的研究生，这个人就是侯德榜的儿子侯虞篪。

侯虞篪出生后第一次喊“爸爸”时，已经有八岁了。之后由于工作忙，侯德榜几乎没有为这个孩子做过什么，但在考大学时侯德榜却要求儿子选化工专业。而这次来美国，又正逢孩子硕士毕业，准备继续深造研读博士学位。他又在没征求孩子意见的情况下就要求说：“国家正需要人呢，你跟我回去！”

硫酸铵厂的工人听说侯德榜带儿子一同回来，高兴得特意请人用斗大湖笔书写欢迎标语，范旭东还叫人买了十万响浏阳鞭炮。

然而在盛况空前的欢迎人群中，没有一人发现侯德榜的身影，原来他已直接赶到办公楼，了解工程进展情况去了。当人们发现他时，他已经穿上工作服，出现在了工地上。工人们一拥而上把侯德榜团团围住，这时锣鼓声、鞭炮声响成一片。

侯德榜激动地说：“诸位，辛苦了！你们在范先生的领导下，每天是天明而始，天黑而终，从不知有周休。我走时这里是一大片麦田，而今却是厂房林立，管网密布，机器隆隆，确实是沧海桑田。今天你们在百忙中，花这么大的精力来欢迎我，我很惭愧，我不敢领受。我对大家只有感谢，感谢你们两年来的辛苦劳作。时间是宝贵的，让我们马上各就各位，用你们新的劳动成果来欢迎我，我也要用新的成绩向你们表示我衷心的谢忱！各位请吧！”

侯德榜是一个说到做到的硬汉子，他带领工人们加紧进行设备的安装、配管、备料和试车前所有的准备工作。由于过度疲劳，他的体重掉了五六公斤，可他却对关心他的人说：“国事已弄到这个田地，吾人只有不管环境之危险，事业之困难，埋头苦干，个人身体健康，尽可置之度外。”

在试车前夕，侯德榜清楚地知道，越是到扫尾阶段，就越是要进行全面检查、精心安排，任何一个小的地方都不能有一点疏忽。他白天在现场指挥安装，随时解决施工上出现的问题，晚上继续审阅图纸，制订计划，一直忙到深夜才能休息。

就在临试车的前一天夜里，由于一号码头靠北面的一个深井泵突然出了故障，刚刚睡下的侯德榜又被急促的电话铃声惊醒，他立即套上外衣赶到现场指挥抢修。

天亮时深井泵才修好，这时被聘请来的德国、美国、瑞典等国专家，都已来到硫酸铵厂的试车现场。侯德榜带着这一夜的疲劳，又与这些外籍专家，还有永利公司的工程师、工人们一起，进入紧张的试车前的设备调试工作中。

虽然外籍专家有治外法权，但在精明的侯德榜面前也都遵约循章，认真服务。一位美国专家说："在美国需五个人干的活，在永利七个人也能做到。"这些专家没想到，在工业如此落后的中国，永利的工人与工业现代化的美国熟练工人一样，有着差不多的工作效率，他们很是佩服。

1937年的元旦刚过，硫酸厂、合成氨厂、硝酸厂、硫酸铵厂的顺利通过试车报告，全部都送到了侯德榜的手里，这表明开工前的准备工作已经就绪。侯德榜对大家宣布：元月4日起，各厂技师、技术人员、技工，均进入岗位，开始倒班制作业。

至此，我国第一座规模宏大且设备先进的化工厂即将开工生产。

硫酸铵厂，我们一定要回来！

硫酸铵厂很快就要开始正式生产了，这可急坏了范旭东。他必须要立即找一个可以顶得起侯德榜工作的人。因为侯德榜还是制碱厂的厂长，他一个人能兼得两个厂的技术工作，但他不能两地来回跑，这两个厂一个在塘沽，一个在南京。就在范旭东为这事挠头时，报纸上的一个人名跳入了他的眼帘：付冰芝。

范旭东赶忙揉揉眼睛，仔细一看——付冰芝，对，就是他。

报上说付冰芝"由于资深学粹，先后有上海江南造船厂、北京工业大学、兵工署、江西省教育厅等，以高官厚禄请他就职。可他却因列强以商品竞销国土，而立志要走工业救国的道路。现在又谢绝了多方聘请，弃大学校长、教育厅长之职……"

付冰芝，出生的年份已无资料可查，只知道他是江西人。

他是在1912年东渡日本，就学于日本帝国大学的造船专业，三年后获得学士学位，并于1916年又回国考上了清华官费生留学美国。在他进入哈佛大学学习期间，美国政府决定建造航空母舰两艘。在招聘设计工程师时，付冰芝被选中了，他成为美国航空母舰设计绘图者之一，这在当时被中国科技界人士所景仰。

当年在日本帝国大学留学时，付冰芝与范旭东结识，并互相仰慕。范旭东在国内为建天津碱厂借款时，他毫不犹豫将所得的航母设计酬金寄给了范旭东。

范旭东是爱才如命的人，更何况这个人不仅仅是人才，还是永利的大功臣。范旭东十万火急地找到了付冰芝，两人见面后没来得及寒暄几句，就直奔主题。

“邀请你加入永利团体，你要像当年帮我建碱厂那样，再帮我建硫酸铵厂。”

“都是一路人，还讲什么帮不帮！说吧，让我干什么？”付冰芝更爽快。

“委屈你啦，到南京硫酸铵厂当厂长。”范旭东笑着说。

付冰芝加入永利的时候，是范旭东领导的永利公司发展的最鼎盛时期。这时期久大精盐厂已拥有盐田十万亩，产盐400万担。按当时全国四亿人口计算，每人每年可得到一斤食盐。而塘沽碱厂的纯碱，年年获得国内外的大奖，更是市场稳定，产销两旺，仅1936年的纯碱产量就高达55410吨，烧碱产量44446吨。再加上南京即将开工的硫酸铵厂，永利公司已经成为亚洲一流的大型化工联合企业。

一天，公司的一位年轻职员在吃午饭时碰到了正在吃饭的范旭东，她兴奋地说：“我们永利公司，是用海水煮盐，再用盐制碱，还用煤炼焦，这已迈进了海陆两途了．范先生，我们的事业很好啊。”

范旭东听后并没有高兴，而是轻轻地叹了口气说：“你还年轻，对复杂的时局还缺乏了解。”

真的让范旭东说准了。付冰芝到硫酸铵厂不满四个月，1937年7月7日，日本发动了震惊中外的卢沟桥事变。日本开始全面入侵中国，21天后北京陷落，7月29日天津陷落。

在天津陷落的第二天，停靠在塘沽海河边的日本军舰，向塘沽发射了无数的炮弹。炮弹落在街道里，落到房屋上，转瞬间，城市就变成了火海。

日军的进攻速度很快，8月13日就到了上海。淞沪会战打响后，由于国民政府御敌无能，日军的铁蹄长驱直入逼近南京。

假如日本人占领了南京，就等于占领了范旭东的硫酸铵厂，也等于占领了一个庞大的军火库。因为这个厂生产用的原料中，既有硫酸也有硝酸。炸药TNT的原料，就是用硝酸和苯反应制成的三硝基甲苯。而这个苯，在炼焦出来的煤焦油中就可以提炼出来。

学化工的范旭东非常清楚眼前的形式有多严峻，他命令全厂职工全力配合国防需要，用现有的设备和原材料，夜以继日地赶制军需炸药。他又让侯德榜带领工人，将厂里100台最好的机床，全部搬到附近的山洞里，在那里加工飞机零件和地雷壳、军用铁锹、飞机尾翼等。他要求大家安心生产，并组织人手把赶制出来的炸药送往南京金陵兵工厂。

日本侵略者也得到南京有硫酸铵厂这个情报，并对这个刚刚开工的硫酸铵厂垂涎三尺。他们知道，用日本本土运来的弹药来打中国的军队，那是远水解不了近渴，所以他们就想尽办法，通过各种渠道来劝说范旭东交出硫酸铵厂。

一天，卜内门公司雇用了几个无赖来纠缠范旭东，劝范旭东投靠英国以谋保护："只要在工厂里挂上英国国旗，日本人就不敢进来。"范旭东对此嗤之以鼻，说这是拒狼引虎。

日本人发现无论谁说都没有结果，便亲自上门向范旭东表示：只要愿意合作，工厂的安全就可以得到保证。

范旭东面对亲自上门的日本军官也同样毅然拒绝，并告诫他们："宁为玉碎，不为瓦全。"

后来，英国的卜内门华行总经理吉勒理见派出的无赖威胁不成，他又派公司中方董事孙仲之向范旭东建议："如果你愿意将塘沽碱厂挂上英国国旗，改为中英合办，这样既可以抗日寇侵入，又能保住工厂，英国方面还愿意在日行押金30万元，来抵充合作资金。"其实这个英国人的目的是，既保全存在日本银行的押金，又乘机获得永利的股份，还能以此作战后合作的依据。

范旭东早已看透他们的奸计，对孙仲之说："这是前门拒虎，后门进狼。无法考虑。"

英国人的目的没有达到，但日本人却占领了塘沽。

由于顾及永利公司在国际上的盛名，日本人没敢贸然强占永利。他们派了一个名叫刁根的人，先后几次到永利来，以"日中亲善"为名进行诱商。在几次劝说连连碰壁后，日本方面让三菱公司直接跟范旭东谈，提出愿出技术和资金与永利合作，但再一次被永利拒之门外。

1937年8月21日凌晨4时，第一批日军的飞机在永利碱厂的上空投下十余枚炸弹。之后又分别在9月27日、10月21日，两次对永利碱厂进行轰炸。工厂共中弹87枚。

12月9日，见永利公司的负责人无任何反应，日军终于露出了穷凶极恶的真面目。刁根拿出一份预先拟订好的“永利公司同意接办”的协议文本，找到永利公司的另一位负责人李烛尘，要求签字。

日军以为范旭东坚硬，李烛尘可能会软一些。但他们万万没有想到，李烛尘面对这伙强盗的卑劣行径拍案而起，怒斥刁根：“世上哪有强盗抢东西，还要物主签字之理？你们做强盗也太无勇气了！”刁根理屈词穷地离开了。

望着刁根远去的背影，李烛尘意识到，他们绝不会就此善罢甘休，一场劫难即将发生。当晚他就告诫全体员工：“我们今后的目标是，到后方兴建新的化工厂。所以现在必须抓紧时间，把厂里所有的设备设计图纸及有关资料迅速整理出来，能带走的就带走，带不走的就地烧毁，决不留给日本侵略者。”

到这个时候，侯德榜才带领全厂职工开始做撤退的准备。他亲自将自己已设计好但还未来得及实施的蓝图，投进煅烧炉内集中焚烧。然后让李祉川在测量测绘设备的同时，拆卸石灰窑顶部的旋转分离器。因为旋转分离器不仅设计合理，而且造价极高，宁可拆下扔掉，也不能留给日寇使用。

日本战机对工厂的三次轰炸，使硫酸厂、大气柜、变换工段、触媒车间、动

范旭东(左二)、侯德榜(左一)等人在刚刚建成的南京硫酸铵厂内合影

力车间均遭到了严重的破坏，不得不停止生产。范旭东命侯德榜在全权处理工厂善后事宜后，马上乘最后一班“民权”轮撤走。

侯德榜按照范旭东的指示，将剩余文件连同废图纸全部烧毁后，让工人们把已拆下来的仪器、设备全部拆散后打包，与厂里的技术人员及其家属一起西撤。

夜深了，运送最后一批撤离人员和设备的“黄埔”号轮船已经鸣笛，可此时侯德榜仍在厂里巡视。他对这里的机器、厂房都了如指掌，他甚至只需听一听机器运转的声响，就能判断它们是否正常。可今天他不得不离开这熟悉的一切，心里不免涌出许多眷恋，许多忧伤。他摸摸这里，又看看那里，难舍又难分。

船早已起锚就等着起航了，可侯德榜还是迟迟不忍登船，催他的汽笛鸣了一遍又一遍。这时满脸泪水、浑身湿透的侯德榜，才在前来寻找他的同事的搀扶下，慢慢地走上舷梯。

脸色苍白的侯德榜迎着急雨挺立在甲板上，他透过烟雨凝视着远去的工厂，突然举起右手用力地攥紧拳头，向着工厂的方向挥动，从心底里发出如同怒狮一般的吼声：

“我们要回来！我们一定要回来！！”

再建四川碱厂

天津塘沽沦陷后，蒋介石召见了著名的“华北三宝”，即永利公司、南开大学、《大公报》的负责人范旭东、张伯苓、胡霖三人，对他们在天津塘沽所办事业遭到的损失表示将给予补偿，并许诺协助他们到大后方去重建自己的事业。

会见时，范旭东庄重地表示：“我们永利人员撤离天津时，就抱定一个宗旨，那就是‘宁为玉碎，不为瓦全’。现在国难当头，抗日乃第一需要，倘若沦为亡国奴，还有什么事业可言？”

范旭东接受了政府拨款300万元，并决心在大后方的四川重建化工厂。南开的张伯苓也表示，要用政府的这笔拨款，在重庆沙坪坝开办南渝中学。《大公报》也同样要进入四川，发行《大公报》的重庆版。

永利的碱厂，选在四川的五通桥老龙坝，距离自流井产盐区约200公里，占地近千亩。

厂址确定了，就等图纸。李祉川和他的同事们没有跟着永利的大队人马西撤，而是仍然留守天津，用四个多月的时间，把碱厂设计图纸资料整理完毕。在编好了目录与说明后，又分装到八个铁罐里，准备每人一罐带出厂外。由于人手不够，李祉川还把当时只有17岁的弟弟李金明找来，让他也背上一罐。李祉川等人带着这八罐图纸，于1937年12月，由天津登上英商太古轮公司的小火轮，经塘沽到大沽口外，再换客货轮“岳州”号直达香港，从香港转广州，经汉口，最终到达重庆。

李祉川从虎口夺回的不仅仅是永利艰苦创业的结晶，更是我国化工企业重新起步的珍贵资料。

由于这套图纸的到来，五通桥的碱厂得以开始兴建。与基建工程同时进行的，还有国外的设备订货。

虽然大家都在工作，但范旭东感觉到，一些人情绪变得异常低落。一次开会时，范旭东故意问大家，到四川后过得如何？在座的人大都低着头不说话，只有与范旭东一直并肩建厂的孙学悟乐观地说：“反正我们这伙人都是劳作惯了，‘四海为家’这个理想，在我们不难实现，我们的乡土观念本来就不重。”

经孙学悟这么一说，大家你一言我一语地讨论起来。会后大家一致同意范旭东的意见，克服逃难心理阴影，利用这一机会为中国再创立一个化工基地。

永利碱厂在基础建设中，处处需要大量的资金。国民政府拨付的300万元补助金虽然已到位，但对重建一个化工厂来说，简直就是杯水车薪。在这种情况下，范旭东在一次国民参政会上，对到会的官员说：“中国需要工业，已到得之则存、不得则亡的阶段。建碱厂与抗击日寇有着密切的关系，永利有建碱厂的雄心壮志和短缺资金的严重困难……”

迫于到会官员的强烈要求，国民政府同意了范旭东的要求，决定复兴基本化工一案，经国防最高会议核准的，由政府担保向永利公司贷款2000万元，在川兴办硫酸铵厂和炼焦厂，并令四行联合办事处办理贷款，其中拨给250万元外汇（折合法币850万元），供在国外采购设备器材之用。但此事一直拖到1939年12月30日才签字生效。

贷款解决后，范旭东马上着手到国外采购制碱的设备。因为当时国内凡是具有生产能力的工厂，几乎都被日本人占领了，所以，只有到没有被日本人占领的其他国家去购买设备。

永利的职工为与国家共渡难关，在每人每月仅发三斗白米、每月三人发一块银元零花钱的困境下，仍在努力工作。

可是国民政府的行政院却在这个危难时刻，将拨付给永利迁厂的300万元补助费，改为官股或作为投资。

国民政府的这个提议，是企图把永利公司收为国有公司。范旭东闻后坚决抗争："如果要把我所创办的企业交由国民党接办或搞什么'官商合办'，是行不通的。除非中国政治真正走上民主轨道，政府廉明，则所经营企业，可以随时交给国家，用来为人类造福。"

范旭东知道，此时不是争执的时候，赶快把碱厂办起来才是硬道理，因为办碱厂是目前国需民需的一件大事。他借口说："若加入官股，就要改变企业的性质，这个问题很重大，需要由股东大会来决定，我个人无权决定。目前战事正烈，股东四散，交通不便，无法召集股东会议，这事儿，最好待时局稍微稳定再定。"

一番入情入理的推托，使行政院碰了个不大不小的钉子。

永利碱厂的基建工程已基本完成，购自海外的设备也按时发运了。就在大家摩拳擦掌准备再大干一番时，1941年12月8日，日军偷袭了美国珍珠港，爆发了太平洋战争。

珍珠港的偷袭成功，使日本军界首脑人物的侵略野心迅速膨胀起来，他们疯狂对外侵略扩张，占领了太平洋沿岸许多岛屿以及东南亚许多地区。

随着中国香港，越南、马来亚、印度尼西亚先后沦陷，通向中国的海上通道也被日本人控制，中国的沿海港口也被日军占领，永利公司所有由国外买回的设备，都因轮船不能靠岸而闲置在锚地。

范旭东迫于无奈，在昆明设立一个运输点，目的是在那里开辟一条运输线，通过越南的海防港，将美国运来的设备运上岸，然后再通过滇越铁路直达昆明。或者用火车把设备从越南（当时还是法国人管辖）的海防港运到同登，再用汽车接运经广西、贵州到重庆。

没想到的是，当500吨设备物资刚到海防港，在越南的法军就被日本人打得全线崩溃。海防港被日寇攻占后，日军封锁了海防港。而永利的这些设备物资，通通被堵在海防港以外的公海上。

万般无奈，范旭东只好改道去缅甸的仰光，这是一条更为漫长、险阻、崎岖的艰难之路，但没有别的选择。

当时的运输机构根本不从事这样的危险运输，因为那是一条从来没人走过的路。如果不自己买车办运输，那么永利碱厂的建设只能就此放下。为了办好化工支援抗战，范旭东走上了这条险象环生的路。

为了重建新厂，范旭东决定亲自赴美购置车辆、油料、轮胎、配件等。因为当时的中国什么都没有，没有生产汽车的工厂，没有轮胎和配件，更不用奢谈石油了。

这时有人劝范旭东，已经年近60岁了，不要再冒风险亲自上阵了。可他却坚定地说："运输线就是我们的生命线，生命线的争取，首先要拿生命去拼。"

范旭东在五通桥、流井、昆明、腊戍、畹町、香港、重庆等地间往来穿梭，筹办运输的相关手续。几个月后，就在一切手续都办理完毕，准备开始运输时，国民政府公布了运输统制法。这个运输统制法规定：公私物资经过滇缅公路，一律交运输统制局，按程序内运。

这个法规的颁布，不仅打乱了永利自办运输的计划，同时也扼杀了碱厂的建设。范旭东再也坐不住了，他以参政员的身份觐见蒋介石，情绪激昂地直面陈述永利自办运输线的理由和筹划的经过，并告知在美购置的200辆最先进的载重车已经启运，国内各要道的机修站和司机人员也已准备齐全。五通桥建设初见规模，确是万事俱备，就待汽车一到，这条自办的运输线就会开通，永利碱厂的建设即可开始。这于国于民有百利而无一害。同时，他也毫不客气地揭露了运统官员收受贿赂中饱私囊、管理混乱的现状。

蒋介石听了这些反映之后，马上同意了范旭东的请求。范旭东原以为这张"虎皮"能为他的车队扫清障碍，结果却不尽如人意。

范旭东高兴地从蒋介石那里出来，立刻到昆明乘飞机去了仰光。40℃的高温使他刚下飞机就大汗淋漓，不用说马上工作，就是找个地方休息都汗水不断。但范旭东顾不上疲劳，他马上进行实地考察，从码头仓库的位置到满载货物的驳船，连路旁盖着油布堆积如山的货物，他都一一考察。经过一番详细的考察之后，范旭东决定将公司的大批技术人员调到运输沿线的各站任职，并在当地招聘司机，提高工作效率。

招来的司机，大部分都是头上缠着白布的大胡子印度人，也有部分缅甸人和华侨。公司还雇用了一批装车的工人。范旭东还对探听轮船到港的日期、制定装车的日程等琐事都亲力亲为。

1942年4月19日，范旭东在给同事孙学悟的信中说：“本决定在此多候些日子，将运输部事务赶上正轨。将近15年没有料理日常琐事，现又亲自开一、二元支票，写账，翻电报……再重复一次塘沽的最初光景，也有趣，老范还来得。”

就这样，尽管辛苦，但范旭东还是快乐地工作到5月30日，这是永利第一列货车出发的日子。仰光的雨季到了，天气凉爽起来，范旭东打着雨伞来送行，几十辆崭新的福特卡车，满载永利的设备器材，依车号排成一个长队。下午3点，车队在运输队长杨仲孚的亲自督运下，在滂沱大雨中浩浩荡荡地上路了。

范旭东本可以乘小汽车返回昆明，可他怀着高度的责任心和使命感，毅然钻进了第一辆运锅皮的驾驶室。干燥锅是制碱的重要设备，运输时，需将锅体分为两个半圆形锅皮装运，每块锅皮重三吨，长度达六米，因为比汽车车身还长，所以运输时，只能把锅皮的一端扣在驾驶室的顶棚，这样一来，驾驶员就无法打开车门，只能摇下挡风玻璃进进出出，如果发生紧急情况，是很危险的。年已60岁的范旭东，就是从摇下的玻璃窗钻进驾驶室的。

1942年，抗战期间永利公司的福特运输车队。在那个年月，这个公司竟有一百辆福特车，其实力可见一斑。

车队到中缅边界的九谷，经英国海关检查后，被放行进入中国地界。由于正值雨季，路基多处被毁，一路走走停停。从畹町到遮放仅有38公里，可车队足足走了6个多小时。

范旭东一直在车队中安排和处理各种问题。他发现，这条运输线上的危险还不是自然条件的险恶，而是沿途国民政府官员的贪污腐败、黑恶势力与官匪勾结的人为灾害。

在这样的艰难行驶中，预想不到的灾难，又一次降临到范旭东的头上。

1941年9月12日，国民政府的运输统制法开始实施，所有公私物资经过滇缅公路，一律交给运输统制局按程序内运。公司车队只好停下，而这一停，不知要等到何年何月。

1942年9月26日，范旭东再一次以参政员的身份面见蒋介石，直诉运输局的腐败和永利公司自办运输公私两利的成果。但这次蒋介石的态度，与上一次不一样了。他虽然当面表示出了积极的态度，让范旭东呈文请准，但十天后，批复的呈文内容却是：准其公司物资由运输统制局代运，每月由仰光运至昆明360吨，运费记账，候工厂出产再还。

呈文对公司自运一事只字未提，这可把范旭东气得七窍生烟。为抢运这批建厂物资，范旭东历经千难万险，可最终还是被扣压在运输统制局的手里。工厂的设备迟迟不到，工厂就不能开工，工厂不能开工，抗战所需的炸药就不能生产出来。范旭东和永利公司的员工心急如焚。

而就在这时，日军空袭了仰光。几天后日军向缅甸发起了进攻，并占领了缅甸。随后驻缅的英军亚历山大将军放弃仰光，率部向北突围。

范旭东只身回到重庆的第六天听说仰光失陷，他拒绝所有人的劝说，毅然前往腊戍料理残局。因为他知道，由仰光历经千难万险运输回来的12万吨器材和3500桶汽油，现都存在畹町的公司仓库里，腊戍到畹町只有180公里，如果腊戍失陷，畹町无险可守。

范旭东暗自盘算，如果还能有两个星期的时间，公司在畹町的物资就可以运完。在这万分危急的时刻，范旭东又一次向重庆的蒋介石侍从室发了急电，要求务必电知运输统制局，下令准许抢运。可是始终不见回电，范旭东万般无奈，决意安排自己公司抢运。

当晚，范旭东调集所有可调动的卡车，准备抢运这批物资。可就在当晚，他听说畹町已失守，仓促间，他不知如何是好。就在这个关头，国民政府的命令送达，范旭东以为老蒋还是关心永利这批物资的，可当他打开命令一看，顿时傻眼。

“自行销毁畹町物资，以免资敌。”

永利公司所有滞留在畹町的物资，在一滴油贵如血的抗战时期，于轰然一声中化为灰烬。

侯氏制碱法

日本人自抢占了永利在南京的硫酸铵厂后，就想方设法地恢复生产。但由于全部的工程技术人员都已迁入四川，所以他们决定将中国永利的硫酸铵厂整体搬回日本。

1937年12月13日，乌云密布，一群日本军人顶着大雪，由汉奸引路，挖出了工厂埋藏在地下的全部设备。日本货船将生产硝酸的全套设备运到了日本九州，安装在大牟田东洋高压株式会社横须工厂内。

这套设备大小件共有1482件，总重量为550吨，全部用高级合金钢制成，其中仅作催化用的铂金网价值就在四万美金以上。

日本人不仅用这套设备生产弹药来侵略中国，同时又在大连建立了一个规模不小的碱厂。为了侵略战争的需要，日本关东军早在1936年就与伪满政府签订了《满洲苏打制造株式会社设立纲要》，这主要是由于大连不仅地理位置与日本较近，而且盛产日本所没有的高质海盐。

依据这个《纲要》，日本人于1936年5月在大连甘井子动工建厂，次年7月正式投产，这就是“满洲曹达株式会社”，也是现在的“大化”前身。日语的“曹达”一词就是汉语的“碱”。

再说范旭东回到四川五通桥后，侯德榜告诉他，这里的盐不仅价格昂贵，而且质量也差，与塘沽盐没有可比性。虽然继续使用索尔维制碱法制碱在技术方面没有问题，但盐的利用率低，仅有70%～75%，那么制一吨碱就需要更多的盐，而且这种低质盐对纯碱质量有影响。

“再没有别的工艺适合在这里制碱了吗？”范旭东问侯德榜。

“有。我知道德国有个察安制碱法专利，用这个制碱法，盐的利用率高达90%～95%。”

范旭东一听，“腾”的一下站起来：“你去，你马上就去。”

1938年8月4日，侯德榜率领寿乐、张子丹、林文彪和儿子侯虞篪，在香港乘“乐皮尼”号海轮起程。一路上，他们经中国的南海，新加坡，安达曼海，横渡孟加拉湾进入到阿拉伯海后，继续向西北驶入红海，通过苏伊士运河进入地中海，到达马赛。

此次航程历时一个月。在这一个月的海上航行期间，侯德榜不仅对新碱厂的建设和察安制碱法作了充分的考虑，还萌发了再造察安制碱法的想法。

当侯德榜一行在比利时海关办过境手续时，由于护照问题，侯德榜一行人遭到了海关办事人员的刁难。他们不但罚款，还轻蔑地对侯德榜说道：“若是日本人，次费可豁免。”

侯德榜不知道，在他们从中国出发前，德日两国就已暗中缔结了法西斯联盟，而此时的比利时早已被德国占领，妄图称霸亚欧大陆。

侯德榜没想到的是，在与德方谈判时，德方先是用抬高察安制碱法的专利价格来刁难，然后又提出，将来使用察安制碱法专利生产的产品，不准在中国的东北三省出售，因为当时的东北三省是日本人占领的。

听到这里，侯德榜站起身来，针锋相对地说：“东北三省是中国领土！”说完转身就走。

侯德榜毫无收获地回到国内，他气愤地对范旭东说：“难道黄头发蓝眼睛的人能搞出来，我们黑头发黑眼睛的人就办不到吗？从今天开始我们自己干！”

侯德榜的试验，是在人们难以想象的恶劣环境中进行的。在长期闭塞的五通桥，想找一支普通的温度计都很困难，更何况是恒温式水箱。没有试验所需的原料碳酸氢铵，侯德榜就自制。

要自制碳酸氢铵，就得先制氨。开始是借用农民家的农用肥田粉，也就是硫酸铵，把石灰乳加到硫酸铵里，这样就可以把氨分解出来。几次试验后，硫酸铵没有了，侯德榜就从人尿中提取氨。

就这样，侯德榜从物料的反应温度、原料加入的顺序以及原料的配比等方面开始了基础试验。在进行了500多次试验，分析了2000多个样品后，最终获得了大量的可靠数据。但在工业上要实现用察安法制碱，仅靠实验室的数据是远远不够的，必须找地方进行扩大试验。

为了安全，范旭东与侯德榜把进行扩大试验的地方迁到了上海的法租界。

在扩大试验成功后，侯德榜又带着这些试验数据飞到美国纽约，在那里详细地研究了德国察安公司在美国杂志上发表的三篇制碱文章。侯德榜又有了新的发现，即加入5%～10%的硫酸盐（Na^+或NH_4^+都可以），用SO_4^{2-}起中间转换作用，以碳酸氢铵为原料，计入试验进行复分解反应，从而制取碳酸氢钠和氯化铵。

侯德榜据此又制订了下一步的试验计划。他又经过500多次的循环分析，在改造察安制碱法方面取得了很大的进展，一种新的制碱法于1939年10月基本形成。

1941年3月15日，永利碱厂举行厂务会议。会上总经理范旭东亲自提议，命名这一新的制碱方法为“侯氏碱法”（译名Hou's Process），以此表彰侯德榜在开拓新制碱法上的功绩。侯德榜并不满足于已取得的成就，他将同事们的尊重与祝贺，变成继续向科学高峰奋勇攀登的动力。

侯德榜认为：虽然新的制碱法比察安制碱法有很大的突破，但还是不够理想，还要用自己二十几年的制碱与制氨的经验，再寻找一种更为理想的制碱方法，这就是如何将制碱工业和合成氨工业结合起来，那样就可以把制碱技术向更高的阶梯推进。

侯德榜分析了索尔维制碱法与察安制碱法的特点：不用碳酸氢铵做原料，使盐、氨、二氧化碳直接在碳化塔里起反应，生成重碱又可连续生产，这是索尔维制碱法的优点；而提高食盐利用率，使食盐中的两种离子分别进入两种产品，免除了废液废渣的排放问题，这是察安制碱法的优点。

如果能将这两种制碱法的长处集中到一起，使制碱和制氨联合进行，这才是一个崭新的制碱方法。

在美国继续研究新制碱法的侯德榜，于1942年3月给范旭东的信中写道：“无论如何要把这个方法改为连续的方法。我拟好一个从合成氨出发的制碱流程。这个制造碳酸钠和氯化铵的新法，自然地把两种工业——索尔维工业和合成氨工业联合起来。这样，对化学工业在技术上将有极重要的贡献。”

为了早日实现氨、碱联合流程这一宏伟目标，侯德榜克服重重困难，在化学制品不允许被带上船的规定下，还是想办法将原料氨从美国带回了祖国。

1943年11月，回到五通桥的侯德榜，就是用从美国带回来的原料氨开始试验的。参加这次试验的有郭锡彤、谢为杰、张燕刚、刘潜阳、李树悟、张天佑、余祖蒸等，这些人共分三班进行连续试验。仅用了两个月的时间，就取得理想的效果，一个与察安制碱法截然不同的氨碱联合流程——侯氏制碱法最终形成。

侯氏制碱法的特点是：不用碳酸氢铵为原料，而是将含盐母液加氨送进碳化塔，通入合成氨厂送来的二氧化碳，产生碳酸氢钠结晶，过滤后将母液降温，加盐析出氯化铵，母液再吸氢送进碳化塔。如此连续循环操作，就会同时得到纯碱和氯化铵两种产品。

侯氏制碱法的化学反应是：

$$NaCl + CO_2 + NH_3 + H_2O \xrightarrow{30℃\sim35℃} NaHCO_3\downarrow + NH_4Cl$$ （在碱母液中）

$$NH_4Cl + NaCl(固体) \xrightarrow{10℃\sim15℃} NH_4Cl\downarrow + NaCl$$ （在铵母液中）

侯氏制碱法是吸收索尔维制碱法和察安制碱法双方的优点，同时又分别利用合成氨厂的废气二氧化碳、碱厂废弃的氯离子，这样既提高了原盐的利用率，又免除了索尔维制碱法排除废液的麻烦。在设备上，比起索尔维制碱法要减少三分之一的设备量，这样大幅度降低了新建制碱厂的投资。而且在纯碱的生产成本上，比索尔维制碱法要低40%。

侯氏制碱法的研究，是从察安制碱法开始的，它历经三次关键性的改革，由量变引发质的飞跃，最终使侯氏制碱法远离了察安制碱法的基本特点，形成一个制碱工业与合成氨工业联合的全新流程。

侯氏制碱法是在国难深重的时期，在条件异常艰苦的五通桥研究成功的。它的成功，把制碱工业的技术推向一个新的高峰，而且在世界制碱技术史上，树起了一座丰碑。

侯氏制碱法和侯德榜的多篇论文，得到了世界制碱界的公认。1943年10月22日，两封来自纽约的电报，经大洋飞越至山城重庆。

"英国化工学会最近特授侯德榜先生和苏联工程师阿·巴赫以名誉会员荣衔。典礼于10月22日在纽约华尔道夫—阿斯托利亚（Weldor—Astoria）大厦举行。中苏两国大使均应邀出席。英皇乔治特命坎伯尔爵士代表授予证书。仪式隆重。此次授衔深得世界学术界重视，为中国工程界之光荣。"

英国化工学会于1881年成立，在世界化工界享有崇高威信。这个学会授予名誉会员称号在历史上仅有过两次。

第一次是1931年7月15日，英国化工学会成立50周年之际，分别从加拿大、丹麦、意大利、日本、瑞士、捷克、德国、法国、西班牙、美国等十国各选出一位曾对促进化工发展有重大贡献的化学家，授予名誉会员称号。

喜讯传到五通桥，来自四面八方的永利同仁和眷属近2800人，聚集到碱厂的大食堂。年过六旬的范旭东身着西装，精神焕发地走上台，以“中国化工界的伟人——侯博士”为题，发表了长篇演说。

“侯博士得到世界荣誉，我们都异常高兴。这在中国化工史上，应该是最杰出的节目。”

工业先导，功在中华

尽管侯德榜与侯氏制碱法在世界上获得了崇高的荣誉，但由于国内的现状，永利公司也只能因地制宜生产一些小化工产品，以图自救。

随着中国的抗日战争进入了相持阶段，形势向着越来越有利于中国人民的方向发展。范旭东根据形势的发展情况，感到应着手制订战后化工事业的发展计划了。于是他于1943年亲自拟定了一个规模宏大的重建十大化工厂的蓝图，用来复兴战后中国的化学工业。

这个蓝图是：扩充塘沽碱厂，修复南京硫酸铵厂，完成五通桥合成氨工程，建设硝酸、硫酸、硫酸铵工厂，新建湖南株洲水泥厂、青岛食盐电解厂、株洲硫酸铵厂、株洲炼焦厂、株洲玻璃厂及南京新法制碱厂（即侯氏制碱法工厂）。

为了实现这一宏伟的复兴中国化工的理想，范旭东开始在国内外筹集资金。1943年，他以国民参政员的身份，向国民政府提出亟须资金支持的建议。而后，范旭东在国民参政会上，提出战后复兴中国化学工业的提案。

由于这份提案见解精辟，内容宏博，既反映了范旭东本人缜密的思想与管理才能，又洋溢着他对中国战后经济建设的一片赤子之心，于是得到了张伯苓、共产党参政员董必武以及许多民主人士的支持，并获得通过。

范旭东的提案是被通过了，但抗战后，要实现化工复兴的宏图所需的筹款只能在民间想办法。而此时，在美国的侯德榜，也看到了范旭东在战后希望扩大化工厂的计划，他希望这一宏伟蓝图能尽早实现，因为他的侯氏制碱法由于战争已在保险柜里锁了多年了，他决心为实现范旭东复兴中国化工业的伟大计划，为中国化工建设再贡献一份力量。

范旭东经过反复考虑认为，要实现战后建设十大化工厂的计划，首要人物还是侯德榜。于是他写信给在美国的侯德榜，提醒他一定要全面考虑战后建设的必要性和重重困难。现在的永利早已是囊中空空，就算是国民政府有可能再拨一些资金，拨款的条件也未必能让永利接受。再说国内金融界的高额利息也使永利不堪忍受了。

范旭东思来想去，还是希望侯德榜能利用在美国的影响力，以及华昌贸易公司与李国欣的关系，来开发民间贷款集资渠道，把建成十大化工厂的雄心，放在可靠的资金来源基础上。

侯德榜看过范旭东的信后，非常佩服范旭东的眼力和分析力。同时他也深深感到，自己肩上的担子有多重。侯德榜是一位学者，是制碱专家，他不是商人，不善交际，但为了中国的制碱工业，他试着写了一篇《中国的战后建设与美国的合作》的文章，并在美国发表了。他在文章中指出：

“中国的工业在战争中破坏蹂躏之？欲发展较战前更为广泛之范畴，财力势难应付，而亿万人民生活必需品之巨，又极易见。在此期间，经济、技术、管理非有待外来之援助不可。能荷此重任之同盟国，就目前而论，可谓无有较美国更合适者。”

在文章结尾，侯德榜又谈到：“就美国自身而言，欲在战后国际中完成其重要任务，亦必先对友邦如中国者，致其有效之匡助为先鞭。”

侯德榜的文章在美国的经济界、工商界引起强烈反响，为永利公司与美国达成贷款协议奠定了一个良好的舆论基础。

此时，日本在第二次世界大战中已渐露败相，在战场上节节败退。由于战争形势的变化，工业复兴的计划到了该马上实施的时刻。而侯德榜在美国所做的战后援助之事，也到了亟待范旭东出面定夺的时候。事也凑巧，就在这时范旭东被定为中国工商界代表团成员，参加在美国太平洋城举行的战后国际通商会议。

1944年10月，范旭东与上海银行总经理陈光甫，民生实业公司总经理卢作孚，中央银行副总经理贝祖诒，金融专家张家璈、李铭等六人，经国民政府批准，组成中国工商代表团赴会，同时范旭东聘在美国的侯德榜、解寿缙为私人顾问列席会议。

侯德榜对范旭东的美国之行十分高兴，他们可以共同商讨永利战后的复兴大计了。他们在国际通商会议结束后，便立即投入了工作。当时的《海王》杂志在1945年1月10日曾有过这样的报道：

“范先生在美公务太忙，通商会议一结束，即与侯德榜先生、解先生去华盛顿，一夜赶回，越日飞芝加哥，住一天又返纽约。他们极看重时间，一刻不敢放松，各地会谈都事先约定时间、地点，谈话扼要简单，生怕断送时间与机会。侯先生说：‘忙不会忙死人。’而他们的身体更具健适了。尤其是范先生，他比在国内还健谈健步，赛得过壮年、青年朋友们。”

侯德榜也借范旭东来美开会之际，竭力向美国各界推荐范旭东，宣传他创建“永利”、“久大”、“黄海”的成就和功绩，从而使“永久黄”在美国的影响渐渐地扩大开来。

范旭东也在此确定，战后永利的发展应从技术、经济、管理方面开阔视野，沟通渠道，并同时要与世界各国开展技术交流与经济合作。侯德榜更是为此多方接洽、疏通、协调，使范旭东在美国参观了许多现代化工厂，并从中获得很多的最新知识，开阔了眼界，创新了思维。

范旭东这次来美国的最大收获是，美国华盛顿进出口银行鉴于永利化学工业公司自创办以来信誉良好，破例地首次向中国私人企业直接贷款。

在商谈贷款事宜时，范旭东提出了宗旨：决不接受有损主权的条件，既不愿意以机器设备作抵押，更不答应债权人派代表驻厂参加管理，仅允许提供国家担保，作为立约的唯一条件。

美国人是很现实的，他们对永利的成就早已有了足够的认识，也就接受了范旭东的主张。贷款额度为1600万美元，取息低微，且无抵押。只要中国政府同意担保，即可履行放款手续。这笔信用贷款协定，是于1945年5月在美国正式签订的。

这是范旭东此次赴美在经济上的一个硕果，而技术上更是硕果累累。

首先接受美国威斯康星大学赠予最新合成硝酸的技术，并被允许可以在该校进行半工业化试验，一旦成功，可在中国投入生产。

侯德榜接受巴西政府邀请，帮助设计日产150吨纯碱的索尔维法制碱厂，并同意为其代培制碱技术人员，同时负责试车。

范旭东还接受了印度塔塔公司的邀请，协助塔塔公司米达浦碱厂进行技术改造。

对这种国际间互相帮助，并促进技术交流，范旭东深有感触地对侯德榜说："我们是越走越远了，世界上竟有我们民族翱翔的余地。我们居然显神通给世界人看，差强人意。"

无论在世界上走得多远，范旭东在美国还是待不住，他惦记着贷款协议需政府签字，所以想早些回国。1945年5月4日，刚刚回国的范旭东，连家都没回，就将永利与美国进出口银行签订的信用贷款协定，报送国民政府行政院和中国银行，请求担保。

但过了多日也未得到明确的答复。范旭东对此有些不安："借款案此间已是车齐马就，只等重庆认可即可放款。在小百姓看，这件事可称是破天荒的举动，大人先生如何判断，只好听之，尽其在我而已。"

范旭东也曾多次催促重庆当局尽快批准，但国民政府方面只是表示"正在积极进行，回去等着吧"，其实他们只是在推诿。为了尽快签订这一贷款协定，范旭东决定与侯德榜一同去国民政府，完成"担保"这一关键大事。

范旭东和侯德榜先到重庆拜见了财长孔祥熙和中国银行总裁宋子文，而这两位"财神"对这件事却彼此推诿，不作正面回答。宋子文在说话中还流露出，如能同意让他出任永利公司的董事长，可立即由中国银行指令纽约分行签署担保。

范旭东婉言谢绝了宋、孔的要求，孔祥熙立即就拉下笑脸，说了声："那以后再说罢！"便端茶送客了。

1945年7月，在国民党参政会上，参政员陈庚雅提出，政府应严办孔祥熙等上下结伙贪污美券的罪行。8月，孔祥熙提出辞职，获准。

孔祥熙下台后，宋子文取代孔祥熙当上了财长。而宋子文为了便于战后美国商品的倾销，主张停建内地民办工业，说这样才能稳定物价。

这一切为永利在美国的贷款协议的批准设下了障碍。这时有人提醒范旭东，为取得政府担保，要先打通宋子文这个人。可范旭东深知宋子文看不起中国人，和他讲话是要用英语的，讲中国话的人，找他谈不到几分钟，他就开始看表示意来人快走。但宋子文赚的都是中国钱，外国钱他一分也赚不到，他还把在中国赚到的钱都存到国外银行去。深知宋子文为人的范旭东迟迟下不了决心，犹豫再三后，他还是去见宋子文了。

在宋子文的客厅，范旭东、侯德榜等着被接见。宋子文的秘书从内厅走出来，皮笑肉不笑地说："宋院长正在处理重要的公务，请两位稍候片刻。"

他俩等了好大一会儿后，忽听到从内厅传来一阵阵女人肉麻的嬉笑声和洗麻将牌的响声，其中还夹杂着宋子文略带洋味的话语。气愤之下，二人起身不辞而别。

8月15日，日本天皇宣布投降。中国人苦战了八年，终于盼到了胜利的这一天。日本无条件投降的喜讯传到了重庆，山城一片欢腾，到处是明晃晃的灯笼、火把，大街小巷都有唱花鼓戏、踩高跷的。

范旭东也参加了胜利狂欢，他面对人群几次落泪。他对永利的同仁说："抗战以来，我们大方向未错，私衷无畅。以后一切当注重再复兴。"

而经过一夜狂欢后醒来的侯德榜，不由得想到战后的工业复兴和十大化工厂的建设计划，脑海里浮现出宋子文那张阴森森的笑脸，心里好像有一块巨石压着，透不过一丝气息。他打开桌上十大化工厂的规划图，仿佛看到的是转眼即逝的海市蜃楼。

侯德榜这位从来就不知疲倦的科学家，面对这不明不白的现实，感到说不出的困惑。因为无论是战后复兴，还是十大化工厂的建设，都离不开美国的贷款问题。宋子文、孔祥熙这对姐夫、小舅子如果不同意，那么这笔贷款将化为泡影，侯德榜在美国所有的努力也就前功尽弃了。

想到这里，侯德榜找到范旭东，希望再找一下宋子文。对国民政府如此扼杀民族工业的行为非常气愤的范旭东对侯德榜说："若不是为了国家民族，我才不受他们的挟持欺压呢！要是为了吃饭享福，把永利、久大收拾收拾，够我们享受几辈子的。而今天为了十大厂计划的实现，我们不得不去当孙子，去向那些老爷们求情。"

就在范旭东无路可走之时，1945年8月28日，毛泽东亲临重庆与蒋介石举行和平谈判。毛泽东这一行动顺应民意，也使长期生活在国民党统治下的重庆人民和各界爱国人士，看到了新中国的曙光。永利公司元老之一李烛尘先生，冒着风险在《大众报》、《新华日报》发表文章欢迎毛泽东来重庆。

毛泽东到重庆后，一边参加谈判，一边广泛接触重庆各界人士。9月17日，毛泽东在桂园举行茶会，招待产业界人士。以范旭东、李烛尘为代表的"永久黄”团体出席会议。会上，毛泽东高度赞扬范旭东的爱国敬业精神和为发展中国的化学工业所做的贡献，并向范旭东表示，在国内实现和平后，欢迎他到解放区办工厂。

9月下旬，毛泽东、周恩来、王若飞在重庆曾家岩50号——中共驻渝办事处，又召开工商界团体负责人座谈会。会上，毛泽东介绍了中共提出的和平谈判方案要点11条，和中共“七大”对民族资本家的方针政策。

毛泽东说：“我们要建立的是一个以全国绝大多数人民为基础，在工人阶级领导下的，统一战线的民族联盟的国家制度，我们把这样的国家制度，称之为新民主主义的国家制度。”

当毛泽东说到这里时，范旭东站起身来问道：“在这种制度里，我们这些实业界人士处于什么位置？”

毛泽东非常和蔼地回答：“有人认为中国共产党不赞成发展个性，不赞成发展私人资本主义，其实是不对的。民族压迫和封建压迫，残酷地束缚着中国人民的个性发展，束缚着私人资本主义的发展，破坏着人民的财产。我们主张的新民主主义制度的任务，正是解除这些束缚，停止这种破坏，保障广大人民群众能够自由发展他们在共同生活中的个性，能够自由发展那些不是操纵国民生计，而是有益于国民生计的私人资本主义，保障一切正当的私有财产。

今天在座的各位先生，应该说是资本家，但各位是民族资本家，是新民主主义制度的积极力量。目前我们的资本家是太少了，比方说，范旭东先生就可以任新政府的经济部长，来管理整个社会的经济，发展一下资本主义。”

听到毛泽东对自己和在场所有人的这番话，范旭东受宠若惊：“我一向不问政治，具体地管一个企业还行，领导国家经济，非我所能。如果真想物色经济部长人选，我倒可以推荐一个，就是这位李烛尘先生。”

范旭东从重庆曾家岩50号走出来，真是看天天蓝，看地地绿。当夜，他兴奋得难以入眠。过去他曾两次拒绝蒋介石的邀请出任政府部长，一是1935年蒋介石邀他出任实业部部长，二是1942年邀他出任经济部部长，他都自称自己毕生只从事事业，决不做官。

但从抗日战争以来，通过参政会或私人关系，与重庆曾家岩中共驻渝办事处的中共代表周恩来、林伯渠、董必武经过多次往来，范旭东被中共高层领导人士实事求是的态度和真诚的爱国热忱深深感动，由衷地敬佩，所以这次会议让他深有感触地说："中国的未来，看来只有靠中国共产党才有希望。"

范旭东通过李烛尘不止一次约请周恩来，他们在沙坪坝作了一次内容广泛的谈话。席间范旭东虚心地倾听周恩来对国共合作和战后复兴工业等问题的意见，他自己也畅谈了十大化工厂的计划。

最后由盐业起家的范旭东满怀希望地说："不久后，等我们复员了，我们要做的工作可多了。以前我们常说中国地大物博，这当然是优越的条件，但可贵的是，从辽东到岭南，我们有绵延几千公里的海岸线，这无边的海洋，才是真正的宝库。目前认识这宝库的人还不多，所以向这个宝库进军的人就更有限了。我是深信中国的未来在海洋啊！"

这次谈话后范旭东的身体和精神状况比以前好多了。就在范旭东情绪高涨的时候，那个曾让他望眼欲穿的行政院批示公函终于下来了，全文仅四个字——未予批准。

这轻描淡写的四个字，等于宣判了范旭东、侯德榜在美国几个月的努力付之东流，同时也毫不客气地扼杀了他建十大化工厂的计划，让他们战后工业复兴的宏伟蓝图毁于一旦。

社会上开始风言风语地传出，范旭东在抗战期间对他的企业"当毁不毁（指塘沽碱厂），当迁不迁（指硫酸铵厂的那套硝酸装置），当建不建（指四川的碱厂）"，并说这次美元贷款协议担保的"未予批准"，和这些事情有一定的关系……

一股无名火在范旭东的体内燃烧，在这沉重的打击下，这位坚强的民族工业英雄，心力交瘁，忧愤成疾。1945年10月2日，范旭东突感身体不适，以后病情恶化很快，且越来越重，但他仍支撑着病体，给孙学悟写了封信。他深情地写道："秋天的塘沽，令人怀想，吾等可结伴而行了！"这句话，充满了范旭东对中国化工圣地——塘沽的深情与眷恋。

当侯德榜、李烛尘、孙学悟等赶到范旭东身边时，他从极度昏迷中慢慢地睁开了眼睛，断断续续地对这些共同奋斗了几十年的同仁说："齐心合德，努力前进！"

说完，范旭东就带着一生辛劳，一腔悲愤，枕着战后十大化工厂的建设蓝图，含恨离开了人间。

范旭东的逝世，在社会各界引起巨大反响。10月6日，重庆《新华日报》发表题为“我国民族工业巨子范旭东先生逝世，工业界人士筹备举行追悼”的消息。

范旭东的追悼会，于10月21日下午3时在重庆沙坪坝南开中学午晴堂举行。前来参加吊唁的近500人，周恩来代表中共中央亲自前来吊唁。

范旭东先生的灵堂

新华社于1945年10月21日发表了经济学家许涤新的文章《悼范旭东先生》。文章指出：“范旭东之死，不仅是工业界的损失，也是国家民族的损失。范先生的一生，是为中国的化学工业而尽瘁的。范先生这卅年的奋斗，是中国民族工业的缩形，范先生的半生坎坷，证明了在创办久大、永利时，范旭东曾为自己规定的三个处世原则：一、不利用公司的钱财来谋求个人利益；二、不利用公司的地位来图私人利益；三、不利用公司的时间来办私人事务。”

重庆22个团体的民主人士，于1945年11月13日上午9时在重庆七星岗召开“重庆工业、文化界人士痛悼范旭东先生大会”。参会的数百人中，有吴蕴初、侯德榜、闫幼甫、郭沫若、沈钧儒、章乃器、胡厥文等工业和文化界著名人士。

侯德榜在悼文中悲痛地说：“范先生做了31年的总经理，自己却没有盖过一所房子，没有一辆私人车子，死后两袖清风，甚至目前范夫人的生活都成了问题……”

郭沫若先生也沉痛地说：“范先生的事业，其目的在于使老有所用，幼有所长，建国要靠和平，要靠自己的学问和生产能力，不能靠人家的飞机大炮。范先生虽然死了，但每个工业界人士都要追随范先生先苦后乐、粉身碎骨、百折不回的精神，站在自己的岗位上奋斗下去。”

著名教育家陶行知先生，在悼文中称范旭东“在千灾万难中百折不挠地树立起他伟大的事业，是一位优秀的企业家，中国新兴工业的一颗光辉的巨星”。

著名历史学家、北京大学教授杨人楩在《工业发展与现实政治》一书中写道：“范先生的毕生精力，完全用在中国工业的发展上，他极力想在中国工业的范围里，培植出若干鲜丽的葩卉，他那百折不挠的坚毅精神，曾经不知感化了多少后进青年，来为幼稚的中国工业努力，范先生终于没有见到中国工业的成长溘然辞世。据笔者闻，范先生的死，是当时政治红人对企业家的麻痹所间接促成的。这种不见血的对工业家的政治扼杀，到今天仍使我们无法缄默，当我们看到今日遍枯贫血的工业惨况，就会追念到范先生的若干精神。对不合理的政治现状，不能不表悲愤。”

国民政府于1946年2月1日下令褒奖范旭东：“国民参政会参政员范锐，早岁游学东瀛，精研化学，旅派赴欧及南洋考察，归国后创办大规模之化学基础工业，至今卅年，成就昭著。抗战以来，四次膺选参政员，拥护国家，尤多贡献。兹闻溘逝，悼惜哀深！应予明令褒扬，用彰忠哲，此令。”

社会上对范旭东的突然病逝议论纷纷，当人们再问及永利的贷款问题时，宋子文说：“可作专案处理。范某是好人，惜脾气坏一点。于今我们遵政府意旨去做，应可顺利了。”

如果范旭东还活着，不知宋子文是不是还能这样说。

范旭东的灵柩由追随范旭东30年的李振岭先生护灵，于1947年6月由重庆迁往北平。

6月17日晨6时，一阵汽笛响过，载着范旭东灵柩的“民本”号轮船起航，“民本”号在前，“永利”号在后，缓缓地顺流而下。船过八卦洲的尖端，已能远远地看见工厂的外貌。“永利”号发出了致敬的信号，工厂的汽笛立刻长声哀鸣。轮船沿江而下，汇北岸站满了工厂员工和家属，上千人在晚风里默默地肃立致哀，厂内鞭炮齐鸣，敬送范旭东灵柩过厂。

范旭东灵柩到达塘沽，沿途有许多民众在路边祭拜，悼念大会在塘沽持续了三天。随后，范旭东先生的灵柩由火车运至北平，由陈炳森、李振岭护送至香山安葬。

在塘沽永利新村院内，一座用洁白如玉的大理石雕塑的范旭东先生纪念碑，耸立在松柏中，上面镌刻着由范旭东先生亲订、侯德榜博士敬书的四大信条（此碑于1966年被毁）。

1948年10月，范旭东铜像在永利铵厂落成（铜像于1966年被毁）。

1949年，天津解放不久，中共中央领导人之一刘少奇亲临塘沽永利碱厂，他在视察中说："范旭东先生之作风，令人备极仰佩。"

毛泽东主席在1953年3月与黄炎培、李烛尘的一次谈话中提到："谈中国的化学工业，不应忘记范旭东。"

南京化学工业公司（前身为永利南京铵厂）于1984年10月5日建厂50周年厂庆时，为范旭东先生重塑了汉白玉半身塑像，并举行了隆重的揭幕典礼。

科学没有国界，科学家有祖国

范旭东的离去使侯德榜长期沉浸在悲痛之中。在接任永利公司总经理的职务之后，他带领职工去接收和恢复被日本人破坏过的永利企业。

在南京下关，侯德榜登上了过江的渡轮。当船过八卦洲时，他想起八年前那个风雨交加的冬夜，自己曾挥拳向天发誓："我们一定要回来！"今天真的回来了，历史就是这样公正！

当侯德榜和同事们走进硫酸铵厂时，眼前的一切让他们惊呆了——八年的时间，一切面目全非！

八年前那个崭新的硝酸铵分厂，如今只剩下一所残缺的破楼；原来是用美国的红木做的冷水塔，现在也变成劣质的日本木材；六个深井只剩一个可以用，其余的全部被毁坏；所有的厂房屋顶，都破漏得能望到天，残剩的硫酸液体，洒得到处都是……

侯德榜在厂里转了一大圈，终于找到了这个厂留守的日本负责人玉置丰助，几经追问他才交代：1937年12月13日，日本侵略者抢占了工厂，把硝酸铵分厂的全套设备盗运至日本九州，安装在大牟田东洋高压株式会社横须工厂，这套设备合计1482件，总重量达550吨。

侯德榜与李烛尘得到这个消息后，立即向国民政府申请前往日本，要求日本归还原物。国民政府对向日本追讨硝酸铵分厂设备一事，表现得并不积极，他们托词该事需要盟军总司令部来统一处理赔偿。

等了很久，也没得到明确的答复，李烛尘再也坐不住了，他以参政员的身份，向蒋介石当面交涉。他强调索回永利硫酸铵厂的硝酸设备，不是赔偿而是归还劫物。他郑重指出，这套设备目前仍在日本使用。

与此同时，侯德榜在香港的《大公报》上，发表了一篇《向日本拆回被劫去的硝酸装置》的文章。文章刊登后，得到了全社会舆论的强烈共鸣，这时国民政府才勉强地准予办理此事。

1946年7月，国民政府经过与驻日盟军司令部的多次交涉，得出结果：该项设备已经查明，并已命令日本政府妥为保管，准备归还，要永利派人赴日处理。

得到消息后，永利公司马上派谢为杰、鲁波、赵如晏，先去东京设办事处，然后到大牟田进行实地考察。考察结果：设备完好，可以继续使用，只是设备中部分部件在日本的使用期间已被损坏，是另用新件配上的，所以看上去已不是原来的那个样子了，且日方打算将新更换的配件拆卸后归还我国。

永利公司驻东京办事处当时就提出报告：

> •永利公司被日本劫去的设备是整套全新的，这一点可由日本占领期间《永礼会社史志》的记载证明。日方另行装备的机件设备是更新，而非增设，归还应保持完整且可使用的水平。
>
> •化工生产的设备是一个整体，缺少任何一个部分，都将使整套设备失去作用。

远东委员会考虑到被劫物资的归还旨在补偿被害国的损失，这类化学工业设备必须完整归还，才有意义。

同时中国驻日代表团，也将经过情形呈报外交部，以期在远东委员会上据理力争。

侯德榜为了争取这批装置早日归还，于1947年7月7日，亲赴日本，并找到盟军总司令麦克阿瑟。

那是一个阳光明媚的午后，侯德榜在一位远东委员会的美国军官陪同下，来到了麦克阿瑟宽大的办公室。对于侯德榜的到来，麦克阿瑟是有准备的，因为在美国，侯德榜早已是科学界里无人不知的伟大的科学家，只是麦克阿瑟还从未与之谋面。

当侯德榜走进麦克阿瑟的办公室，还未来得及自我介绍，麦克阿瑟就马上从高背椅子上站起来，绕过那面竖在桌旁的星条旗，双手握着侯德榜的手说："中国，侯，见到你很高兴。你那本《纯碱制造》是制碱工业上的'圣经'，我很尊敬你！"

侯德榜没有与他寒暄，而是直奔主题："司令官阁下，你的部下提出，只让拆还原件，不许拆走日本更换过的配件。我对此严正声明，这是不可能的，我们不允许这样做。

譬如说，日本拆迁了我们一辆汽车，拆走时是能行驶的，到归还时，不论他们更换了轮胎，还是别的零件，也总得是一辆能开动的汽车才行，否则我们收回来做什么！"

麦克阿瑟听完，先是直愣愣地看了一会儿侯德榜，心想：这个人哪里像科学家，简直就是一个再合格不过的军人。麦克阿瑟似乎也感到此时不是谈话的时候，便下意识地皱皱眉头，摸摸下巴，然后转过身对站在一旁的那名军人说："下令日本政府，由日本政府再转令九州地方政府，转令大牟田东洋高压株式会社，限9月起，在两个月内拆卸、包装。"

1947年9月18日，盟军总司令部复文国民政府，同意将现有全套设备物归还原主。

设备拆迁后，就交货地点问题，双方又发生了冲突。对方决定在日本口岸交货，而侯德榜认为，这个决定是极不合乎常理的，他说："失去的东西还要到盗贼的聚赃处去拉，这是不对的。"

为这事，侯德榜又跟盟军交涉，在多次力争下，最后，盟军特许为："利用日本船只回空吨位，或者是分配中国使用的船只，担负永利硝酸设备归还的运输任务，目的地为上海。"

侯德榜只是一介书生，可为了民族的利益，他与拥有雄兵百万的盟军司令麦克阿瑟，直面对仗，不卑不亢，不屈不挠地步步力争，而终获全胜。

1948年3月27日，永利硫酸铵厂的这套硝酸设备，由“海鄂”号装载返回中国。4月11日，到达南京硫酸铵厂的码头。

当这套硝酸设备运回工厂时，付冰芝立即带领永利的职工，对这些经日本八年的粗使滥用所残余的机器设备进行全面的修复工作。在极其困难的条件下，付冰芝积极主动地配合侯德榜，为尽快使工厂重新开工生产，竭尽全力。

但今非昔比了，由于范旭东的去世，一些人认为侯德榜只会钻研技术，不能管理好永利这么大的公司，所以对侯德榜的工作不是尽力协助，而是把精力浪费在制造各种纠纷上。

这时付冰芝站出来，郑重地提醒大家：“团体中之正人君子，真宜团结起来，明是非，别善意，勿忘范先生之兄长，认清目标，努力奋斗，横在目前之艰难大业，方不致毁于半途，为仇视者所耻笑。”

在付冰芝的影响下，这些人又重新开始支持侯德榜，并决心与他再建永利的大事业。

由于过度劳累，付冰芝患了重病，于1948年4月28日在南京病逝。自范旭东去世后，付冰芝从各个方面，给了侯德榜很大的帮助和支持。侯德榜也把付冰芝当作最可信赖的兄长，无论什么事情，都先听听他的意见，尤其是在修复从日本运回来的那些破旧机器的工作方面。可就在要开工的紧要关头，付冰芝却倒下了。侯德榜悲痛欲绝，他在给付冰芝的悼词上写道：“海内共艰辛兄主复旧弟策图新心期建设完成任怨作劳同此愿，天涯哭知己生不再还逢死悲远莫身后是非是有定为公为国众人钦！”

送走了付冰芝，南京的硫酸铵厂就被告知停电。当时内战打得烽火遍野，交通堵塞，物价暴涨，所以要恢复生产简直就是痴人说梦了。

侯德榜是一个搞科学的人，看不懂政治。他不明白，都是中国人，有什么说不了的，非要用武力？

这时他想到了印度，因为当年与范旭东在美国争取贷款时，就与印度的塔塔公司碱厂签署过技术合作的协议，之后，对方又多次邀请他去做顾问，但因在日本办理硝酸设备归还中国的事情所以迟迟没去。

现在他感到应该去了，但自己不能一走了之，还有永利公司，还有公司的技术人员。他们是永利公司用近20年时间培养起来的制碱专家，一定要保证这些人的生活和工作，国家不会总是这样的。

想到这里，侯德榜决定安排好这些人。他把刘潜阳、章用中、姜圣阶、李祉川、许腾八、郭炳瑜、孙顺潮等人叫到厂办公室，坦诚地对大家说：“现在是内战时期，和抗战截然不同，不论国、共哪一方取胜，我们都是中国人。所以我们在座的各位一定要记住，这次我决定送你们出国，是为了学习国外的先进技术，等待时机继续硫酸铵厂的建设。不过人各有志，不想出国的，不想留守在厂里的也可以自便。但有句话我要跟大家说清楚，不要轻信国民党的传言。现在我对共产党是一无所知，至于共产党和共产主义究竟是好还是不好，只有实践中才能得出结论。而目前我只能说，对国民党我们是有所了解的，因为我们在他们的统治下生活了20多年了。”

大家听后都默默地点点头，并按照侯德榜事先的安排各自准备去了，只有李祉川被留下。

侯德榜拍拍李祉川的头说：“你与他们的任务是不一样的，他们是去美国学习，而你是去工作的。你把那八桶图纸带去美国，然后再重新整理一遍。切记，这些图纸是我们乃至我们国家制碱工业的宝图，一定要看紧，看好。”

李祉川听后高兴地走了。望着李祉川远去的背影，侯德榜不觉心中有些愧意，他觉得挺对不住这个年轻的小伙子，可又觉得，在这些人当中只有他最合适。他不仅聪明，手脚还利索，最关键的是忠诚。

永利公司这次去美国学习工作的一共近40人，有一人是应该去而没去的，他叫孙顺潮。

孙顺潮(方成)为范旭东、侯德榜画的画像

孙顺潮是1942年在武汉大学化学系毕业后，进入永利公司工作的。在同期的同事都去美国进修时，他却决心去上海，改行从事漫画创作。当时侯德榜不大放心，嘱咐孙顺潮说，如果不成功就回来。

孙顺潮在离开永利公司时，有些恋恋不舍，于是他就用几笔勾勒出两张范旭东和侯德榜的画像，留做纪念。

没想到，孙顺潮这次离开永利，竟是永远的离别。若干年后，人们再看到他时，孙顺潮已是我国著名的漫画家——方成。

侯德榜把年轻的技术人员送去美国，安排年老的技术人员留厂守摊，而后自己就去了印度的塔塔公司。

从塔塔先生那里，侯德榜了解到，原来塔塔公司创建于1938年。公司初期与永利公司一样，也是制造精盐的，后来用盐的副产品和电解食盐制烧碱、漂白粉。20世纪40年代初开始办碱厂，因为没有制碱的专家，所以一直没有生产出合格的产品。

直到1942年，塔塔先生看到侯德榜的《纯碱制造》英文版第二版，于是派人去美国拜访侯德榜，并签下技术合作协议，请求支援。

侯德榜在仔细查看了碱厂之后，详细地解答了有关技术上的280多个问题，并只用18天的时间，没有改变任何一个生产设备，仅是调整了一下操作条件，就使纯碱质量达到合格且使产量猛增了50%。

侯德榜（右一）与印度塔塔公司制碱同仁的留影

这一下，真让塔塔先生开了眼界。他不仅对侯德榜的高超技术惊叹不已，同时也对他毫不保留技术的做法，佩服得五体投地。他当即就聘侯德榜为塔塔公司的总工程师，并定年薪十万美金。

侯德榜听后非常郑重地对塔塔说："十万美金的年薪的确不可谓不厚，但我与你的合作只是技术上的，虽然科学是没有国界的，但是科学家是有祖国的！我是中国永利化学公司的总经理，我的祖国也需要振兴工业，发展经济，我的事业在永利，我决不能离开自己的国家和20多年苦乐与共的事业。很难接受你的好意，请原谅。”

塔塔先生听完侯德榜这番入情入理的话后，又提议侯德榜为塔塔公司的最高顾问，并主持全厂的技术工作，还愿出11万美元购买永利制碱的专利和整套图纸。

侯德榜知道那套制碱图纸是永利人的命，能把自己卖了，也不能卖图纸。

侯德榜想知道李祉川把那套图纸整理到什么程度了，更希望早些把图纸整理好，于是在印度与美国之间往返多次。在此期间，他还把在美学习的刘嘉树、张燕刚带到印度做技术指导工作。1945年5月，侯德榜又把张佐汤和侯虞篪两位工程师带到印度替换刘嘉树与张燕刚。

侯德榜在印度的工作，应该说是很舒服的，这里的工作没有压力，塔塔先生对他照顾得也很周到。但不知为什么，侯德榜的心总是悬着，无论如何也高兴不起来。

一天，正在午休的侯德榜，突然接到一封来自祖国塘沽的电报。

电报是留守的厂长佟羽然用英文写的，信的内容是：中共中央副主席刘少奇到塘沽碱厂视察了。刘少奇在视察时说：“侯德榜是中国的米丘林，新中国的建设需要他，人民需要他。国家有事要和他商量，并请他做，请侯先生能赶快回华北来。”

看到这里，侯德榜的心久久不能平静，他做梦都没想到，共产党对永利公司、对自己有这么高的评价。他急于回国，想亲耳听一听共产党对工商界的态度。

当天，侯德榜就匆匆忙忙地搭上从加尔各答飞往香港的飞机。在途经泰国时，遭到泰国海关的刁难，他们认为侯德榜的护照是国民政府签发的，而前去的目的地上海，现在已经是共产党的地方了，所以这个护照作废。

侯德榜感到其中似乎有问题，但又不便多问。但他知道，若这一关过不去，那么国家是肯定回不去了。

想到这里，侯德榜走到那个海关官员面前，用极其坚定的语气说：“我认为，目前上海由谁控制，那是中国内政，不容外国干涉。”侯德榜的这句话果真管用，海关放行了。

泰国虽然是过关了，可飞机刚一落到香港机场，侯德榜还未走出检票口，身边就围过来几个身份不明的人。他们先是游说侯德榜，要他留在香港，然后又要

1949年，侯德榜（左三）从海外归来，在天津下船时，受到永利公司等各界群众的欢迎。

求他，若不喜欢留香港可以去美国、中国台湾，但就是不准回大陆。可这几个人见侯德榜执意不肯答应，便马上进行刁难恐吓。

就在这时，共产党在香港的代表与侯德榜接上了头，并告诉侯德榜，现在从香港到上海和天津都没有船。侯德榜说："只要能到解放区，走哪条路都可以。"

在这个人的安排下，侯德榜登上了由香港开往仁川的一艘英国轮船。当船刚刚停靠韩国的仁川码头，就有几位韩国人上船，邀请侯德榜上岸"参观指导"，并说要以重金聘用。侯德榜深知当前的形势复杂，在泰国，中国香港所受到的种种刁难，已使他对周围的情况有了足够的警惕，侯德榜意识到，这很有可能是国民党在从中作梗，不然韩国人怎么可能知道自己在这艘船上呢？

为了能平安回到祖国，侯德榜坚决寸步不离船。就这样，他在船上坚持了七天七夜，韩国当局无奈只好放行了。

经过50多天的颠簸，冲破了重重障碍，侯德榜终于回到了祖国。他刚一踏上国土，就受到了聂荣臻同志及各界群众的热烈欢迎。

联合制碱法

完璧归赵

1949年，以永利公司总经理身份归国的侯德榜在天津下船后，不顾盛夏的酷暑，马不停蹄地赶到北京东四七条16号——永利公司的办事处。他没有休息，连夜伏案整理出永利公司所属碱厂、硫酸铵厂的技术资料，他希望能尽早让碱厂投入生产。因为纯碱是工业的基础原料，无论是工业生产的橡胶、塑料、玻璃制品，还是食品行业的馒头、大饼、油条等，都离不开纯碱。

工作了一夜的侯德榜，在天刚蒙蒙亮的时候，才疲倦地放下手中的笔，他一边搓搓手，一边从椅子上慢慢地站起来。无意间，他发现一辆吉普车正从院子外边悄悄地驶进来。他万没想到，从车里出来的，竟是专程来看望他的周恩来总理。

侯德榜赶紧快步迎上去，周总理握住侯德榜的手，用力地摇了一下，风趣地说："国民党特务以为你真的会去台湾，想不到侯先生摆了个迷魂阵，来到了北京。"

大化厂区一角

侯德榜没说话，只是不好意思地低头笑了笑。

"你回来得非常及时，永利公司需要你回来主持。

新中国的建设事业，也需要你参与设计。”周总理看了一眼侯德榜，又接着说，“我们想请您参加中国人民政治协商会议，共商国是，参与建设新中国的蓝图设计。”

侯德榜听到这里，眨了一下发直的眼睛，顿时潸然泪下。周总理连忙拍拍他的肩膀说：“这次新政协在永利公司里不只请您了，还请了李烛尘、李承干两位。”侯德榜听了连忙擦擦眼泪，高兴地直点头。

“不过，你们永利可是一个技术篓子，荟萃了许多人才，新中国就要成立了，我相信，凡是从这只篓子里出去的人都会很快回来，这些人才在新中国的建设中是极其可贵的。”周总理郑重地对侯德榜说。

“一定会回来！一定能回来！”侯德榜胸有成竹地回答。

“如果要你们永利公司马上开工，有什么具体困难？”周总理关切地问道。

侯德榜马上把担心一夜的问题倒了出来：“永利的碱厂、硫酸铵厂，当前的主要困难是原料供应不足，产品销路不广，资金周转困难。纯碱每袋成本4万元（旧币），卖价仅是成本价的一半，硫酸铵每吨成本是99万元，售价50万元。这样，生产得越多，就越赔账。”

周总理听后，略加思索后建议道：“现在永利的产品不要急于脱手，暂时可向政府贷款维持生产，待全国战事平息，交通恢复，生产发展了，价格合理时，再售不晚，这样就不会拖垮企业。至于原料的问题，等交通恢复后，一定尽力帮助。只要是对生产发展有利，不管什么问题，希望随时相告，政府一定会全力解决。”

周总理与侯德榜边谈边解决问题，时间竟长达两个多小时。这天距开国大典已经不多日了，周总理每天日理万机，争分夺秒，但他仍在百忙中到侯德榜这里谈话两个多小时。可见侯德榜这个人和永利公司，对当时的中国有多么重要。

和周总理的这番谈话，让侯德榜轻松了许多，他不仅因此放下了很多包袱，还对自己和永利的今后有了明确的方向，他真的觉得“解放区的天是明亮的天”。

在周总理来过的第三天，侯德榜接到了毛泽东主席要接见他的通知。侯德榜拿着通知，一路小跑地去了。

虽然毛泽东主席接见侯德榜的时间不长，但毛主席对侯德榜提出了殷切的期望：“革命是我们的事业，工业建设要看你们的了！希望共同努力，建设一个繁荣富强的新中国。”

今夜又是一个不眠之夜，侯德榜提笔写下了40封相同内容的信："速回，建设新中国！"

在范旭东去世之后，可能是迫于外界压力或更多的其他原因，国民政府对那1600万美元的美国贷款，最后竟同意"担保"了。

国民政府的大印一盖，美国银行立马就放贷。这时在美国工作的李祉川，按照临行前侯德榜的嘱托，启动了这1600万美元的贷款，分别用于十大化工厂的委托设计、技术转让、购进器材、运费保险服务等，同时还为恢复发展塘沽碱厂、南京硫酸铵厂及五通桥深井，购置器材、聘请专家、器材验收发运、培养计划的执行，以及为巴西、印度，非洲、墨西哥建立碱厂、盐厂等进行了咨询工作。

所订购的器材合同都已签署，就等验收发货，在这节骨眼上，美国开始对中国大陆实行禁运，这主要是因为国民政府已撤离大陆迁往台湾，而这些由他们担保贷款购买的大批设备，还在源源不断地被送回大陆，台湾方面怎么可能对此不闻不问。

禁运令已下，但还没有马上执行，李祉川从美国的朋友那里得到这个消息后，连夜申请将所有的设备提前提货，然后再把贵重的设备，先办理手续打包运回国内。一连抢运了三天，到第四天，禁运令就执行了。无奈，其余的设备全部都被退货。

被李祉川强运回来的这些设备，日后遍布了我国各大化工企业。但没有人知道，如此有价值的设备，是在什么背景下，由谁运送回来的。

李祉川利用国民政府担保的贷款购买设备、抢运回大陆的这件事，引起美国联邦调查局的注意，但因李祉川本人没有不良记录，所以联邦调查局也没找他麻烦。李祉川照旧每天到纽约的华昌贸易公司上班。

1949年10月1日，中华人民共和国成立的当天，由于李祉川参加了纽约当地华人举办的国庆大会，被联邦调查局列入黑名单。从此，李祉川每天的行踪都在联邦调查局的掌控之中。

第二年的6月27日，美国总统杜鲁门下令：美国第七舰队驶进台湾的基隆港和高雄港。美国这样做的目的是阻止中国人民解放军渡海进攻台湾。也就是这个时候，朝鲜战争爆发了。

美国驻联合国代表向安理会提交议案：授权组成联合国军队，帮助韩国抵抗朝鲜军队进攻，并要求各会员国在军事上给韩国"必要的支援"。

照片中穿制服的人，是美国联邦调查局的工作人员，他们每天都要到李祉川所在的公司调查他的行踪。

这个提案在联合国被通过后，驻日美军总指挥麦克阿瑟上将，就被总统杜鲁门任命为联合国军总司令。

6月28日，毛泽东主席发表讲话，号召全世界的人民团结起来，进行充分准备，打败美帝国主义的任何挑衅。

同一天，周恩来总理代表中国政府发表声明：强烈谴责美国侵略朝鲜，入侵中国台湾及干涉亚洲事务的罪行。

几天后，联合国的军队开进了朝鲜，随后，中国志愿军也入朝作战。

就在中美两国的大门即将关闭时，李祉川接到了侯德榜的来信，要他带上图纸，火速回国。

李祉川握着侯德榜这封“火速回国”的信，真是后悔莫及。他想：一个上了黑名单的人，怎么能走出美国呢？他恨自己，如果那天不去参加国庆大会，恐怕还不至于惹出这个麻烦，但后悔已经没有用了，赶紧想办法吧。

李祉川把要回国的事告诉了妻子。妻子听说要回国，高兴地赶忙开始收拾东西。因为从到美国后，她已经好多年没回去过，实在是有点想家。

第二天，几个华人邻居听说李祉川要回国的消息，都来劝他：“现在是什么形势，在大陆的人想跑都跑不出来，你们还要回去？再说了，你们三个女儿中，两个女儿都已在这里上学了，回国上学，孩子的国语能跟得上吗？如果跟不上怎么办？到那时再想回来，可就难了。”

正在收拾东西的妻子，也觉得邻居说得有道理。她放下手里的东西对李祉川说：“是啊，我看还是再想一想。”

“再想几想，也得回去。永利碱厂的全套图纸是由我带到美国的，就应当再由我带回国内，方了心愿。”

妻子的话还没说完，就被李祉川噎了回去，她只好低下头重新收拾起刚放下的东西。她知道，无论怎么说，都动摇不了丈夫回国的决心。

李祉川清楚眼下能不能回国，重要的是办理签证。像他这样上了黑名单的人，肯定会被拒签的。就在他犹豫不决，想不出好办法的时候，一个炸雷的消息传到他的耳朵里——钱学森全家因要回国被扣在美国西海岸。李祉川明白，像他们这样的知识分子，在国民政府从大陆撤退时，都是要被挟返去台湾的。更何况他们已在美国了，怎么可能让回国呢?

李祉川长了个“电”脑子，很快便想出了一条妙计。他以带全家去英国旅行度假为由，办成了去英国的签证。拿到签证的李祉川，马上开始规划回国的路线。他接受钱学森的教训，决定走东海岸。

1951年5月，李祉川偕夫人及三个女儿趁大批游客去欧洲旅游之机，由纽约乘英国邮船去英国，再由英国转船去香港。

李祉川登上游轮之后，才想起他们全家都没有中国的入境证，他立刻电告侯德榜。侯德榜接到李祉川已动身回国的消息，马上请当时的行政院给李祉川办理中、英文两份登记证件，速邮寄英国，哪知邮件到英国时，李祉川已从英国起程赴香港了。

为李祉川的回国，侯德榜先后在1951年5月和6月两次到相关部门办理有关证件。永利公司也给李祉川出具了证明。

办了九个月的签证，经过两个月的路程，1951年7月中旬，李祉川一家终于到达了北京。

回国不久，纽约办事处的解寿缙来信说：“李祉川走后不久，联邦调查局就派人来到办公室搜查，但一无所获。”（碱厂图纸已被李祉川作为行李带走。）

这套图纸，辗转绕地球整整一周，最终又被李祉川带回了祖国。

在我国新建纯碱厂和老厂的扩建改造过程中，这套图纸起到了决定性的指导作用。后来我国援助阿尔巴尼亚建设纯碱厂时，这套图纸也起到了关键的作用。

他带动了回国潮

1949年，侯德榜参加了开国大典后，受中央委托以他和从美国招回的刘嘉树、佟羽然、鲁波、谢为杰等十几位同志组成的代表团去东北参观。中央政府希望通过这些专家的考察，快速提出恢复东北化学工业的意见。

侯德榜一行按中央政府尽快恢复东北工业的指示，去了东北的吉林、沈阳、鞍山等地，最后到了旅大（现大连）。

当时旅大的工业，只有两家大公司，远东电业（中苏合办）和建新公司。

建新公司接管了“满化”，又将“满曹”改名为“大连碱厂”，租给远东电业经营。

为了满足对外扩张的野心，日本军国主义政府在1931年提出：化学工业的发展情况，对于战争的胜败关系极大，战时化学工业可直接转为军火工业。“满洲国”内应迅速发展化学工业，以解决国防需要。

1933年，由当时南满洲铁道株式会社（简称“满铁”）的总裁山本条太郎发起，集资2650万日元，在大连甘井子建立了“满化”。“满化”的主要股东有三家，分别是“满铁”、日本全购联株式会社、东洋窒素工业株式会社。由于资金的一半是“满铁”出的，所以“满化”又隶属于“满铁”。

侯德榜副部长在全国化工会议上作报告

“满化”以100万马克的高价，购买了当时世界上最为先进的生产技术，即德国的伍德法制造合成氨的专利技术。同时又以重金聘请了德国的工程师、技师与日本的工作人员，一起为“满化”进行设计和安装。

1935年，三套合成氨生产装置、两套硫酸装置、一套稀硝酸和一套硝酸铵装置，先后在大连建成并在同年投入生产。

“满化”生产所需的原料煤，主要来自本溪、抚顺和开原。而用来生产硫酸的原料硫铁矿，分别由日本和朝鲜提供。

当时工厂的职工人数为1823人，其中有868人是日本人。

“满化”从1935年开工到1944年停产，近十年时间里，共生产硫酸60.0849万吨、硫酸铵115.2929万吨、硝酸51.6万吨、硝酸铵5.626万吨，总产值相当于当时2748万吨粮食或1000万支步枪的价值。其中51.6万吨硝酸可制造炸药5.46吨，制造子弹250亿发。

“满化”投入生产后获得了巨额利润。1936年5月22日，“满化”又与“满铁”、日本昌光株式会社、日本旭硝子株式会社，共同投资800万日元，建立了满洲曹达株式会社（简称“满曹”）。“曹达”在日语里就是“碱”的发音，“满洲曹达株式会社”就是“满洲碱厂”。

“满曹”的厂址就选在“满化”南海岸，其生产的全部设备都是由日本旭硝子株式会社提供，采用氨碱法来生产纯碱。

“满曹”生产纯碱的主要原料为盐、石灰石、焦炭和氨。固体盐由辽南地区提供，石灰石是来自大连甘井子采矿所（后来的大连石灰石矿厂），焦炭和氨由“满铁”供给。

“满曹”于1937年开工，当时职工有202人，其中日本人101人。截至1944年，日本人掠夺纯碱40.9058吨，烧碱8024吨。

1945年8月15日，日本投降，“满化”和“满曹”随即停产。

日本战败后，苏联红军进驻大连，大连人称“老毛子下地”。

“满化”时期留下的循环压缩机

合成工段的操作板

1945年10月2日，苏联关东工业管理局接管了“满化”。他们把原有的设备临时改装成小型设备，再用剩余的原料和半成品开始小规模恢复生产。产品有浓硫酸、电池用硫酸、硫酸矾土、硫化青染料、硫酸铜、硫酸铁、盐酸、硫化硫酸钠等。

正当生产逐步走向正轨时，苏联人开始有计划地将工厂里的设备陆续拆卸运回苏联国内。前后约有一年的时间，他们将60%的机械设备和20%～60%的化工成套装置拆走。这个“满化”最后留给中国人的，只是一个残破的烂摊子。

再说“满曹”。日本人在撤退时，“满曹”同样遭到了毁灭性的破坏。1947年，远东电业接管了“满曹”。

侯德榜到大连化学厂、大连碱厂参观后，发现两厂只有一墙之隔，他即刻想到，如果两厂合并，这里将是发展侯氏制碱法最理想的地方。

于是他立即向建新公司的经理张珍介绍了侯氏制碱法的内容，并建议组建一个试验车间。

侯德榜回到北京后，又将这一设想上报中央，很快就得到中央批准，中央同时决定由他亲自主持指导，在大化设计、建立一座侯氏制碱法的中间试验车间。

张珍经理在接到中央关于在大化建一座侯氏制碱法的中间试验车间的指示后，立即派大连化学厂副厂长秦仲达去北京，就设计日产10吨规模的试验车间事宜与侯德榜洽谈。

也就在这个时候，曾被侯德榜送往美国的近40名留学人员，接到了侯德榜的召唤令，在“祖国利益高于一切”的感召下，也全部回到了祖国，满腔热情地投入到祖国的建设洪流中来。他们是姜圣阶、章用中、刘潜阳、李祉川、刘嘉树等。

被迫中断试验

接到侯德榜“回国令”的永利公司的留学生陆续回国后，都集中在永利的北京办事处。侯德榜见到这些当年的老部下，而今正是国家急需的制碱人才，高兴地说：“都回来了，回来就好，回来就好！”他打开一桶桶从战火中抢出来，绕地球转了一圈才回到祖国的制碱工业的设备图纸，激动地拍着李祉川的肩膀说：

“谢谢你，我代表祖国谢谢你！现在我们国家要恢复纯碱工业的生产，就靠它了。

你们这些人要做好准备，李祉川留化工部设计院，刘嘉树到大化，其余的回塘沽永利碱厂和南京硫酸铵厂。马上动身吧。”

侯德榜对已走到门口的刘嘉树小声叮嘱：“全国的制碱工业，起步在大化，大化能否成功，就看你的啦！”

刘嘉树默默地点了一下头，转身消失在大门外。

望着刘嘉树远去的身影，侯德榜想，按这些人各自的专业，把他们分到能发挥他们作用的岗位上，这是给他们一个学以致用的机会。李祉川是搞化工设备设计工作的，所以一时还没有能用得上的地方，他的专长只能等到大化基本恢复之后，才能派上用场，所以只能暂时让他去设计院。而刘嘉树是搞化工工艺的，大化的恢复阶段，最需要这样的人，何况他又一直参与侯氏制碱的试验工作。

1951年，刘嘉树来到了大连碱厂，同他一起来的还有一个庞大的托运箱。箱子打开按顺序摆放，就是一个可随时查阅书籍、资料的精致小书架，这是他1949年从国外带回来的主要行李，也是他后来在多次搬迁中，无一散失，并且装运快捷方便的宝箱。

刘嘉树生活简单，但嗜书如命。无论在国内还是国外，他都节衣缩食，把省下的钱用来购买重要的书籍资料，同时他还手抄各种外国书刊上的摘要和文献，并把这些资料分门别类系统地放在自己设计的书架里。这个书架分成了几段，合上盖子就是一个大的包装箱。虽然他非常珍惜这个知识宝库，但他并不自私或保守，他特别喜欢好学上进的年轻人，也常常把这里的书借给他们。

一次，一个叫王楚的年轻工程师，在巡检盐水车间时，发现工人们需要每小时一次地检测并累计当天的盐耗数据，既复杂又麻烦。他马上意识到要设计一套“矩形四变的图示算法”，这样不仅能减轻当班工人的工作量，同时还能保证数字的准确性。

刘嘉树知道这件事情后，主动把关于这方面的四本藏书全部赠送给了王楚。他对王楚说：“你这样钻研，同时又能教会很多人，我很高兴。目前我的任务重，不可能像你一样有精力搞科研，希望你能利用这些书，让它发挥更大的作用。”

王楚把这些书里的知识与实际工作结合起来，终于研究出了这套“矩形四变的图示算法”，并在一个学习班上，把这种图示算法的各种绘制方法，传授给了大家。

尽管侯氏制碱法的工程施工很紧张，但刘嘉树仍然利用晚上时间查阅各种图书、资料，编写技术材料，发给技术工人和技术人员，让所有参与侯氏制碱法的工作人员，在没试车前就了解这个工艺。

刘嘉树的努力，使大化中间试验厂的建设进度加快。就在工程即将完成时，国家以中央工商行政管理局的名义，于1953年7月1日，对侯氏制碱法颁发了发明证书，即“发电第1号”。

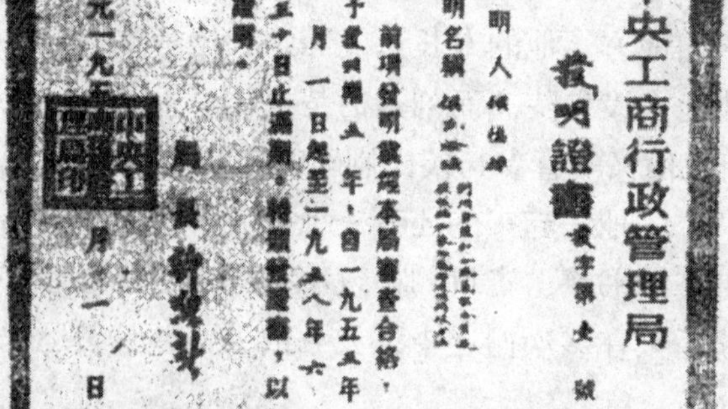
中央工商行政管理局

發明證書　發字第　壹　號

發明人　侯德榜

前項發明業經本局審查合格，給予發明權五年，自一九五三年七月一日起至一九五八年六月三十日止滿期，特頒發證書，以資證明。

局長　許滌新

公元一九五三年　月　一　日

1953年7月1日，中央工商行政管理局授予侯氏制碱法“发电第1号”发明证书。

10月1日，侯氏制碱法日产10吨的全流程循环试验装置，在方汉彬、方志文两位同志的带领下，在大化投入了全程试验。

在此之前，刘嘉树就先组织了孔庆震、陆冠钰、卢作德三人，在实验室内对侯氏制碱法又进行了一次全面仔细的试验。而且这次试验是在不同温度下，对不同浓度的氨和二氧化碳的图像做了研究，同时又对流程的选择和工艺控制条件等多方面进行了试验，从而使侯氏制碱的技术与理论，在深度和广度上得到进一步的发展和保证，所以在全程试验投入后，试验进行得相当顺利。

就在刘嘉树准备向侯德榜报喜时，上级主管部门对大化正在进行的侯氏制碱法的试验下达了停止试验的命令。原因是化工部的苏联专家组组长马林科夫提出了意见："氯化铵肥效有问题，苏联已不用氯化铵为肥料，也不要搞侯氏制碱法制碱。"

我们国家在建国初期，把苏联当成"社会主义老大哥"，人家说不能干，我们就马上终止了大化侯氏制碱法的试验。

让人费解的是，既然氯化铵不能作为化肥使用，为什么同时又从日本大量进口氯化铵呢？

日本因为大批量向中国出口氯化铵，使得原本落后于我们的制碱技术，在战后的几年中得到了长足发展。这件事让侯德榜很费解，也焦虑万分。

侯德榜在万般无奈的情况下，亲自着手调查氯化铵的肥效问题。他想到，1947年，为拆迁被日本侵略者劫去的硝酸设备而赴日时，曾同时考察过日本很多的碱厂，那时日本的几家碱厂用的都是索尔维法制碱。但在1950年后，旭硝子、宇都曹达、德山曹达这三个碱厂都先后生产了氯化铵。侯德榜很疑惑，因为他知道，在全世界的制碱工艺中，只有自己的制碱法才是纯碱和氯化铵一起生产的。

侯德榜查找了国内国外的相关资料，了解了农民使用日本进口的氯化铵的情况，最后得出的结论是：日本在战后，马上开始着手开发类似侯氏制碱法的新碱法，所生产的氯化铵大多用作肥料，在市场上反应也比较好。英国人罗萨默斯早在1943年就曾在农业试验场用氯化铵作为肥料，而且肥效显著，尤其应用在大麦上，产量比使用其他肥料要高得多。日本的肥效试验结论是：氯化铵用于水稻的肥效，比硫酸铵有过之而无不及。苏联在20世纪50年代初出版的《农业化学》与《无机肥料生产》等书中，对氯化铵的肥效和使用范围都有详细记载，也充分肯定了氯化铵的作用。

我国在1950年召开的全国土壤肥料会议上也曾提出：请农业部向有关方面建议，制造氯化铵以代替硫酸铵。为此农业部也于1952年7月25日以农粮字第528号文通知化工局："氯化铵作为肥料，从理论及实际试验中已经证实其肥效价值，且在使用技术上并不复杂，在有使用硫酸铵习惯的地区，可以逐步推广，因此，我部不宜再进行试验，你局可根据设备条件正式生产。"

全国供销合作总社反映，在河北、山东部分地区的农民，有使用氯化铵的习惯。因我国自己不能生产，所以每年需进口大量日本的氯化铵供应农民。由于氯化铵便宜，农民都乐于使用，未听到施用氯化铵有什么不良影响。

1955年，日本东京举行了各种氮素肥料对小麦的肥效评比，结果得到最高奖的是氯化铵。

与此同时，印度方面用氯化铵分别在玉米、水稻、小麦三种作物上做了许多试验，结果同样证明氯化铵是不逊色的。

通过大量调查，侯德榜对氯化铵的肥效已深信不疑。但让他不解的是，在他搜集的材料中，几乎一致肯定氯化铵的肥效，而且一些数据出自我们国家。但因怕氯化铵没有销路，我国在取消用侯氏制碱法生产试验的同时，又因农民的需要，大量从日本进口。这样一来，倒促进了日本氯化铵生产的发展。难道参加决策的中外专家和领导，都没看过这些很容易就找到的教科书吗？那些苏联专家，连自己国家科学院院士所出的《农业化学》也没看过？

侯德榜深切地感到，如果用这种态度来处理问题，我们国家的发展建设就不可能取得迅猛发展。

为此，侯德榜找到了化工部部长彭涛，就有关侯氏制碱法的试验情况、氯化铵肥效问题和自己对这些问题的看法作了详细而坦率的陈述。

他说："第一，我是一个科学家，我坚持科学真理，这是科学家的基本信念。第二，我目前虽然还不是一个共产党员，但我已申请入党，我应该用共产党员的标准来要求自己，坚持辩证唯物主义，这是一个党员的基本信念，我写报告的目的无非是坚持真理。"

侯德榜提到对外国专家的意见时说："苏联专家的意见应当尊重，但不能人云亦云。难道能因为有的外国人不吃大米，就说在中国发展水稻生产是一种错误吗？"

彭涛部长听了侯德榜的一番肺腑之言，深深地被他对科学真理、对党的事业的赤胆忠诚所感动，他让侯德榜将这一问题写成材料，由他向组织汇报。

不多日，彭部长就找到侯德榜，兴奋地告诉他："侯兄，好消息！周总理刚才来电话，说部党组的报告和您的信都收到了。中央讨论了这个问题，同意您的意见，支持您继续把大连的试验搞下去，希望早日成功。周总理还让我转告您，说您年纪大了，要多加保重！"侯德榜听了这番话，激动得说不出话来。

当初由于苏联专家组组长马林科夫的“氯化铵肥效有问题”一句话，停止了四年的侯氏制碱法在大化的试验生产，终于在1957年得以重新开始。

1962年5月，侯德榜写信给负责侯氏制碱法生产车间设计工作的李祉川，语重心长地说：“关于联碱，日本年产已达37.5万吨，使人伤心。他们开始研究联合制碱时，落后我们十年，现在却跑到我们前面，这给了我们一个教训，促使我们奋起直追，时不可失。”

大化是聚合而成的

当侯德榜再一次来大连化学厂时，已是1957年5月了。这位已年近古稀的老科学家，经老共产党员何长工、赖际发的介绍，已经光荣地加入了中国共产党，并被任命为化工部副部长。

侯德榜在听取了有关侯氏制碱法试验工作的详细汇报后，对今后的试验计划、力量配备等方面作了详细安排。整个研究工作，由大化的技术负责人张步衎领导。

以刘潜阳为组长，段志燮、许克家为副组长，具体负责研究工作。

由卢作德负责室内试验，方克文、刘汉风、杨盛烈负责中试技术组。

李祉川由化工部调入大化设计院，与刘嘉树、王楚等人组成设计组，着手筹建大型侯氏制碱的生产车间。

此后的试验工作，在侯德榜副部长的亲自领导下，进展得异常迅速。侯德榜尊重科学、务实严谨的态度，给大化的干部职工留下了深刻的印象。

听说大化的中试试验车间要开车，侯德榜从北京连夜坐车直奔大化。当坐了一夜火车的侯部长来到大化的三号门门岗时，正是大化的早晨上班时间。侯部长换上工作服，随着上班的人潮，涌进了三号门门岗。

侯德榜到了侯氏制碱法的中试车间，当天当班的技术负责人傅孟嘉正在操作台上认真记录物料反应的温度数据。他猛然间看到穿着工作服的侯德榜副部长出现在自己面前，先是一愣，然后慌忙就把正在填写的当班分析报表呈上。

侯德榜副部长在与技术人员研究问题

侯德榜接过分析报表，没有看，而是微笑地对傅孟嘉说："不用看这个，先去看看化验室的操作。"

在傅孟嘉的引领下，侯德榜来到了侯氏制碱法的化验室。他从采样地点、采样方法以及样品的稀释倍率等方面，对指示剂加入量以及滴定终点的判断等，一步一步进行检查，直到他认为方法、药品和操作手续完全符合要求，才回来看这份分析报表上的数字。

侯德榜所坚持的"分析手段不合格，不看数字"这个极为重要的原则，就这样在大化以及日后许多新建的碱厂延续下来。

从1957年到1958年，大化的侯氏制碱法完成了一次碳化、二次碳化、一次加盐、二次加盐、各种结晶器的选择、氯化铵干燥、蒸汽煅烧炉、碳化塔等各项试验。

通过大化的工程技术人员以及操作工人的细致工作，更具体地确定了侯氏制碱法的流程、工艺指标、设备造型，为大规模的生产设计以及日后全国几十座化工厂、化肥厂的建设，提供了比较完善的科学依据。

在大化的技术人员和一线职工的努力下，侯氏制碱法生产的纯碱，日产量突破了240吨。那天正在哈尔滨开会的侯德榜听到这个消息，按捺不住心中的喜悦，当时就请假离开了会议现场，乘火车直奔大连。

一下火车，侯德榜就通知大化负责生产的李世昌赶到大连宾馆汇报。侯德榜在听完汇报后，非常高兴地看着李世昌带来的那份生产报表上的数字，激动地在房间里转来转去，连拿报表的手都在微微颤抖。

几天后，侯德榜严肃地对主管制碱的领导刘嘉树说："我给你们定了三个月的目标，也可以叫做'三八'目标：这套装置达到年产八万吨碱；氯化铵冷析结晶器温度不能超过8℃；将来经过努力，力争把循环母液量降至每双吨八立方米。做到这三条，咱可就比日本强多了。"

接着他又提出侯氏制碱法还需过四关：连续、质量、产量、成本。在这个过程中要稳扎稳打，争取原盐进结晶器，甩掉洗盐，要抓跑、冒、滴、漏，争取穿布底鞋进现场。

这些指示都成为日后大化和全国制碱行业奋斗的目标。实践证明，这些指示都是正确的，必要的。

侯氏制碱法试验成功后，1957年7月29日，经化工部副部长侯德榜的提议，化工部批准，大连化学厂与大连碱厂合并，定名为大连化学工业公司，简称“大化”。

国产第一台压缩机问世

两厂的合并，为侯氏制碱法的上马创造了极为有利的条件。因为在大化，不仅有碱分厂、合成氨分厂，还有一个可以生产各种化工设备的机械厂。

1957年年底，由刘嘉树、李祉川、王楚负责的大型侯氏制碱法中试车间的设计工作开始不久，刘嘉树就因反“右”运动受到牵连，被调往内蒙古。

刘嘉树走后，设计工作就由李祉川和王楚两人负责。

试验车间是在1958年动工建设的，设备的制作与安装也在同时进行。这座年产八万吨碱的侯氏制碱法中试车间，完全是依靠大化自己的力量进行设计和设备制作，设备的安装调试也是大化人自己完成的，并在同年投入了生产。

当时国家正处在第一个“五年计划”期间。因上侯氏制碱法，急需一台2400马力的压缩机，而大化刚刚修复好的几个压缩机中，最大的只有1500马力，所以只好到国家一机部去求援。

国家一机部的同志听说要制造2400马力的压缩机，为难地说：“这样的大型设备，目前在国内是根本找不到能承担制造的厂家的。”

消息传回来，大化人决定自己制造。

在查阅大化制造2400马力压缩机的第一手历史资料后，笔者找到了已经88岁的原机械分厂材料检验科的杨惠莹先生。之所以这样称呼她老人家，一是我们在大化第一宿舍做了十几年的邻居，二是出于我对这位老大化女知识分子的敬重。

杨惠莹先生是20世纪40年代毕业于浙大化学系的硕士研究生，与国际著名学者李政道是同校同届的校友。她为了追随大她九岁的丈夫贺兆祥（原大化制碱的老专家）而放弃出国的机会，来到了大化。

1966年，我（后排左一）与杨惠莹先生及其家人合影

大化机械厂制造出我国第一台2400马力的压缩机

1965年，化工部在四川成都成立第八设计院，贺兆祥大妇于1966年去了四川成都，贺兆祥从大化设计院调任第八设计院做院长。

2010年年初的一个下午，我按预约的时间，叩响了杨先生在星海湾附近的家。

门是由她的大女儿打开的。

阳光把大厅照得金灿灿的，被光芒包裹的杨先生站在落地窗前，显得端庄无比。

四十几年没见了，她竟然脱口说出：“小燕子，谢谢你还记得我。”当我说明来意时，她老人家握着我的手，久久没有放开，她用缓缓的湖南话说：“我们这一代旧中国的知识分子，为国家为大化也没做什么大事，但我要替已过世的伯伯谢谢你。”

看到我惊讶的表情，杨先生说，几年前，贺先生因突发心血管疾病离世，杨先生便叶落归根，回到了大连。

杨惠莹先生除了视力不佳之外，记忆力惊人得好。据她回忆：1954年年初，由翁胜光负责，试制2400马力的压缩机，因为这个压缩机的压缩气量为6000立方米/小时，而最高工作压力是210公斤/平方厘米，所以其体积是很大的，只各种大小不等的部件就有9500多个。最大的那个部件重近18吨。这对于刚刚恢复生产，仅有300多人的机械厂，简直是老虎吃天——无从下口。

我认为，当年那些参与制造这台压缩机的每一位工作人员，都是我们国家的英雄，是感动中国的人！

这些人是在没有样机，没有图纸……一切全无的条件下开始的研制工作。

机械厂的铸造车间，根本就没有能熔炼这么大部件的设备，为此，他们就将两个化铁炉（分别为三吨和五吨）同时使用，通过提高铁水温度和加速熔化速度，来浇铸出质量要求高的、造型复杂的压缩机机身。

在加工压缩机气缸主要部件时，利用小机床干大活，用当年的车工张在惠的话说："这种干劲就是大化精神。"

杨惠莹先生最后说："在1955年年末，压缩机组装试车成功。这些部件制造材料都经过我的质量检验，均符合当时的国家标准，并在1956年3月投入生产。这是我国第一台自行设计、自行制造的国产大型压缩机，它填补了当时我国大马

参加试制2400马力压缩机的全体人员，在欢送张总机械师（右五）调离时的留影

力压缩机的空白。”

看着杨先生因过度兴奋而涨红的脸，我不知道如何来表达我作为大化子弟的自豪感。我站起身来，恭恭敬敬地弯下腰，向她行礼！

八万吨制碱装置的建成

我国第一套年产八万吨碱的侯氏制碱法的装置，是于1960年的下半年，在大化的碱厂开始动工兴建的。

尽管三年自然灾害时期，每人每天只有三两粮食的供应，可全体大化职工为了这个装置能早日建成，还是抖擞精神，昼夜奋战。

有个年轻工人在这个新碱车间的工地上，干的是推土方的活——用独轮木车把厂房打地基挖出来的土运走。由于连续干了好几天，身体异常疲劳，在等装车的一会儿工夫，他竟扶着小车睡着了。

在新碱车间的工地上，到处都能看到这样感人的场景，人们喊着“比、学、赶、帮、超”的口号，互相比谁能干，互相学谁会干，互相帮，谁都不能落后。

这时候的侯德榜已是70岁的老人了，他不仅担任化工部的副部长，同时也是中国科学院的学部委员。为了新碱车间试车成功，他不顾古稀的年龄，七次到大化，给工人们讲解工艺，解决生产过程中出现的各种关键性技术问题。

那是一个炎热的夏日，侯德榜坐了一夜的火车，顾不上疲劳和困倦，直接来到大化。他一边走，一边换工作服，直奔氯化铵车间的冰机岗位。

由于冰机厂房内氨味较大，许多随行人员都无法进入现场。

可侯德榜却毫不在乎这一切，他走到一台台冰机旁边，将耳朵贴近气缸，以此检查冰机运转情况，直到他确认冰机都运转正常时，才满意地离去。

当时在场的实习生，也就是后来任碱厂厂长的张起龙感慨地说：“侯部长这样做，至少说明两个问题：第一，说明他长期接触实际，对氨味已具有较强的适应能力；第二，说明他十分重视自己的言行举止，即注重以自己的行为影响教育领导干部和科技人员。”

还有一次，也就是1962年5月，已是两鬓斑白的侯德榜来到大化，当时他的身体情况不是太好，走路需要别人搀扶。大家看他体力不支，就劝他听听汇报，不要到现场了。但他为了解决中试产量上不去的问题，执意亲自到现场看看。

因为是试生产，所以洗盐车间的条件比较差，楼梯和地面上全是水，一走一滑，很容易摔倒。侯德榜不顾大家的劝阻，硬是持着手杖，从一楼到六楼，一层一层走上去。

侯德榜仔细观察每一台设备的工作情况，最后发现，六楼洗盐的斗式提升机接盐的“舌头”太短，造成供盐不足，是影响产量的主要原因。在侯德榜的指导下，对这个接料的“舌头”进行了改造，之后就收到了良好的效果。

每一次到大化，侯德榜都能发现问题，并且及时地解决这些问题。还有一年夏天，当他听前来汇报的同志说，煅烧炉由于炉壁结巴，经常出现刮刀断链现象，并一直没有找到原因时，侯德榜不顾盛夏炎热的高温，立即从北京赶到大化。他从窄小的入孔钻进停炉不久的炉膛内，迎着碱尘和炉内还没散去的高温仔细查看，终于找到了断链的原因。当他从入孔钻出来时，身上、脸上已经沾满了碱粉和汗水，在场的人无不肃然起敬。而侯德榜，却毫不在意地边拍去身上的碱尘，边向有关人员提出检修方案，并对一直跟在身边的李祉川说，要马上改造煅烧炉，因为它是制碱的关键设备。

凡是在化工厂工作过的人都知道，化工设备的维护，只有在设备彻底停工，温度降下来后，修理工才能进行设备维修。一位副部长，能钻进设备里亲自查找原因，在化工史上，可能寥寥无几！

侯氏制碱的中间试验，是在侯德榜全程指导下进行的。在他的经验里，纯碱生产过程的最后一道工序设备是最关键的，这个设备就是煅烧炉。

由过滤工段送来的含有水分的碳酸氢钠（人称重碱），进入煅烧炉内加热，碳酸氢钠在加热后开始分解，这样才能得到碳酸钠，也就是纯碱，同时有副产品二氧化碳与水，还有30600大卡的热量。

因为煅烧炉的好坏关系到最后纯碱的质量问题，所以侯德榜要求李祉川一定要改造煅烧炉。说是改造，其实就是研制，因为当时国外的制碱工业已经逐渐采用了蒸汽煅烧炉，而我国，当时还是使用陈旧的外热式煅烧炉。

这种煅烧炉，是以卧式转筒，外加炉灶，使用气体、液体或固体燃料加热，炉体水平安装，物料靠自身的倾斜角向炉体后面移动，在炉尾经隔板转动簸箕倒入炉外，炉体内挂有两端固定的链条，用以清除炉壁上的碱巴，并推动物料前行。

它的特点是：容量小，寿命短。最重要的是，工人们要长期在高温下进行重体力劳动，而车间内环境又极差。

李祉川要把这种落后的外加热煅烧炉改造成新式的蒸汽煅烧炉，不仅没有现成的蒸汽煅烧炉做参考，而且就连制造这种煅烧炉的图纸也没有。

侯德榜知道李祉川承接这个任务的难处。但他相信，李祉川有这个能力！从那套图纸的回归，侯德榜就知道，什么重要的事都可以交给他。何况李祉川本人在1955年就提出要改造煅烧炉的意见，并对此做过一些小的试验。

李祉川曾设计了一台直径一米的蒸汽煅烧炉，用于侯氏制碱法的中试车间，经过试用后，初获成功。就是这个小型的蒸汽煅烧炉的成功，为工业化放大设计提供了大量可靠的技术数据。

侯德榜虽然在北京化工部工作，可他非常关心李祉川在大化研究改进煅烧炉的工作进展，常以信件方式与李祉川交流，彼此在该设备设计工艺上的想法与建议。

在一次接到李祉川的来信后，侯部长回信说："寄来的蒸汽煅烧炉及侯氏法资料已收到，有时间翻阅。关于蒸汽煅烧炉，我认为每24小时产量至少应有30吨或者25吨，你以为如何？出水用六根管（不仅用三根），其出口改在圆周上……这水由离心力排出，应更痛快……蒸汽传热快，加料可以多……"

通过反复试验，反复改造，一座高2.5米的大型制碱蒸汽煅烧炉终于建成。它是圆筒形，用钢板焊接而成，炉内靠壁处有蒸汽加热管二至三排，每排各有24～30根，各排管数量相等，外排管径大，内排管径小，管子后端固定在气塞管板上。前端则架在炉头上端的板管孔上，每管都有填料，以防炉体漏气，但管子可以伸缩移动。管子前端，各用一个管封闭，接到不凝气总管上，经阀门排放不凝气体，避免累积影响传热率。炉内有透空管架多组，以稳定管位，但不影响加热管前后伸缩及物料移动。

管处有螺旋形连续翅，以增加传热面积。翅是用钢带在自动装置上连续焊接在管上而成的。

气塞在炉尾，接有实心汽轴随炉转动。外有固定套，其上有填料罐的蒸汽进口及凝水排放口支撑在弹簧导向座上，汽轴分三排组到汽室，冷冻水分别返回汽轴，经固定套排出炉外，经水口送到内发罐，内发后低压蒸汽进入低压网，冷凝水利用自身余压送回锅炉房给水系统。

炉头有加料装置（螺旋输送机或抛料机），有炉气出口，近炉尾处有固定出料罩及螺旋输送机送碱去包装，还可以送一部分纯碱作为返碱与重碱混合拌匀进行炉内使原料松散，不结块易于加热并可使炉内气温保持在100℃以上，进出料箱与炉体却需有密封装置。进出料口处，在炉体内有一圈挡板，以保持碱层高度，提高热效率，使操作平移。

用这内热式蒸汽煅烧炉来生产纯碱，不仅能力大（因为它的炉身的直径与长度是外热式煅烧炉的2.5～3倍），而且寿命长（又因炉身不直接受火、受热，也不需要优质钢板建造），车间也因此干净了许多，工人们也能在无灰尘的常温下工作了。最重要的是，热效率高，一般外热炉热利用率约为50%左右，而蒸汽炉（包括锅炉）则可达75%，维护费用也低。

这样重碱（$NaHCO_3$）由过滤工段用皮带运输机送来，投入下碱台，控制物料的投量，经螺旋输运机与返碱相混，使其水分立刻降至10%以下，再进入煅烧炉进行干燥与分解，加热的介质为中压蒸汽，重碱在炉内的停留时间为32分钟。反应是：

$2NaHCO_3 \rightarrow Na_2CO_3 + CO_2 + H_2O - 30600$大卡（热量）

重碱碳酸氢钠，在煅烧炉内经过32分钟的干燥后，就会分解得到纯碱碳酸钠、二氧化碳、水和热量。碳酸钠经过冷却后即可包装。

1964年12月，国家科委在大连召开技术经鉴会，不仅通过了侯氏制碱法的鉴定，还通过了李祉川研制的蒸汽煅烧炉特殊单项的鉴定。同年，李祉川研制的蒸汽煅烧炉又荣获全国科学大会奖。

由“侯氏制碱法”到“联合制碱法”

获奖后的侯德榜在鉴定会上，首先想到的是感谢周恩来总理的关怀和党组织的支持，感谢各部门专家和大化的干部职工的鼎力协作，并同时向化工部请求：将“侯氏制碱法”更名为“联合制碱法”。

侯德榜提出将“侯氏制碱法”更名为“联合制碱法”的建议，是由大化总工程师章用中上报给化工部的。上报的申请很快被批下来，从此“侯氏制碱法”就被“联合制碱法”所代替。

侯氏制碱法，是侯德榜用几十年的心血研究调试成熟的，但在它诞生的那一刻，他却不愿意用自己的姓氏为它命名，他不图虚名，不居功自傲。大化至今采用的联合制碱法，就是侯德榜的侯氏制碱法。

自19世纪60年代，索尔维制碱法面世之后，由于这种制碱法较比当时的路布兰制碱法具有流程简单，可连续生产，产品成本低，且质量高的优点，而渐渐被世人所接受。

到20世纪初期，索尔维制碱法已经完全取代了路布兰制碱法，制碱工业有了很大的发展。但索尔维制碱法也有原料利用率低，废液处理困难等问题。

纯碱与废料氯化钙的比例为1∶1，就是说，每生产出一吨纯碱，同时就有一吨废液氯化钙产生。因此，废液的处理问题，吸引了世界上许多的制碱专家致力于新制碱法的研究。

1935年，德国人施莱普（Schreib）提出：用循环法来提高氯化钠的利用率，以此减少废液。

1942年，德国人格鲁德（Gland）和吕普曼（Lipmann）试验了一种新的方法：以碳酸氢铵和食盐为原料的制碱方法。这个制碱法，以专利的形式转让给察安公司后，称为察安制碱法。

同时期还有苏联在施莱普法的基础上，研究出了新的循环流程。

以上几种研究成果，都是后来成为举世闻名的侯氏制碱法的先声。

侯德榜在美国纽约详细研究了德国察安公司已发表的三篇制碱文章，并结合在德国考察时的新发现，即加入5%～10%的硫酸盐，使用SO_4^{2-}离子起中间转换作用，以碳酸氢铵为原料，加入试验进行复分解反应，从而制取碳酸氢钠和氯化铵，制订了新的试验计划。

通过500多次的循环分析，改造察安法取得了进展。一个新的制碱法于1939年10月基本形成。

它的特点是：不用碳酸氢铵为原料，而是将含盐母液加氨送进碳化塔，通入合成氨厂送来的二氧化碳，产生碳酸氢钠结晶，过滤后将母液降温，加盐析出氯化铵，母液再吸氨送进碳化塔，如此连续循环操作，得到纯碱和氯化铵两种产品。

侯氏制碱法的化学反应是：

$$NaCl + CO_2 + NH_3 + H_2O \xrightarrow{30℃\sim35℃} NaHCO_3\downarrow + NH_4Cl \quad \text{（在碱母液中）}$$

$$NH_4Cl + NaCl\text{（固体）} \xrightarrow{10℃\sim15℃} NH_4Cl\downarrow + NaCl \quad \text{（在铵母液中）}$$

侯氏制碱法之所以被称为世界制碱业的巅峰，是因为具有以下优点：

1.利用合成氨厂的废气二氧化碳、碱厂废弃的氯离子做原料。

2.提高了原盐的利用率。

3.不仅免除了索尔维法制碱剩余废液氯化钙的麻烦，同时还得到氯化铵这种农用化肥产品。

4.侯氏制碱法生产上所需的设备，比起索尔维制碱法所需的设备要减少三分之一，使新碱厂在投资上也有大幅度的降低。

5.在纯碱的生产成本上，比索尔维制碱法降低40%。

侯氏制碱法的研究是从察安制碱法开始，历经三次关键性的改革，由量变引起的质的飞跃，最终使侯氏制碱法远离了察安制碱法的基本特点，形成一个制碱工业与合成氨工业联合的全新流程。

侯氏制碱法是在国难深重条件异常艰苦的华西研究成功的。它的成功，把制碱工业的技术推向了一个新的高峰，在世界制碱技术史上树起了一座丰碑！

但由于当时日本侵占了印度支那各国，还封锁了入四川的海口，永利碱厂的建设也被迫停止，侯氏制碱法因此而沉睡在保险柜里达六年之久。

通过在大化三年的试验生产，侯氏制碱法大生产车间已经达到设备正常运转、生产操作稳定的要求，而所得的纯碱、氯化铵两种产品，均达到日产240吨的水平，纯碱质量也达到一级品标准，铵的消耗、电的消耗和氯化铵结晶器的利用，都达到并超过国际先进水平，全面实现了国家规定的各项经济技术指标。

侯德榜激动地说："联碱工程20%是在解放前打的基础，绝大部分是在解放后完成的。花这么多的投资和人力，在解放前是完全不可想象的。"

国家科委对侯氏制碱法的成功大生产非常重视，决定对这项技术进行国家级鉴定。侯德榜为此又一次来到大化，检查鉴定前的准备工作。

侯氏制碱法的国家科学鉴定会，于1964年12月10日在中山广场南侧的大连宾馆举行。

这个前身叫"大和旅舍"的宾馆，侯德榜非常熟悉，多少年来他曾先后十几次在这里住过，他很喜欢这里宁静的环境，四季分明的气候，鲜美的海鲜。可是今天再次来到这里，他的情绪却异常激动，往事历历在目……

1925年春天，英国卜内门公司总经理李特尔与范旭东的会面就在这个“大合旅舍”里举行。当时李特尔企图以经济援助为借口，吞并永利公司，但范旭东和侯德榜紧密配合，使他的阴谋没有得逞。

历史就是这样公正，又是这样巧合。近40年后的今天，侯德榜再次来到这里，参加由国家召开的，由自己创造的具有世界水平的制碱新工艺成果鉴定会。

侯氏制碱法早在23年前就已经在中华大地开出鲜艳的花朵，但由于历史的原因，迟至今日才结出丰硕的果实。为了这个侯氏制碱法，把自己的一生都搭进去的侯德榜，怎能不感慨万千！

在旧社会，他和范旭东以及永利公司的同仁，历尽艰辛终于研究出了这套崭新的工艺。1949年1月，在国民政府的工商部申请到专利，但因为战乱的原因，于国于民都没有产生出一丝一毫的经济效益。

新中国成立后，这项工作得到了中央政府的大力支持，尤其是得到了周恩来总理的关怀。虽然在成长过程中曾一度中断过，但党中央、化工部为这项工艺的开发，提供了最大程度的帮助，仅资金上，前后投入就有4000万元。

在这里我们不妨比较一下：用索尔维制碱法生产纯碱，如每生产一吨纯碱，就要排十立方米的废液。而采用侯氏制碱法没有废料，它是把废料变成了氯化铵，即一种农用化肥。

侯氏制碱法是制碱与生产化肥氯化铵交替进行，既没有废料，又可同时产出两种产品的制碱工艺，是世界制碱业的最先进工艺。即使在国民经济最困难的三年自然灾害时期，化工部也始终把这一项目列为重点项目，只有在中国共产党的领导下，才有今天的成果！侯德榜也因对制碱技术的卓越贡献而誉满全球。

鉴定会由国家科委副主任张有瑄主持，经过化工专家认真审议，大家一致认为：侯氏制碱法工艺新，技术成熟，原料利用充分，经济合理，此项技术将会促进我国制碱工业和化肥工业的发展，是制碱工业中一项重大技术革新，且具有世界水平，可以在全国范围内推广使用。

侯氏制碱法，不仅通过了鉴定，还荣获了国家发明奖。

1964年，通过国家科委鉴定的还有大化副总工程师李祉川在联碱生产中开发的设备先进、结构合理、节省能耗的国产蒸汽煅烧炉，及联碱设备的防腐技术两项成果。

试生产经过两个阶段，历时三年，于1964年由国家正式验收并移交生产。至此，我国第一套工业规模的侯氏制碱法，在大化宣告胜利诞生。

如果说大化的制碱工艺是我国制碱业的母亲，那么大化碱厂就是我国制碱工业的产房!

侯德榜的最后岁月

1964年6月，李祉川的蒸汽煅烧炉投入生产，从而使纯碱日产达到450吨。下半年，中共中央书记处书记邓小平、国务院副总理李富春视察了大化。

12月，国家科委对侯氏制碱法的工业规模、生产技术组织鉴定，在验收合格后批准生产。大化的纯碱产量得到了很大的提高。1966年与1965年相比，纯碱生产的年产量从48万吨增加到54万吨，质量也超过了日本和苏联。

就在大化人要用联合制碱法大生产时，一场“文革”席卷了中华大地，大化的厂区里，到处是五颜六色的标语，大字报铺天盖地。这些参加制碱的归国留学生，一夜之间就成为了反党集团、叛徒、特务、走资派……几十年共事的老专家成了反动的技术权威。

受侯德榜电召回国参加社会主义建设的归国留学生，在大化的有李祉川、刘嘉树、刘潜阳，还有从法国回来的冯新泉、中法大学毕业的王良骥等。“反动学术权威”、“里通外国”、“国民党特务”，一顶顶大帽子，在这些爱国的老科学家头上飞舞。

侯德榜眼见身边的人挨批斗的挨批斗，进牛棚的进牛棚，就连他的儿子侯虞篪也没逃过这场厄运，但对他本人却始终没见什么动作。后来有人悄悄地传话给他，因为周总理的干涉，他这位名扬中外的老科学家才幸免了批斗和皮肉之苦。

虽然被周总理保护了下来，可并没有解除侯德榜内心的忧虑。面对这场革命，他的确有“真理在哪里”的疑问。可在这种情况下，他能向哪一位领导去请教，去探讨？这些人又有谁的处境比自己更好？

无论侯德榜怎样困惑，他都没有勇气去否认，建国17年来自己所走过的侯氏制碱法的创业之路。他唯一担心的是，因为自己的一声召唤，从美国、印度等国回来的永利制碱专家们，他们的未来会怎样？

一个有良心的科学家，一个有党性的副部长，他为此感到苦恼。在找不到答案，找不到出路时，侯德榜最终为自己选择了一条出路，那就是风行当时的口号“抓革命，促生产”。

“抓革命”他不会做，也不能做，但“促生产”却是他的拿手本领。生产活动是一切社会赖以生存的基础，没有生产活动的社会，就会停顿瘫痪。

1967年6月，全国纯碱技术革命成果鉴定会在大化召开，地点是位于大化西俱乐部北边的18号楼。

当时全国交通已处于半瘫痪状态，谁也没想到，已经“靠边站”的化工部副部长侯德榜，能按时来参加会议。当时会议负责人见到侯德榜到场，非常高兴，并请他来主持会议。

“你分管会战工作，还是你主持好，我帮助你。”侯德榜就是这样，只要有工作有事做，他的精神马上就振作起来。

侯德榜为了方便参加会议，决定不住市内的宾馆，而是住在大化的招待所。负责会议组织工作的同志想为他申请点细粮（因为当时大米和白面是限量供应的），以便照顾这位已年近八旬的老部长，可得到的答复是：“住宾馆可以，要照顾没有！”

侯德榜得知后，对大化的同志说：“没有细粮，吃粗粮也行，不用再麻烦了。”于是他就像大化的职工一样，在大食堂里排着队买饭吃。因为年龄大，手脚不利索，再加上需要考虑的事情太多，他常常是买了菜忘了买饭或买了饭忘记买菜，所以常常一顿饭要排两遍队。

大化的老同志见侯德榜吃饭都成问题，就让食堂的员工每天给他送饭。送到第三天时，被化工学院下厂串联的造反派发现了。造反派因为这件事给厂里下了个通牒：“侯德榜是反动资本家，还有人送饭？如果今晚还是送饭，就要贴出大字报。”

在这种“革命”的形势下，谁还敢再来送饭？侯德榜只好每天到椒树房附近的一家小饭店里去吃碗面条，这样一直坚持到会议结束。

随着“革命”的不断深入发展，在燃化部下放人员的名单里，出现了已80岁高龄的侯德榜的名字。

燃化部军管会有一位姓王的连长，到侯德榜家通知他去泰康干校劳动学习。侯德榜家人因侯德榜年迈，身体有病，腿脚又不好，提出请求，希望能够照顾一下。

没想到这位王连长还没等家属把请求讲完，大声吼道："这是党中央对你的关心照顾，腿不好就拿担架抬着走！"

侯德榜听到这里，知道再说什么也没用，是非走不可了。他慢慢地抬起头来，用一种不容商量的口吻对这位"领导"说：

"我老伴去世十多年了，我现在年迈，单独生活不便，所以要求和我的大儿子侯虞篪一起去。"

"侯虞篪正在厂里接受群众的批斗，估计还要等两个月的时间，那你就等他一起去吧。"

侯德榜看着这个人离去的背影，想想自己真是太天真了，原本以为不能"抓革命"，那就"促生产"吧，但现在看来，"革命"已深入到生产与生活里去了。

让侯德榜更没想到的是，有些工厂里的"革命"干部在批判会上竟批侯氏制碱法："什么工艺？什么流程？这全是臭知识分子唬人的一套。难道没有工艺、没有流程就不能生产吗？今天我们非破了它不可！"

侯德榜听到这些无知谰言，心痛欲裂。无论这些"革命"的领导干部如何贬低侯德榜，大化的老同志老工人还是一直尊重他，即使在这个特殊时期也是如此。

自1966年开始，侯德榜这位功勋卓著、名扬中外的科学家，就失去了工作机会，但他还是心系大化，念念不忘大化的制碱工作，牵挂大化的生产。

偶有一天，侯德榜正在化工部食堂吃午饭，无意中他发现了大化制碱车间负责人江志贤也在这里。他顾不上吃饭，急忙来到江志贤身边问："大化制碱生产怎么样？蒸汽煅烧炉运行得怎么样？产量如何？质量如何？大化的老同志情况怎么样？"

侯德榜问得具体详细，最后在分手时，他还重重地叮嘱道："大化的事业很重要，大化在任何情况下都要坚持生产。大化搞好了，中国的制碱工业就会有前途！"

大化真是没有辜负侯德榜的期望，无论在发生多大的武斗事件的情况下，无论大连有多少大厂矿停产、停工、武斗，大化的职工始终坚持生产，大化的烟囱从未停止过冒烟。

自国家科委在大连召开侯氏制碱法和蒸汽煅烧炉的成果鉴定会后，侯德榜就经常到大化检查纯碱生产的情况。

侯德榜每次来大连，总喜欢住在大连宾馆一楼进门右侧的那个房间。他不抽烟，也不喝酒，生活非常简单，但他喜欢大连的气候，更爱吃大连海鲜，尤其是大海虾。

1967年6月底，是侯德榜最后一次来大化。他在视察纯碱生产后，就主持召开了热法氯化铵的扩大试验技术鉴定会。他对永利公司的老部下李祉川、刘嘉树、段志骙三位同门兄弟寄予无限的希望，但国家的发展形势好像不允许他的计划实施。

他想不通，苦闷得很，但他还想为国家工作。他只想走出去，到工厂去，到车间去。专用车被“革命”革掉了，他就夹着公文包，顶着酷热的骄阳，去挤公交车。他就这样心里只有国家的化学工业。

转眼1973年春节前的一天，军代表到他家给他拜年，侯德榜高兴地拄着手仗亲自开门迎接。客人进门后他又是倒茶，又是让座。

当军代表提出要向外国购买十套化工设备十个化工厂，征求他的意见时，侯德榜生气地用手杖敲着地板大声道：“管他叫什么制碱法，就是叫狗屁制碱法也行（这是因为有人贴大字报，说侯氏制碱法叫‘狗屁制碱法’）！到底是中国人自己的制碱法，我们要搞好，要争气，不能让洋人反过来赚我们的钱！”军代表一看这势头，立刻起身走了。

1973年，在侯德榜家中研究如何建立小型碱厂。侯德榜(左三)，段志骙(左四)。

侯德榜气愤至极点，对站在身边的孙子侯盛篁说：“制碱法命名并没有征求我的意见，我以为只不过是个代号，证明是我们中国人自己搞出来的。现在我们搞得不如外国人，适当地买些设备，进口一两套是对的，主要是为了学习，增加我们技术人员的才干。但是买十套，建十个厂，养活了外国人，帮外国人忙，这是败家子作风！我们国家穷，人口多，要就业的人多。买了外国人的，解决了人家的就业问题，却扼杀了我们自己的工业，这种做法真叫人痛心啊！”侯德榜一边说一边摇头，十分忧愤。

日子就这样过着，大家都被下放到农村各地，三年的农村生活，让李祉川这些老知识分子多少养好了点精神，至少他们能在自己的自留地里吃上自己种的土豆、黄瓜。后来因工厂需要，他们被陆续地抽回城里。这时他们分别给老部长侯德榜写信，汇报自己这几年来的“锻炼”收获，而今还可以为国家的化学工业尽力。

侯德榜立即给李祉川写了回信，并让李祉川将信转阅刘嘉树、段志骙、李世昌等人，同时也给他们分别派下了研究任务，即请刘嘉树对防腐方面，李祉川对蒸汽煅烧生产方面，段志骙对各地小联碱方面进行多方考虑。

其实侯德榜非常清楚，这些当初从国外被他邀回国的学弟度过一种怎样的生活，但他来不及询问这些已过去的事，因为他没有时间了，他必须要抓紧时间与这些幸存下来的同仁，把失去的时间追回来，为国家的化学工业再出一把力。用他自己的话说：“我是马命，马应该站着死。”这时的侯德榜，已因病在家多日了。

曾在大化的段志骙由农村回城后，参加了由碱所、天碱、成都任院等技术人员组成的两个工作组。其中一组是负责对全国建立的小型联碱厂作全面了解和考察，由段志骙担任组长。经过调查研究，段志骙对八个小型联碱厂（七个厂为变换气加压碳化流程）作了技术报告，并在1973年年初，用书信写给侯德榜，侯德榜回信要求段志骙经常与他保持联系，并要其经常将小联碱的情况向他书面汇报。

变换气加压碳化流程方法虽然难度大，但侯德榜将通过变换气加工生产碳酸的流程移植到联合制碱，直接用变换气碳化是一个壮举。

侯德榜在听了段志骙有关各小型联碱厂的生产报告后，决定去北京化工实验厂的小联碱车间，因为这个车间正在进行加压碳化外冷流程的试验。段志骙知道侯老的身体是不能这样长途跋涉的，但又劝不住他，就索性陪他一起去。

1973年5月的一天，侯德榜没有告诉任何人，自己乘车去了九龙山北京化工实验厂的小联碱车间。尽管当时革委会只管抓革命而没有促生产，但还是有北京化工局的腾杰局长迎接了他。

这时的侯德榜已经是步履维艰，当工人们看到侯德榜时，都争着搀扶他走进车间，其中一位姓张的老工人把他扶进一楼的氯化铵出料口，他看到了雪白的氯化铵，就用手抓了一把放到鼻子前闻了又闻，然后对身边的工人们说："今后一定要干燥，否则会结块，氨味也重，而且会损失了氨。"

因为腿脚十分不便，无法上楼，一同去的人劝侯德榜早点回家休息，可侯德榜执意不肯，最后是大家把他抬上了车，送回到北京东四瑞金路10条29号的寓所。那时他已经是83岁的老人了。

侯德榜虽然重病在身，已经不能出门，但他仍坚持在家里召开了全国化肥和小联碱工业发展规划会议。1973年10月19日，侯德榜在家里见到了分别已有八年之久的制碱工业的专家、学者。他们是：大化的李祉川、刘嘉树、李世昌，成都八院的王楚、边立本、罗蜀生，大连制碱厂的段志骙，规划设计院的谢为杰、吴佩文、张侃若、叶铁林，石油化工科学研究所的羡书锦、成思危，北京化工实验厂的范柏林，化肥司生产组的戊寿昌。

这次会议结束之后，侯德榜就住进了北京协和医院。老人家自知时日不多了，他决定给周总理写封信，他不是想跟总理述说自己的委屈和不公，而是在表达自己的心愿：

参加会议的人员，在侯德榜（前排中间者）家门前留影。前排左二为李祉川，后排右一李世昌，后排左五段志骙。

……侯德榜年迈，体弱多病，恐亦不久于人世。一生蒙党和国家栽培送外国留学，至今无以为报，拟于百岁之后，将家中所有国内较少有的参考书籍贡献给国家，请总理指定届时依存北京图书馆或中国科学院图书馆……

两个月后，一面鲜红的中国共产党党旗，覆盖在这位老人的身躯上。侯德榜给我们留下了一个化学天地，他却飘然而逝。

“工联”牌纯碱

如果说，是永利的纯碱让世界认识了中国的化学工业，那么，大化的纯碱让中国的化学工业走向了世界。

1984年5月，大化生产的碳酸氢铵，在全国同类优质产品评比中名列第一，荣获国家颁发的金牌。碳酸氢铵获奖的喜讯，极大地鼓舞了全体大化职工，他们又向本厂的大宗产品——纯碱冲击。

1986年，纯碱的年产量突破71万吨，纯碱产量的突飞猛增，让大化的领导和职工找到了为纯碱创金牌，再提高纯碱质量的新目标。

提高纯碱质量，首先关系到把质量关的石灰车间，这个车间主要是为生产纯碱提供石灰乳和二氧化碳。只有保证石灰乳的质量，才能为优质纯碱的生产打下良好的基础。理论上解释是这样的简单，可实际却是另一番景象。

石灰车间并排矗立五座高耸入云的石灰大窑，它们每天要吞食上千吨的石灰石。经过煅烧后产出的洁白的石灰，从这座大窑底部的转盘取出，然后经皮带传输到生石灰储仓。

在窑底转盘取灰的工人们，无论什么季节，都得冒着窑内散出的高温，顶着白茫茫的粉尘，嘴上捂着厚厚的纱布，紧张地忙碌。想要到车间找个人，是一件很难的事情，所有的工人们身上落满了一层白色的石灰，连眉毛、眼毛都是白的，甚至吐出的痰也是白色的。如果天热工人身上出汗，这白色的粉尘在汗水的作用下，会把人的皮肤烫得火辣辣的痛。

有一次碱厂厂长王德志和几个公司领导到石灰车间检查工作。他们憋着气挨个岗位走，鼓着劲登上了四楼的灰仓，最后到取灰岗位。几分钟后他们这几个人便全身落满了白灰，粉尘呛得他们喘不过气来。

这时王德志厂长问一个在场的老操作工人："你在这个岗位干了多少年？"

"30多年了！"老工人回答。这个老工人，头上戴着厚厚的纱布罩，可手上和脖子上都有因长年石灰灼烫已发白的痕迹。

看到这个情景，公司领导说："大化为全国输送了相当于我们现在大化人数的技术人才，为国家做出了很大的贡献。大化职工从政治上得到了解放，但你们石灰工人，还没有从尘毒危害中解放出来。我们要下决心，在劳动条件上来个大翻身。"

"工厂在我们手里，如果还让工人在这样的环境下操作，那么我们同日伪时期的工头、资本家有什么两样？这样的环境一定要改变！"王德志厂长坚定地说。

这个艰苦的工作环境，就是在这一年得以改善的。无论是在怎样的工作条件下，都要克服困难，完成上级交给的生产任务，这就是大化人。

纯碱要创金牌，盐水车间的化盐工段也是不可忽视的重要岗位。化盐工段是将精制盐水，除掉钙、镁离子，为重碱车间输送合格的二次盐水。它不仅要满足重碱车间生产量的需要，同时还要保证二次盐水的质量要求。质量的关键是水不溶物含量的高低，它会直接影响纯碱的质量，更关系到纯碱能否获得金牌。

为了保证二次盐水的质量，盐水车间还成立了一个QC小组，专门用来提高质量管理水平。QC小组成员通过分析，将降低二次盐水浊度作为提高质量研究的重要课题。在找出影响二次浊度的主要因素时，他们便画出了因果图，通过对因果图的分析，他们认为：除钙塔取出液的温度外，一次浊度、碳化尾气二氧化碳浓度、中和水成分及碳化冒塔，是影响二次浊度的主要因素。

原因虽然找到了，但取出液浓度、一次浊度及碳化冒塔这个问题，车间是解决不了的。于是他们上报厂部，请求领导协助解决。对于一次盐水浊度与取出液温度的问题，他们决定将除钙塔取出液温度适当提高，并保持在50℃上下。

QC小组发现，影响一次盐水浊度的因素，主要是投入的石灰乳量不足及加入的灰量不稳，他们立刻将岗位的工艺指标进行修改，由原来的一次P8过量灰含量0～0.016滴度改为0.004～0.04滴度，并为平稳加灰。

纯碱生产的主要车间是重碱车间，而这个车间的碳滤岗位，又是生产纯碱的心脏岗位。纯碱的盐分，是这个岗位控制的主要指标之一。只有降低纯碱中的盐分、铁分和水不溶物，纯碱的质量才能得到根本的保证。

碳化塔是纯碱生产的关键设备，为了保证碳化塔的冷却效率，减少铁的含量，就必须清除塔内结巴。老工人曲庆浩就甘当纯碱高产的铺路石，面对酷热、严寒、熏人的氨味，还有满地污泥浊水，他全然不顾，扫起塔来，他会忘记休息、吃饭，塔没扫完，谁都没法把他从塔里拖出来。

曲庆浩这种主人翁的劳动精神，感染着每一个重碱车间的职工。在更换碳化中和水管线和氨盐水管线时，为了降低纯碱中的铁含量，他们多次用海水进行清洗，并严格控制工艺指标，注意平稳操作，减少设备开停次数。在因清洗设备过度而造成铁含量高的情况下，他们就采取少加气，延长制碱时间，改进盐水作业等办法。在日常操作中，为了避免铁含量高，他们采取稳定碳化塔液面，严格控制气体二氧化碳中的氧离子等措施。这些办法都在不同程度上降低了纯碱中铁含量，提高了纯碱质量。

为了更进一步地保证产品质量，碳滤工段还与化验室紧密配合，增加铁含量分析次数，由过去的每小时一次，增加到两次。有时为了分析到准确的数据，经常临时加项分析。一次，化验室刘俊红同志在分析中和水铁分时，发现含铁量超过了规定范围。她便立即和领班主任与岗位联系，一次又一次地分析纯碱铁含量，直到调节后，分析合格为止，从而避免了一次废品出现，真正为纯碱质量的提高，起到了“眼睛”的作用。

煅烧是纯碱生产的最后一道工序，是将重碱车间生产的半成品——重碱，经过回转式煅烧炉加热分解，制成纯碱并包装入库。而分解过程中产生的炉气（含二氧化碳、氨气、水蒸气的混合气体），经冷却、洗涤、除掉氨气和碱尘后，送回重碱车间碳化塔使用。

为了提高纯碱的内在质量，防止可见性杂质混入成品，工人们将除尘器回收的纯碱，由原来直接进入碱仓，改为单独装仓，并制定了具体的措施，严禁扫地灰混入成品。同时工人们还经常到煅烧炉内清除杂质和螺丝，以防止因检修设备内存有杂物。

包装质量的好坏，也关系到纯碱产品的声誉及销售量。为提高包装质量，包装工程各班还设了兼职质量检查员，对每包的重量合格率进行抽查，并列入考核中。

1983年是大化职工永远不会忘记的一年，用联合制碱法生产的“工联”牌纯碱，终于荣获了国家金质奖牌。在大化制碱生产30多年的历史中，大化人以闪光的金牌为侯氏制碱法生产纯碱的历史，写下了光辉的一页。

虽然大化的天空没有留下侯德榜翅膀的痕迹，但他却从那里飞过！

大化的鼎盛时代

“工联”牌的纯碱，让大化成为亚洲最大的纯碱生产企业。每年实现利税过亿，仅1989年就接近2.1亿人民币。

1990年10月25日，中共中央总书记、中央军委主席江泽民在大连考察期间，在市长魏富海的陪同下，专程来人化视察。公司经理李永金代表大化两万职工，欢迎江总书记的到来，并全面地汇报了大化的工作。江总书记对大化的老企业改造和今后的发展表示了极大的关怀，特别对大化这个具有60年历史的老化工企业为国家做过的贡献，给予了充分的肯定。

大化通过老企业改造后，用20世纪30年代的老设备生产出了80年代的优质产品，先后有23种产品分别获得国家金质奖和部、省、市优秀产品奖。

这些产品不仅畅销全国，同时还销往全世界20几个国家，有俄罗斯、捷克斯洛伐克、罗马尼亚、阿尔巴尼亚、英国、德国、朝鲜、越南、印度、泰国等，其中硝酸钠和氯化铵每年销量都在1000吨左右，而内销的产品也近29个省、直辖市、自治区。仅就纯碱这一产品来说，每年71万吨的产量，已占全国总产量的50%了。

这些产品的运出，与生产这些产品原材料的运进，对大化来说都是头等大事。先说每年大化要有20万吨的纯碱，是国家安排，由海上运输至各地港口的。由于海上运输时常受气候和码头泊位的影响，因此经常改为陆地运输，这样一来就出现国家的水运任务完不成，而路运计划又超额完成任务的局面。

为解决这个关系到全国多家化工厂的生产大问题，国家在70年代中期，曾就大化纯碱的运输问题，召集国家物资局、化工部、铁道部、交通部举行联合会议。

经过会议讨论最后决定：各港口、海运局等有关部门，要根据大化提出的化工产品的去向和数量，结合各港口的运输情况，通过开会来予以平衡。而这个会必须是每年开一次。假如大化的某些产品，因有的量少不够整车，又不能发水运时，即可通过大连铁路东站零担发运。

这个会议对大化产品输出起到了决定性的作用。以前汽车运输司机必须一大早先把货车拉到海港，然后再等码头的调度人员通知什么时间有货位，而这一等就不知是猴年马月。现在不同了，只要他们的装货车一出现在码头上，就有负责场地调运的人，大声朝那些早已候在那儿的其他工厂运货车队的人喊："靠边，靠边，大化的来了。"大化的货车，可以直接进入货品的集散地。

一些等了很久的车队对此非常不满意，对那个喊话的人说："大化是给国家送货，我们也是给国家送货，怎么待遇不一样呢？"

"你别跟我讲，去找国家四大委办局去。只要有一个局讲话，我就先给你运，不用四个，你看我够不够意思。"

大家一听国家四个委办局都为大化说话了，谁也不再说什么了。只能仰望着大化的货车来来往往。

国家为大化的产品运输已经做了最大的努力，但大化的整体运输状况还是没有明显改变。这主要是因为仅仅解决了产品的外销，而更大的问题是内需，这就是巨大的原材料往厂里运输的问题。

如原盐每年100万吨的供应。这些原盐的供应地分别是河北、山东和辽宁，其中辽宁的原盐主要是靠辽宁的铁路运输，而河北的原盐则是先集中到天津港，山东的原盐是先集中到龙口，然后两地再通过船运到大连港。原盐到了大连港，再用卡车往厂里运。虽然这样费时费力，但大化的职工还是能发扬大化精神，把已运到大连港的原盐运回厂里不耽误生产。可到了1984年9月，由于大连港出现外国货轮严重压港的情况，所以停止了对大化原盐的中转，使河北、山东两省的原盐供货一下子中断了。

为了保证占国家纯碱比重50%的大化厂能继续生产，大化的领导决定在南海头建自己的码头。1985年5月，一个吞吐量为200万吨的新建码头建成，直接接卸由河北、山东运来的原盐。大化这个自建的码头不但吞吐量大，还是一个同时可停泊两艘万吨级轮船的实堤式专用码头。码头上还配有大型门式起重机，有一条通往盐库的皮带运输机。原盐从船上可直接被送到原盐的盐库里，不仅省时更省人力。

码头上分别有一条1.5公里的公路和一条1.3公里的铁路，通往厂区内部。这是保证在船运和海运都出现问题时专用的路。比如，大化每年生产纯碱所必须用的90万吨石灰石，虽然供应地是距离大化只有两公里的大连石灰石矿，但从1982年开始，由于铁路运输的车皮突然紧张，保证不了生产上的供应，最后没有办法只得改由下沟大队出车送货。近道的铁路运输出现问题可以改为汽车运输，可那鞍钢化工总厂每年提供的180吨洗油，以及甘肃白银矿、广东云浮矿、辽宁红透山矿供应的硫铁矿石，都必须经过铁路运到大化。

为了保证生产的需要，大化又自力更生地在厂区内铺设了59条铁路线，总长度18.4公里。从1985年开始，全国各地运进大化的原材料和运出的产品，都可由甘井子铁路专线从大化直接运往全国各地。而运进的原料可沿着原料库内的两条专用铁路线，直接运到库房里。

到80年代后期，大化不仅有自己的码头、铁路，还有蒸汽机6台，各种车辆395辆，其中铁罐车244辆、铝罐车57辆、高压罐车16辆、敞篷车78辆，总牵引力

停泊在大化码头的运输船

达6450马力。这时大化的铁路运输工作量已达到国家铁路二等车站的标准。

陆地的运输除了铁路还有公路运输。主要是因为一些国家下达分配指标的原料，如煤炭，在70年代初，分配到大化的煤炭并不够生产用的，每年都有近3万吨的缺口。这3万吨的煤炭，不仅不能通过正当手续购买到，即便是经过各种关系搞到，或者在产煤区买到落地的煤粉，也申请不到车皮运货。所以不得已时，就用大化的大卡车去产煤区，运输这些国家计划外的煤炭。

60年代，大化曾从捷克斯洛伐克进了一批大卡车，人们都称这种车为“克勒萨”。这种车的载重量是“大解放”的几倍，它的到来不仅在生产中起到了重要的作用，也为夏季人们到海上休假立下了汗马功劳。

尤其是30万吨合成氨开工之后，大化的备件库里除了没有原子弹，其余任何生产或生活所需的东西都可在此找到。硝铵车间在生产硝酸钠时所用的白金网，在进货时都是由公安人员武装押运。

大化汽车载重能力达700余吨，机车牵引力近万吨，自备槽车、罐车载重2万吨。大化每年进出物资有400多万吨，如没有一个强大的交通运输能力，是保证不了物流畅通的。

大化涅槃——“九二三”漏氨事故

大化的老企业改造使大化焕发了活力，但有一些小的车间生产还仍然延续使用陈旧的管线。

1986年9月23日12时40分，氯化铵车间粗氨工段44号外冷器气氨外侧的截止阀突然裂开缝隙，管道内的气氨与液氨的混合体，以每平方厘米六公斤的压力向外喷泄，并同时发出刺耳的尖声。

瞬间，氨雾就像白云一样浮动在二楼到五楼之间，白茫茫的雾团借着风势将南端的粗氨工段的办公室、男女更衣室围裹在里面，并像一道乳白色的帷幔一样向前伸延扩散开来，方圆百米的范围顿时形成了一道生死线，障人视线，令人窒息。

“粗氨着火了！”青年管工姜家庆突然大声喊叫起来。

大家闻声聚拢到窗前向北望去。面前发生的景象让他们惊愕：白色的雾，四楼窗口的人影晃动，开阔的通道空无一人，悄寂无声。

“漏氨了，大化快撤！”气焊工人宫本源凭借近30年的工作经验纠正说。

宫本源，1958年入厂后就在精氨工段搅过大缸（当时没有搅拌机，物料混合时是用人工搅拌），有着十分丰富的化工生产经验，他的判断无疑是正确的。差不多就在同时，大家都预感到了情况的严重性，纷纷朝门口奔去。

恐惧，使人们刹那间不知所措。求生，是人的一种本能。宫本源随着人流跑到楼梯口时，不由得猛然停住，他似乎想起了什么，转过头来冒着浓烈的氨味，向氯化铵车间办公楼跑去。他在办公楼里一层一层往上跑，一边跑一边喊，让人们迅速撤离这个危险区。

一切都是在瞬间发生的。

当总调度长韩行礼同志在新碱车间听到氨泄漏的事故后，马上通过电话分别与总调、防护站、消防队、医院取得联系，一瞬间，所有部门全部出动，赶往出事现场。

碱厂防护站站长张荣山身上背着氧气呼吸器，骑着自行车急驰而来，防护员顾明增背负着40多公斤重的救护备用器材跑来。时间就是生命，此时此刻，一分一秒都是那样宝贵，人们似乎听到遇险同志撑不住的痛苦呻吟，似乎看到他们濒死挣扎的画面……

资料记载：气氨是一种具有强烈刺激性气味的有毒气体，易溶于水。正常情况下，一升水可溶千升的气氨，形成碱性极强的物质。正是由于其具有溶水性，导致它能使人在短时间内造成皮肤、眼睛灼伤，并通过呼吸道、食道等侵入体内，造成氨中毒，甚至死亡。

人们能做的只有加速，加快速度才是关键！

一切的声响都静谧了，一切生命都被这死神般的氨雾裹藏着。浓浓的氨雾仍然继续弥漫着，一片片，一絮絮地升腾着，就像缓缓悬浮在空中的帷幔，无声无息地笼罩着粗氨厂房的南半区。

在化工厂工作过的人都知道，如有气体泄漏，人们要逆风跑，只有这样跑才能得救，才能跑出围着的气体。如果顺风跑，那么你就会被气体包围，很快就会窒息。

已经安全撤离现场的氯化铵车间的职工，自觉地汇聚在粗氨大楼北头的避风口处。他们望着浓浓氨雾的南半部，没有一个人说话。车间原主任许克家同志正在密密的人群里清点人数，一个、五个、十个……

这位氯化铵车间的老主任，从入厂那天就在氯化铵岗位工作，几十年的工作经验，使他深知这个岗位的危险。即便在他调离了这个车间之后，他仍牵挂着氯化铵的生产，氯化铵车间的工人，以及氯化铵的安全。所以当他听到氯化铵池泄氨后，第一个反应就是赶快到现场，赶快去解救岗位上的同志。紧张的人们只知道快救人，把人送到救护车上，只有许克家清楚，一个班有几个岗位，一个岗位上有几个人，清查人数后，才能知道还有没有没被救出的人，还有几个人在车间里。

车间主任苗华义，副主任徐鹏、肖正吉，公司总调度长韩行礼，飞快爬上冰机厂房平台，指挥抢险。

粗氨工段四班当班班长石日江，在果断地指挥各岗位人员撤离现场后，自己却和操作员王有杰、陆建国、孙淑香主动留下来，坚守岗位守住电话，以做好最后的紧急停车准备。这时他们用的氨过滤式防毒面具很快就被浓氨中和了，吸入口中的是苦辣辣的氨气，他们四个人此时只能挤在狭小的走梯上，面向北面，大口呼吸清爽的风送来的宝贵的空气。

冰机岗位班长高玉歉不顾有病的双腿，深一脚浅一脚地用娴熟的技术与王云海准确无误地关闭阀门，停下氨泵和冰机。

氯化铵车间的工人们在危急关头，不顾个人安危，自始至终没有忘记自己的职责。

大化，有这样的工人队伍，怎能不具有强大的战斗力！

冰机厂房平台上有工人、干部、党员、群众，还有消防队员……他们试图用湿毛巾捂住嘴巴冲进去，但都被浓氨顶了回来。

碱厂防护站站长张荣山听说还有人没出来，不顾大家的劝说，快步沿着边梯攀登到冰机厂房平台。

“室内有人吗？”他喘着粗气问。

“有！”许克家肯定地回答。老主任许克家断定还有八个人没有出来，他们一定是中毒了！

张荣山调好氧气，戴好面具冲了进去。氨雾中能见度很差，伸手不见五指，他步履踉跄地摸索前进。这时他的腋窝、大腿内侧、下身部位，由于汗水与气氨发生反应，感到像针扎一样难受，但他全然不顾，救人要紧，时间就是这些人的生命。室内浓浓的雾中，听不见呻吟，听不见呼喊，只有张荣山那机械的脚步声和沉重的喘息声。他俯下身来仔细地寻找，终于发现了已不省人事的两名工人。他试图同时把两人挟走，但身高足有一米八的张荣山已力不从心了。气氨的威力的确太大，它能使人很快就变得无力，一阵晕眩，他咬咬牙，背起一个工人摸着走台栏杆，艰难地冲出雾区。

车间主任苗华义接应上去，拉着张荣山的手不知说什么好，眼泪一下就流了出来，在场的人们都向他投去信任的目光，这目光他一辈子都忘不了，他愈发感到自己肩上的担子重了，他忍着皮肤灼伤的疼痛，再次冲进雾区……

防护员顾朋曾来了，他直接冲了进去。

不多时，化肥厂防护站也带着必备的救护器材赶来支援，防护员柳维君、郝家英、王学敏立即进入现场抢救。

车间主任苗华义急不可待地戴上氧气不足的呼吸器进入险区。

他们分别一个角落一个角落地搜寻，一个楼层一个楼层地查找，终于，八名中毒的职工被一个个抢救了出来。

从冰机平台厂房到粗氨大楼的东西横道，男的，女的，陌生的，相识的人们，都自觉地排成百米长的人链，既没有人组织，也没有人安排，人们都伸出双手去托扶、传递这一个个被死神拥抱过的人。

这就是大化化工岗位上的人们，走钢丝是他们的生活常态，其他的一切都是候场！

抢救中毒伤员与排除工作险情是同时进行的。就在此时，氯化铵车间技术组迟宝贵同志肩背氧气呼吸器，独自一人闯入险区，穿行在氨雾浓浓的外冷器之间……预定是十分钟必须回来，可他直到关闭好所有的液氧出路阀门才撤离出来。

安全科副科长姜照基，凭着多年积累的实践经验，积极与车间工人配合，及时地将系统泄压放宽，并切断了气源。

被急速送往大化医院的八名伤员，有四名胸闷、咳嗽、喉头出现水肿，另四名剧烈咳嗽、昏迷休克并大小便失禁，呕吐物溅满全身。由院长、各科主治医生组成的临时抢救小组，立即投入到紧张的急救工作中。他们为赢得时间，打破以往分科诊治的常规，只要病情需要，不分科室、不分病房全力进行抢救。平均每隔15分钟进行一次高流量输氧，还不时地用硼酸液冲洗伤员的眼睛和皮肤，全院唯有的五台超声雾化器全部用于雾化吸入疗法。

两个小时过去了，伤员的病情已被控制住，并脱离了危险。为防止感染，病房每天消毒两次，输液、点药、注射、测温、排尿等大量工作都由护士承担下来，24小时有专人监护。

在日夜抢救的日子里，大夫姚玉莲、吕淑秋、宋园莞，护士高静秀、李杰、王淑芬等都放弃了休息，加班守护在病床前。

大化公司和碱厂的领导、职工十分关心这八名中毒的同志，他们纷纷打电话问候或亲临医院探视，从各个方面给予大力支持。公司经理李永金从北京开会归来的第一件事，就是直接到医院看望伤员。

从事故现场到病房数千米的沿线上，无处不凝结着大化工人、干部、群众奋发进取、坚忍不拔、无私奉献的坦荡情怀与精神，在大化这片蕴藏能量的神奇土地上，大化精神在大化人的行动中又一次得到升华。

这场事故锻炼了大化的职工，但也暴露出大修后的制碱设备存在的问题。一些设备不得不边修边生产，但如果将修复设备的费用摊到成本里，纯碱的成本几乎就等于市场价格了，这时如果提高纯碱价格，就会没有销路，如果按成本价格出售，就一点利润也没有了。

就在这进退两难的时候，全国同时有三家年产60万吨的纯碱企业相继开工。第一家是山东潍坊碱厂，于1989年6月14日投料试车，并一次成功，不但生产出合格的纯碱，还在9月22日突破日产1000吨。第二家是9月26日，唐山开工的一家年产纯碱60万吨的碱厂。第三家是10月25日，江苏连云港开工的年产纯碱60万吨的碱厂。这三家大型碱厂的开工，不仅把大化从雄踞国家纯碱产量40年的位置上挤下来，同时再一次把大化推到濒临倒闭的边缘。面对产量与大化不差上下，且设备先进、能耗低的大型纯碱企业，国家与大化都没有回天之力。

2003年，在市委市政府的支持和指导下，大化提出了搬迁改造发展规划。同年的12月27日，夏德仁主持市长办公会，批准大化搬迁改造。2005年1月，市政府将大化搬迁一事列为重点工作。这也是让大化这个近80年历史的老企业，从根本上脱困的唯一出路。

大化的迁大于搬!

牵动近两万名大化职工的搬迁，是从先让3000名职工放假回家开始的，然后就是55岁以下的男职工面临重新竞聘上岗的压力。这对于从年轻时进厂一直干到50多岁的老职工，对于一家几代人都在大化工作的家庭，不能不说是一个巨大的冲击。

大化的搬迁，是从合成氨装置开始的。

合成氨装置的主要产品就是气氨，它是把来自炼焦车间的焦炉气和来自造气车间的长压变换气，按比例配成工艺原料气，送到原料压缩机，经压缩、水洗、

告别合成氨的职工们，最后一次站在主装置区的楼梯上

净化，再经配氨制成气氨。这个气氨是生产纯碱和氯化铵、硫铵、硝铵、碳酸氢铵等大化产品的主要原料。所以合成氨装置是大化生产的心脏。

然而2005年5月30日，运行十年零六个月的大化30万吨合成氨装置正式停车。

这天早晨，大化所有放假的、息岗的、分流的和正在上班的职工，不到7点30分，就都集中在三号门门岗外。今天风和日丽，晴空万里，但大化人的脸上却挂满了泪水。这大概是天上的云化成了泪水，降到了他们的脸上，天才会这样的晴，不然一连几天阴沉沉的天，怎么今天突然变晴朗了呢？

三号门门岗的执勤人员把当班的职工放进厂，没进厂的人像潮水一般涌向三号门门岗旁那个只进出车辆的大门。瞬间这个并排可跑两辆大车的门岗，被人墙围得毫无缝隙。

门岗正对着的是一条通往南海头的马路，合成氨装置就在这条马路的左侧。远远地看到合成氨装置的操作工，沿着合成氨塔外面的镂空铁梯，一层一层地向上走。每一层到位的操作工，都神情庄重地站在楼梯的转角处。9时整，合成氨塔上站立的全体操作工，在没有任何口令的指挥下，摘下安全帽，向大化厂区内所有耸立的新老设备行注目礼。

9时10分，从这30万吨合成氨装置投产开始，便一直伴随到今天的计调科副

2009年6月27日11时36分，耸立了几十年的重碱大楼轰然倒下。

这是张玉财副科长喊到“1”时的情景

科长张玉财，在一大群职工的簇拥下，来到了合成氨的仪表操作室。他拿起曾经指挥合成氨装置生产开工的步话机，用颤抖的声音倒计时：“3，2，1！”

随着他的话音出口，他的手猛地摁下停气化炉的按钮，脸上顿时流下两行热泪。在场的职工全都低下头泣不成声……

下午1时40分，合成氨装置开始动火拆除。合成氨塔的拆除，表明大化拆迁正式开始。

大化第一宿舍

与合成氨塔一起倒下的，还有大化第一宿舍。它是1938年，“满化”为日本员工修建的群式日式住宅，位置在甘井子樱花山的东边，是由90栋小日本房和16栋小洋楼组成的。

从第一宿舍、第二宿舍到第六宿舍，还有以后盖起的金南路、金家街、椒房街的家属楼，都是大化的职工宿舍。在这些众多的宿舍中，只有第一宿舍是大化高级干部、高级工程师的居住地。还有少部分是住在椒树房街的21号楼。

在我的生命里，第一宿舍的生活短得就像不曾有过的事一样。这段生活就像夏夜天空中的一颗流星，在我生命的天空划过，但它拖着光亮的尾巴，一直印在我的脑海里，以至于40几年过去，忽然又闪耀起来了。

记忆从那个中心小花园开始，还有由它放射出的12条线形街道。据第一宿舍的老人说，第一宿舍的日本房是当时日本人的。前些日子偶遇儿时的邻居，现为大化印刷厂职工的许元庆，他拿着一张准确无误的一宿舍草图，一下子就让我回到了50多年前的时光。

中心花园由低矮的灌木小树围起来，中间是一个转盘，转盘上有几个吊环，像电车上的吊环把手一样，有十几个。我曾跟着五毛、小宁、小亮等一群同龄孩子们排着队，在那里打过“转转”。

这个大型玩具南边是两个“压板”，一头一人你上我下挺好玩的，小时候，我与弟弟经常在这里压压板。

东边是一个滑梯，那滑梯的斜滑板是铁板做的，被我们这些不断上下的孩子们用裤子擦得锃亮。记得有个叫乃文的小男孩，他妈妈给他做了一条新的咖啡色绒裤，在下滑时被滑梯扶手的破损处划开足有三寸长的大口子，当时他吓得连家都不敢回。还好他上中学的姐姐在他们妈妈下班前，用与裤子一样颜色的线给缝好了，远处看就是好裤子一条。

西边是三个秋千组成的铁架子，要玩这个秋千，需要有足够胆量的。我和大庆，还有一个叫玉宏的男孩是同年生的，三家又都住在一起，我们天天结伴去中心花园玩。我们站在秋千上，只能左右摆荡到120～160度，但有一个孩子勇敢得吓人，他能把秋千荡到离地面垂直的角度，甚至翻过去，他叫黄果。

黄果是我弟弟同学的哥哥，他不但敢玩，也很会玩，他在高低不等的双杠上，可以做出上下翻飞的危险动作。如果不是那个特殊的年代，他一定会成为中国的体操冠军，而不只是现在这样，当个大连大学的体育老师。

这个中心花园向外放射的12条马路，最宽的就是自南向北的那条，它有能跑开两辆汽车的宽度。第一宿舍上班的大人和上学的小孩，都是由这条路向外走。

每天早7点，晚5点左右，这条马路都是浩浩荡荡的，其余的时间，人们都汇集到第三条街的那个合作社里。合作社里，虽然只卖日常的生活用品，可对儿时的我来说，那算是最吸引我的地方了。在我的

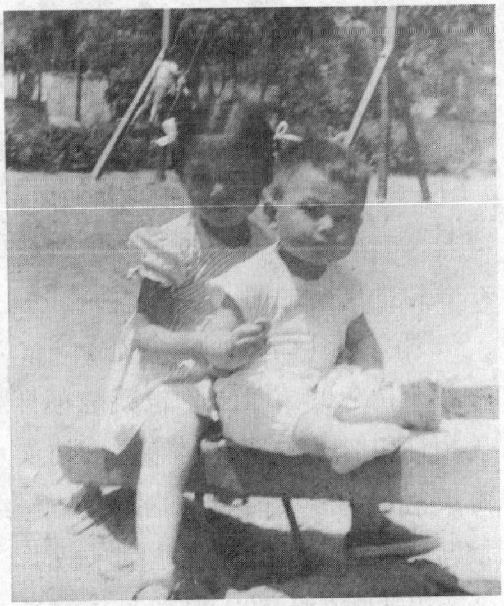

1958年，我与弟弟在第一宿舍的小花园里。

记忆中，除了甘井子百货公司有卖糕点的，再就是这里靠墙的那个玻璃柜台里有卖的。

玻璃柜里面摆着蛋糕、桃酥，还有0.64元一斤的香草饼干。对我来说，蛋糕和桃酥是过年才可以吃的，因为是凭票供应。但香草饼干对我来说，就像现在小朋友喜欢吃冰淇淋一样，别说是我喜欢，所有一宿舍的孩子都喜欢吃。

有一次我感冒发烧，几天没吃东西了，姥姥看我病成这样，就问我想吃点什么，我连想都没想张嘴就说："香草饼干。"我看姥姥从饭桌的抽屉里拿出一个用小手绢包的东西，打开一看是粮票，她拿出一张面值二两的粮票，去给我买了二两香草饼干。当用草纸包裹的香草饼干递到我的眼前时，还没等打开，那饼干的香草味就已经让我的感冒好了一半。

长大后，变老了，吃遍了东西方的饼干，可再也没有香草饼干那种让我记忆终身的味道。

小合作社里的领导是一位中年男子，人们都喊他"姜主任"。他虽然是负责合作社的全面工作，但他上班时，始终站在那个木头做的酱油桶旁，手拿个一斤装的提子，一边和前来买东西的顾客打招呼，一边从木桶里提出一提提酱油倒在顾客的瓶子里。

我们小时候，商店里没有卖成瓶的酱油，每家都是孩子拿着家里的酱油瓶子到小合作社打酱油，那是我们生活中的一道风景线。打酱油不是我们孩子自愿想做的事，都是家里大人下班后发现酱油没有了，就招呼在外面玩的孩子去打酱油，而且要得急，追得快："大庆呀，别玩了，赶快打酱油去，晚了合作社就关门了……"往往大庆的奶奶这一声喊出，玉宏的姥姥和我姥姥也都跟着喊："没听见吗？合作社要下班了，赶快打酱油！"我们三个小孩每人拿一个瓶子，就往小合作社里跑。

那姜主任两只手两个提子，一个是一斤提，一个是半斤提。打酱油的瓶子摆在一个白色的茶盘里，也就是不打酱油时放提子的地方。当轮到我的酱油瓶时，姜主任停顿了一下，对旁边一位卖水果的女服务员说："这家的酱油瓶子从来都是刷得干干净净的。"这时我才仔细看看，原来真是这样，他们家的瓶子，都是被酱油沉淀下来的酱色挂满了瓶子。

我们家当时住的是幢日式建筑，俗称"日本房"。

日本房是在一座地基上建两套房子，那么房号就是两个。我家房子的基座就是由154号和155号两套房子组成的。每套房子里有两大间朝阳，一间背阴，这三间房内共用一个大的壁炉连接，房子里还有一间厕所，一间洗漱间，一间厨房，一个小仓库，一个放煤的，我们都称它为“煤洞”。

每家大门口还有一个邮信箱，虽然这些地方不大，但方便极了。正是因为住起来很舒适，所以从20世纪50年代开始，这里就成为大化干部和国外回来的留学生、知识分子的居住地。我称这里为大化的“中南海”，但也有人称它为大化的“中关村”。无论是“中南海”还是“中关村”，有一点我们都必须承认，这里曾是我国建国后大化的第一批移民，而且是最有质量的移民的集居地。

我家住的那条街，除了我家和另外一两家是因人口多而被分配到这里外，其余的都是在大化初建时期立过汗马功劳的人家。

比如，最东头房号是150号的那户人家，主人叫吴子炉，是大化炼焦车间的第一任车间主任，据说他对当时大化整个生产过程了如指掌。作为一个车间主任，能掌握生产的全过程是很了不起的，大概日后的车间主任少有能达到的吧。

一位老技术人员在回忆吴子炉时，曾讲过这样一件事。有一次在生产调度会上，到会的都是各车间的负责生产或分厂生产科的领导，大家正在讨论本星期的生产计划时，一位合成车间的工人跑了进来，气喘吁吁地说，车间的某台压缩机的噪音特别大，是不是出现问题了，不知该怎么处理。一时间，在场的人都目瞪口呆，谁也没有个准主意。因为这是个只有到现场才能查清的问题。可只有吴子炉，这个不是该车间的负责人说了一句：“回去把车间门口的那个阀门关上就好了。”报告情况的工人走了，大家谁都没说话，好像是在等他再次跑回来似的。但没有，会议继续开了下去。散会后，人们听到那位工人说：“真神了，关上那个阀门，压缩机的杂音就没了。”后来吴子炉被调到武汉设计院做院长去了。

第三家是152号贺兆祥的家。贺兆祥与夫人杨惠莹，都是旧中国的大学生。贺兆祥是大化1953年侯氏制碱最初小试时期的设计人员之一，他日后去了四川成都八院，做了化工部第八设计院的院长。

第四家门牌号是153号，这家的伯伯叫伉铁杰。我记事的时候，伉伯伯就是“右派分子”。但是他多才多艺，和蔼可亲，给我留下了深深的记忆。

一次我和几个小朋友在我家门口跳皮筋，我们的吵闹声被突然传来的“我爱祖国的蓝天”男高音的歌声盖住。我顺着声音走去，来到了他家的侧门，从门缝往里一看，只见伉伯伯左腮下夹着小提琴，随着右手的弓子一上一下，正在对着镜子为自己伴奏呢。当他发现我时问道：“你来找毛毛玩呀？”毛毛是他第二个女儿，我们常常坐在两家共有的大槐树下玩“抓羊骨头”。

“不是，我以为这首歌是‘戏匣子’里唱的。”面对伉伯伯的问话，我怯怯地说。

“小燕子，你长得真快，来来，看看到我哪儿了？”

我走到他跟前，他用手摸过我的头说：“已经到我的腰了，几天没见又长了，长得比你大倩姐姐还高。”大倩是他的大女儿，比我好像大两岁。

十几年后，我们两家又都下乡走“五七”道路。再后来有一次，在甘井子百货公司门前，伉伯伯看到我，还把我拉到他的跟前说：“小燕子，多少年没见了，来看看，现在到我哪儿了？”这次他的手是抬过他的头来摸摸我的头，然后说：“太高了，姑娘长这么高，怎么得了。”那时伉伯伯已经是大化财务处的处长了。

一个学会计专业的老大学生，在大化最累、最脏的车间里劳动了十几年。从小到大无论我什么时间看见他，他总是笑呵呵的，他面对所有的厄运从不抱怨，而是从容地接受，然后放下。

80年代《大连日报》上刊登了邓颖超会见他及全家人的照片，我才知道伉伯伯的父亲的故事。

伉伯伯的父亲伉乃如，1891年3月2日生于天津的一个清贫人家。由于家境贫寒，他从小就勤奋向上，后来考上了河北高等工业学校。毕业时他的成绩位居榜首，被南开中学的校长张伯苓聘为该校的化学教员，后任校长秘书和教务主任等要职。

在南开中学教学期间，伉乃如除教学外，还热心各种课外活动。伉乃如多才多艺，不仅擅长演话剧，还导演话剧，常常和所教的班里学生同台演出。

1915年，南开新剧团排演了两部话剧——《仇大娘》和《一元钱》。在这两部剧中，伉乃如出演男一号，而女一号则由他的学生周恩来出演。

在南开学习期间，周恩来总理和他的老师因同台演出，频频接触，情谊随之渐深，二人由良师益友改以兄弟相称。

1919年，周总理因参加并领导天津的五四爱国运动，被北洋政府的警察逮捕。伉乃如得到关押地的消息后，不畏强暴，将自己的生死置之度外，前去探监。

抗战时，南开大学搬到重庆沙坪坝，此时，周总理已是中共的高级领导人，并在重庆办事处工作，但他从来都以校友的身份去张伯苓校长和伉乃如家中做客。而每次到伉家，总是受到热情的款待。

在伉乃如的安排下，周总理与很多知名人士接触，如马寅初、范旭东、柳亚子、郭沫若、曹禺、苏秀文、陶金、沙千里等人，建立了当时的统一战线。

抗战后期，国共关系日趋紧张，反动势力随之猖狂，当时不要说接触中共的八路军代表会有危险，就是看进步书籍和《新华日报》，如被发现也会遭到逮捕和迫害。因此，一些人远离了周总理，但伉乃如不仅仍每周请周总理和邓颖超到家里吃饭，甚至还不止一次地陪周总理进城看戏。

有些好心人问他："你和周恩来出去不害怕吗？"

伉乃如风趣地说："我又不是共产党，我怕什么？"

在校友和同事疏远周总理的时候，伉乃如却无所畏惧。在周总理处于逆境时，伉乃如给予的精神支持是周总理永世难忘的。在周总理晚年病危的时候，他拉着邓颖超的手艰难地说："我没有机会了，你在我走后，一定要代表我，到大连去，看望看望伉先生的儿子。"

那一年邓颖超带着总理的嘱托来到了大连，并在棒棰岛宾馆接见了伉铁杰。

在我家对门住的是章用中，他生于1915年，1939年毕业于国立湖南大学理学院化工系，1945~1947年被派送美国进修，教授级高级工程师，全国化工科技老专家，化学化工学会副理事长，第三届全国人大代表。1981年当选全国政协委员，曾任大连化学公司副总工程师、副经理等职，是大化公司修复时期，突破技术难关得以顺利开车的主要技术负责人，也是大化合成氨扩建重点工程的设计总负责人。1965年调任化工部化肥公司任总工程师，1980年任南化副总工程师。

在合作社的下一条街，也就是中心花园向东射出的第二条光带的中间那间房子里，住着一位老妇人，是民国军阀——孙殿英的原配夫人。老妇人住在女儿家里，她有两个外孙女，一个读高中，一个读初中。我听说她家读初中的那个女儿是顶聪明的，她曾以优异的成绩考进重点中学——二十三中。

1968年冬季的一天下午，我和邻家的几个小学生在中心花园里堆雪人。这个时期，第一宿舍的白天已不是很热闹了，因为所有的初、高中生都去了“广阔天地”，剩下的只有我们这些小学生。雪人堆起来的时候就起风了，我们在漫天飞舞的雪片中，围着雪人、捉着迷藏。跑着跑着，我发现在花园下那条宽宽的马路上站着一位老妇人，一动不动已经好久了。出于好奇，我们跑过去一看，原来是那家的老太太，只见她身穿一件大毛领子的外套大衣，脚上穿着一双黑颜色的尖尖的皮鞋，双手抱着一把大扫帚，在风雪中左右摇动。后来我看明白了，她那三寸金莲的小脚是经不住大风吹的，如不是她抱着这把大扫帚，可能早就被风吹倒了，那把扫帚竟是她身体的一个支点。我有点奇怪，心想这么冷的天，她出来干什么？正在我纳闷时，一位中年妇女出现在我背后，她用严厉的口气喝道：“你不扫雪，站在那里干什么？穿着水貂领展览哪！”哦，这回我才知道，老妇人身上的那件衣服的领子是水貂领。我转过头来看到那位中年妇女，黑黑的瘦瘦的，我想起来了，她好像是这个街道的干部，因为我买菜排队时常见她来维持秩序，但只有她不用排队，却可以买到好的菜，合作社的人都提前给她留下来了。

大雪一直下了一天一夜，第二天早晨我早早地就起来了，因为我还惦记着中心花园里的那个雪人。推开房门一看，雪还是漫天飘舞，只是风停了。我踏着厚厚的积雪慢慢地走去，在蒙蒙的晨曦里，我看到一个男人的身影，他穿着一身白色的衣裤，站在两座房子中间的空地上，慢慢抬头，慢慢转身，打着标准的太极拳，雪花从他头上、身上慢慢地滑落。我被眼前这一幕惊呆了，真是一幅水墨丹青！当他双手从胸前划过时，我看清了他的脸庞，他就是住在我家斜对面，与骥伯伯对门的吴伯伯，曾经的大化党委副书记——吴禄乾。不过那时，他已不是党委副书记，不是干部了。

1938年就扛着三八大盖枪的吴伯伯，在枪林弹雨中走了过来，抗美援朝后他转业到了大化，他是个爱惜人才、爱惜知识的老革命。我和他的女儿是同班同学，我去他家玩时，常看到他与邻家的管技术的部下对话，他说话的声音总是那么温和，那么慈祥。可是他后来却“靠边站”了，这可能是第一宿舍即将落幕的前兆吧？！

这些是我的“城南旧事”，可我却忘不了这些人。

大化东、西俱乐部

自合成氨塔点火拆迁后，大化厂区的各个装置大楼都先后在定向爆破中纷纷倒下。唯有三号门门岗西侧的东俱乐部还挺在那里。

大化公司有两个职工俱乐部，一个叫东俱乐部，还有一个在椒树房街北，叫西俱乐部。

在甘井子区的大型企业有五家之多，可供人们娱乐的电影院只有一家，叫先锋电影院。20世纪五六十年代，能看一场电影算是顶级娱乐了。因为这个电影院远不能满足人们的需要，于是各个工厂、企业先后建了自己的俱乐部，如五二三俱乐部、石油七厂俱乐部、石灰石矿俱乐部、大钢文化馆，大化可能是因为职工多的缘故，就有东、西两个俱乐部。

这两个俱乐部给我的童年带来了许多温暖。

我第一次走进大化的东俱乐部是在1961年的三八妇女节。记得那天挺冷，天阴阴的，我妈领着我，拿着厂工会发给女工的电影票看电影。经过工作人员检票，才由只能容下一人通过的、用白铁镀银焊接而成的过道进入俱乐部。东俱乐部的剧场里面全都是用木板做成的长椅，一排排整齐地排着，椅子上没有座号，只有牌号。排椅的最前方是一个大舞台，舞台上的帷幔是紫色的绒幔幕。那是我第一次看电影，电影的名字叫《青春之歌》。我当时只有六岁，对放电影的机器很好奇，因为放映机就在俱乐部的中间，也就是我座椅的后边。在电影的放映过程中，放映员不时地打开放映机上的电灯，换胶片盒。每当演完一盘，再换另一盘时，她就得将放映机上的电灯打亮，然后取下电影机架上的另一盘。这个麻利的动作，着实让我迷恋上电影放映的全过程。我在想：这盘胶卷太神奇了，它一转,许多我不知道、没见过的东西都在银幕上出现了，多有意思啊，这个放映员的本领太大了。就是因为看了这场电影，我记住了那位女放映员阿姨的名字，她叫宋岩，是大连海校，也就是现在的大连海军舰艇学院转业来大化的。

由于东俱乐部比西俱乐部更靠近大化，所以一些重大的会议、活动都在这里举行，如“九大”开幕的庆祝现场。

记得那是1969年夏天的一个晚上，因为连续几天的腰鼓训练，累得我早早就上床睡觉了。大约是半夜10点到11点间，我的一位女同学易春丽，用打腰鼓的鼓棒急促地敲响我家的玻璃窗，她边敲边喊："张燕燕，起来吧！快起来，'九大'开幕了！"我立即翻身下地，拎上腰鼓就与同学们一起来到了东俱乐部门前的广场。

这时，厂区三号门门岗的内外数面红旗迎风招展，东俱乐部的大门全都打开，里面灯火通明，台上有一张长方形的桌子，台下坐满了身着蓝色工装的工人，我们大化子弟小学五六年级近百名学生，都背着腰鼓集合在东俱乐部的大门左侧。架在三号门门岗上方的大广播喇叭里，不时传来李双江演唱的《北京颂歌》，职工们都跟着唱，我们这些学生因无事可做，都坐在腰鼓上打瞌睡。

不知过了多久，只听东俱乐部里突然传来几面大鼓齐擂的声音：中国共产党第九届全国人民代表大会胜利召开了！

我们迅速地将腰鼓的带子缠在身上，并随着领鼓的哨子开始"咚吧，咚吧，咚咚吧，咚吧；咚吧，咚吧，咚咚吧，咚吧……"游行的队伍从三号门门岗向北，经过几个桥洞来到了二门市门前的那条马路上，然后再向东经过大连市第十一中学的门口，转向七院九所方向，最后进入甘井子体育场。我们小学的花鼓队一直跟在职工队伍的后面，一路上不断有人领着口号高喊：热烈庆祝九大胜利召开！这是毛泽东思想又一伟大胜利！是毛主席无产阶级革命路线的伟大胜利！！他们个个手握毛主席语录，每喊一个口号就将语录本举过头顶，动作庄严且神圣。

东俱乐部可以说是大化的政治文化中心，有很多重大事件都会发生在这个俱乐部里。

1976年9月，国家主席毛泽东去世后，全国降半旗，国葬在天安门城楼上举行，各城市都设灵堂。据老大化人讲，大化的国葬灵堂就设在东俱乐部里。巨型彩色毛泽东画像竖立在主席台上，台下摆满了用白纸做的花圈，一层一层叠在画像前方两侧，并由工人民兵轮班站岗守灵，这些站岗的守灵人员都是出身三代贫农，且政治思想红，对毛泽东有深厚的无产阶级感情。进入东俱乐部前先是按车间顺序排好，一队队、缓缓地向里面走去，每个人走到毛泽东画像前，先站立好，然后鞠三次躬，再转身离开。

由于大化人多，这个灵堂设置了很久，每天都有很多人在东俱乐部的门口排队等着，不等走进去，人们就已泪流满面了。机关、科室的人从东俱乐部出来时，个个眼睛红红的，有的捂着脸，有的用手绢擦着泪。车间工人从东俱乐部走出来，咳嗽的，吐痰的，用毛巾擦一把脸，低着头向前走，走出几十米也不抬头。麻袋库的女职工，大部分都是家庭妇女，都是因家里人口多，或者孩子多，人均每月生活费不足八元钱，才由厂方组织来洗装纯碱的麻袋，临时挣点钱补贴家用。她们还没进东俱乐部就开始号啕大哭，等出了东俱乐部，一个个都站不住了，东倒西歪地倚在墙上抽泣，她们深切地怀念毛主席。

东俱乐部除了是大化的政治活动中心外，也时不时地搞个象棋比赛、乒乓球比赛，以此来活跃全厂职工的文化生活。1972年11月举办的乒乓球比赛，就是个例子。

比赛的前一天，各车间代表队比赛考试表就已经张贴在东俱乐部进门左侧的墙壁上，凡是参加比赛的职工，一大早就来看这张考试表，明确了比赛时间后，再去车间换工作服上班。比赛的组织者是当时厂工会负责体育的老陈，因为他人高脸黑，说话时也没有个笑脸，所以大家背地里都称他“陈黑子”。别看“陈黑子”表面上似乎不近人情，但他还真是个厚道人，有些喜欢运动的车间技术人员，领导不允许参加比赛，可只要他知道了，就跑到车间找负责人，讲发展体育运动的目的是要增强工人们的体质，是件利国利民，又利生产的好事……经他这么一番“死缠乱打”，不但车间领导同意去打球，还发给本车间参加比赛的人员每人一张保健饭票。当时的工人保健就是一根麻花，能吃上麻花的人可算是工人中的贵族了。

比赛进行了三整天。由于大化女职工会打乒乓球的人很少，所以就把正在大化子弟中学读书的我也抽调来参加这场职工比赛。比赛前，“陈黑子”不知道我的球艺如何，就让一名原大化厂的乒乓球教练跟我打一场。我走进球台一看，原来是曾在小学乒乓球队训练过我的王老师——王永成。王老师认识我，于是我们俩就对打基本功。“陈黑子”是打篮球出身，他一看，我和王老师的正手对攻竟打四十几个来回没有掉球，便手一挥说：“好了好了，不用再打了，你就不用参加厂里比赛了，直接代表大化厂队参加化工局举办的比赛吧！”就这样，我被“陈黑子”从七二届的应届毕业生中提出来去参加球赛，而没有参加毕业时的下放动员。尽管我最终由于各种原因没有被留在大化，可我永远记住了这位给我一生中最幸福时光的叔叔——“陈黑子”。

不用参加比赛的我，可以没有任何压力地与男队队员练球，他们是孙常强、贾恒训。据说这两位当时还为柬埔寨国王西哈努克亲王到大连访问打过表演。

与东俱乐部比起来，西俱乐部就显得热闹多了，它的主要活动是节日里放电影。

有一年，大化职工有组织地到西俱乐部观看被国家文化部点名批判的电影，因为是供大家批判，所以无须发票自由入场。这对我这样一个爱看电影的人来说，可是过了一阵阳光灿烂的日子。

因为可以随便进出，而且有时还是循环场，所以有一天，我一连看了三场《洪湖赤卫队》。电影开演前，先是有一位中年人站在台上对这部电影进行十几分钟的批判，因为是看批判电影，所以在整个电影放映的过程中，很少能听到人们说话，可当那首主题音乐一响起，全场情不自禁地小声跟着唱了起来：

“洪湖水啊，浪呀嘛浪打浪，洪湖岸边，是呀嘛是家乡……清早，船儿，去呀去撒网，晚上回来鱼满舱，啊……”

在文化娱乐生活极其匮乏的日子里，人们只能从歌曲里过把嘴瘾了。

告　别

合成车间的拆迁，标志着大化这个化工企业的巨人心脏，彻底地停止了跳动。

经过一年多的拆迁，大化的三大生产车间——合成氨厂、碱厂、机械厂，除了碱厂的合成车间没有搬走，其余的大小车间几乎通通夷为平地。合成车间之所以迟迟没有被拆，是因为那不仅是大化生产的心脏，更是全国化工纯碱工业的发源地，这里既有日本生产的压缩机，也有前苏联生产的设备，同时还有机械厂自行设计、施工、建成的2400马力压缩机，这也是我国建国后生产的第一台大马力的压缩机。这些刻有历史印记的化工设备，一经拆迁就是一堆废铁，为了能把这个车间保存下来，相关人员做了许多工作，但最后还是用一个大字——拆，来画上了句号。

我不希望这一天到来，可还是到了。9月7日一大早，我就赶到大化的三号门门岗，见到了我儿时邻家小弟许元滨，他正是大化负责拆迁的工作人员。许小弟陪我来到合成车间的工作大楼，据说再有一个星期，这合成车间就被拆迁了，我想去这个车间，与那些设备做一个告别。其实我一天也没有在这个厂工作过，更不是这个厂的职工，我对它的牵挂，源于儿时的学工劳动，源于这里是父母工作了一辈子的地方，最重要的是，在写《大化厂 大化人》这本书时，我越来越走近大化，走近大化的心脏——合成车间。这个车间让我感动，在这个车间工作过的人，更让我敬重！建成这个车间的人，已经走了很多了，健在的几位也是八十几岁的老翁了。我一个大化子弟，都对这个车间有如此的情怀，何况那些把自己的一生献给大化的大化人呢！

合成车间被长长的铁管围了一圈，我跟许小弟弯下腰钻过一米高的铁管，经过二层水泥楼梯，来到了宽敞的车间厂房里，沿着发霉的泥泞夹道，我一一计算出各种设备有373台套，其中主要设备有82台套，即水泵6台、水洗塔3台、碱塔6台、空分装置6套、氢分装置6套、空气压缩机13台、氮气压缩机4台、混合气压缩机2台、1340马力压缩机1台、4300马力压缩机7台、冷冻机5台、合成塔4台、循环泵9台、氧压机3台、脱碳吸收塔1台、脱碳再生塔1台、脱碳溶液泵5台。虽

1951年7月1日周恩来总理到大化视察，关切地询问“大化一号”1340马力压缩机的建造情况。

然停产一年多了，但地面上还沉积着生产用水，由于过了一个炎热的夏天，这里的蚊虫简直多得无法形容，没多一会儿我的眼睛、胳膊到处都出现了蚊子咬过的小红包。我顾不上这些，在1340马力压缩机旁的一块铁皮牌子前站了许久，那是为纪念周恩来总理参观大化厂而制作的纪念牌。这台压缩机的表面已有多处起皮的地方，我沿着这台压缩机向前看去，两排并列有十几台压缩机静卧在潮湿漆黑的地上，头上的几个天吊吊钩也静静地悬在那里，还有墙上两排管线阀门，每个阀门下都标有管线的名称，进料阀，减压阀，这些阀门使我产生了浓厚的兴趣。我也是在化工岗位上工作多年的人，但阀门设在车间内墙上，我还是第一次见，许小弟告诉我：这一墙的阀门都是外管线的阀门，通过控制设备引到了车间内的，这样关、开阀门就不需要操作人员到现场一条管线、一条管线地开关阀门，而是在这面墙上都可以完成。邻家小弟极有兴趣地讲解着，可我却有一种最后的晚餐的感觉，那台破损的设备犹如一位白发苍苍的老人，它们也曾年轻过，它们把青春岁月都奉献给了大化，奉献给了中国的化工事业，它们也是有功之臣。

我们绕着车间转了一圈又一圈，仍然不想离开，站在原料压缩机旁，想象着由炼焦车间脱硫后的焦炉气和造气车间生产出来的常压变换气，是按一个怎样的比例配成工艺原料气被送到这里的。在这里经过二级压缩后，达到1.27兆帕，又送到那台水洗塔内，以清除原料气中的二氧化碳；另一部分由造气车间来的常压和加压混合后的气体，被送到苯菲尔脱碳系统内，脱除二氧化碳。虽然这些设备已经破损到极限，但我似乎能听到那管线里有物料流过的声音，它将是我心中永远深藏的一条暗河，今生都无法渡过。

这是我第一次进到合成的操作车间，也应是最后一次吧，所以尽管蚊子紧追猛咬，但我还是能忍得住，一个多小时过去了，因许小弟还有会要开，我不得不随他离开了这个合成车间。

当我开车走到三号门门岗时，门卫工作人员举手示意我停车检查，我不解地问："查什么？"

"看看你的车有没有带走厂里的东西！"门卫工作人员说。

我心想：我这个小车如能把合成车间拉走，那就好了。

下篇　大化人

大化人，当然由大化厂而来。有了大化厂，一定要有大化人。有了大化人，才可能有大化厂。它们互为存在，相辅相成，不可或缺。

在本书的上篇，我已经尽我所知，尽我所能，写了我眼中的中国化工史及大化厂史。在本书的下篇，我要写大化人。

其实，我的父母就是大化人，我也是大化人，我们一家都是大化人。在这个城市，有多少家庭与一座工厂血肉相连呢？有多少家庭像我家一样，父母都是大化的职工，孩子又都是大化的子弟呢？

我不是专业作家，我只是一个骨子里有一种大化情结的大化子弟。写大化厂和大化人，既是命运所赐，也是责任所在。因为我这么想了，也就这么做了。

被我写到的每一张面孔，都是我或熟悉或难忘的人。我从小就生活在他们身边，或远远地望着，或近近地看着。在他们中间，有才华绝代的大化专家，有能力超群的大化干部，有犹如铜墙铁壁的大化工人。他们是大化奇迹的创造者，生死苦乐，悲欢离合，既与大化同呼吸，也与大化共荣辱。

感谢生活，让我是一个在场者，并让我记住了他们。

大 化 专 家

为化学工业做出突出贡献的老专家——李祉川

去年秋季的一天下午，我去凯宾斯基三楼的会议厅，参加由市侨联组织召开的“大连市侨联常委扩大会议”。正巧碰见了被化学工业部命名为“对化工事业做出突出贡献的老专家”——李祉川的二女儿，大连市侨联委员李美漪。

我心里一阵惊喜，想不到我为了找她了解她父亲——李祉川的情况，已打听过好多她以前的邻居、同事，但都没有找到她或她家的电话，而今天她竟也来参加这个会议，真是踏破了铁鞋，但得来真的没费工夫。

我拉起还没有想起我是谁的她，迅速在一个僻静的长椅上坐下。窗外的阳光照在我们的脸上、身上暖暖的，大厅里的讲话，我早已无心要听了。我迫不及待地告诉她：“我是50年前你家的邻居——小燕子，你爸爸现在还好吧？他住在哪儿？？你们家离开第一宿舍后又搬到什么地方去了？？？……”

李美漪愣愣地看着我好半天脸上才露出笑容说：“想起来了，想起来了，小—燕—子。”她边说两个胳膊边抬起来做了个鸟儿飞翔的动作，我们俩都笑了，因为那是我小时候进她家时的动作。这个动作穿越了50年的光阴，使我们马上就欢谈了起来。

“我爸爸在1995年去世了，是因为患了癌症。”她说话的时候不断咳嗽，显得中气不是很足。我不再插言耐心地听着。

她慢慢地说：“如果我们家不从美国回来，他不会得这样重的病。”她没有再继续说，好像不愿意让那凄凉伤心的往事打乱我们俩刚刚建立起的气氛。我们俩无声地对坐了许久……

此后，我们又相约见了一次面，她带给我一些她父亲的书信和资料，还有一本《中国化学工业发展剪影——陈歆文文集》。读后，我逐渐地弄清了李祉川一生的工作生活脉络。

李祉川，原名金沂，字福源，祖籍广东省中山县，1907年6月8日生于上海。

李祉川的父亲李翼之在香港读教会学校，毕业后经老师介绍进入英国泰古公司工作。后调山东威海泰古分部工作，不多年，他辞去职务，自己开设泰来洋行。随后买卖越做越大，他先后开设了发电厂、船队等商号，最后成了威海商会会长。在一次做海上运输的生意时，他结识了大连"政记"轮船公司的协理于岷山。

"政记"轮船公司是大汉奸张本政开的，于岷山与张本政是姑舅兄弟。虽然两个人是断了骨头也连着筋的兄弟，可他们两个人的本质却是截然不同。于岷山是山东登州府大水泊于氏家族的人，后来闯关东落户在旅顺黄泥川。

李翼之和于岷山两人由于脾气、性格相投，所以不长时间就成了无话不说的朋友。好到没经两家孩子的同意竟结成了"亲家"。这时李翼之的儿子李祉川，以优异的成绩从天津的南开中学毕业，并同时被清华大学和上海交通大学两个名牌学校录取，最终他选择在上海交通大学机械系学习。当时李祉川本已有了女朋

李祉川（后排右四）与于韵（后排右五）结婚时与家人的合影

友，但李翼之仍坚持让儿子娶于岷山的女儿于韵。

于岷山的女儿虽是富家大小姐，但没有读过几年书。因为于岷山是个重男轻女的人，只供儿子上学，不让女儿上学。于家大小姐是个老实本分的姑娘，从小也读几年书，但后来因家里不同意她上学就弃学回家了。可同是于家的千金——二小姐于韵贤可就不一样了，她是不顾父亲的反对，努力学习，最后以第一名的成绩考上了官费留学日本。

结果这个消息一经传出，遭到了当时人们的一片嘲弄，“于岷山的女儿还用官费留学吗？”

这个二小姐还真是不一般，她留学日本毕业后，就参加了中共地下党。后来就去了西柏坡，解放后曾多次给周总理做过日语翻译。但这个大小姐没读过书，在与李祉川结婚后就又回了黄泥川的娘家，一住就是三四年，这期间李祉川已去美国读硕士学位了。

李祉川在美国普渡大学研究院，学习的是制冷工程的硕士课程。1934年8月毕业后，回国应聘于永利化学工业公司塘沽碱厂。一年后又被借调到永利南京硫酸铵厂，从事这家新建厂的国内器材采购和工程配套设计。当时由于工厂的设备来自世界各国，所有的工程标准都不一样，这给安装、检修、备品配件和储存管理带来了不小的麻烦，甚至还容易出现差错。

为了改变这种工作状况，减少不必要的麻烦，提高工作效率，李祉川征得侯德榜的同意，根据国外设备的设计标准，制定了全厂统一的工程标准体系，如电机、开关、仪表、阀门、管件、管线、电线、焊条、钢管……均按要求规格列成清单，统一采购标准。这样一来不仅为生产检修创造了良好的条件，还开创了我国化工工厂标准化的先例。他能在千头万绪中理出经纬来，不难看出他知识之渊博，功底之深厚。

李祉川在完成南京硫酸铵厂基建工作，返回塘沽碱厂不久就爆发了卢沟桥事变。塘沽沦陷后，日军就在市区内布满了岗哨。李祉川得知消息后，立即将厂里的蓝图投入到烧碱炉内集中烧毁以免资敌。

公司领导李蚀尘指出：“我们的目标明确，要到后方兴建新厂，当前任务是整理碱厂设计图纸及资料。”李祉川受命负责这一事，他带领刘嘉树等八名技师多次闯入已陷于日军手里的碱厂，核对实物尺寸，并以测绘为借口拆卸石灰窑顶。

当李祉川登上蒸馏塔顶部时，突然发现在温度传感器上面，还有一段管线连接着一块仪表。他用力把仪表卸掉，并让塔下的同事就地挖坑埋起来。因为李祉川刚刚从美国著名的大学毕业回国，他知道这是当时世界上最先进的新型仪表。

李祉川在纽约与当地同事的留影

站在蒸馏塔上面的李祉川，还想再看看有没有漏拆的小设备部件。突然，他发现在塘沽市的郊区，有几处日寇防空的阵地。于是他一边向塔下负责记录的同事报日寇阵地上大炮的数量，一边画下了日寇防空阵地的草图。

下塔后，他立刻找到在国民军工作的同事，让其连夜将这份草图转交南京国防部，盼望国防部能派飞机来轰炸日寇防空阵地。

李祉川一家在英国转途中等待中国入境手续时的留影。（自右至左李祉川，大女儿李文漪，二女儿李美漪，妻子于韵，三女儿李曼漪）

李祉川没有盼来轰炸的国军飞机，但他感到为民族做了一件很大的事，以至于多年后他还向我说起过这件事。那时我只有七八岁，但我也能感受到他的那种自豪感。他就是大化的总工程师，后来的大连市人大副主任，也是我小时候的邻家李伯伯。

当年在李祉川的带领下整理图纸的人有：宋先栽，郭保园，张燕刚，刘嘉树，周睿，蔡伯民，李仲模还有铆工班大工匠王思藻等。

李祉川和他的同事经过四个多月，于1937年12月把碱厂设计图纸资料整理完毕。他从虎口中夺回了不仅是“永利”艰苦创业的结晶，更是我国化工企业重新起步的珍贵资料。

八年抗战胜利后，为了收复这些已被日本人破坏的工厂，永利碱厂的设计部又集中力量将这份图纸再做一次整理，供恢复生产使用。可万没想到的是内战开始。无奈于1946年秋，李祉川奉命再带着这套图纸与资料经上海到美国的纽约。

在纽约，李祉川进入了由华人李国欣创办的华昌贸易公司工作。由于工作出色，李国欣曾多次劝他留在美国工作，且这时李祉川的夫人也带着三个女儿来到了美国，按常理来说，留在美国工作是无疑的了。可就在此时他接到了侯德榜的召回信，李祉川想：无论如何也得回国，因为这些建厂的图纸是由我负责带出的，那么现在国家解放了，需要建设，我就必须将图纸亲自带回国。李祉川谢绝了李国欣的挽留，于1951年年初准备起程回国。

李祉川的回国路不比唐僧取经容易，原因一是抗美援朝已经开始，美国对华人回国的事开始限制。听说钱学森回国未成被扣在美国的东海岸，李祉川就决定带家眷和图纸从西海岸走。可又因李祉川在1950年参加当地华人举行的中华人民共和国成立一周年的纪念活动，而上了警察局的黑名单，出境一事就更麻烦了，无奈他只有以提出去英国旅游为名，先出境去了英国。到了英国后就开始与国内联系如何办理入境手续，他先与侯德榜联系，并得到侯德榜的回应。

祉川兄如见：

寄来两信，已先后收悉。兄现拟回国，自所盼切！所清证明书已代办妥，今由政务院办理留学生回国事务委员会声请发下中英文证件各一份，兹特奉于此，盼兄即早日定船回国，国内在人民政府领导之下，建设积极，故盼兄早日回国参加建设。

兄之眷属旅费，可向寿缉兄处依实数报领。定船之后，即请告知，以便代为照顾。兄启程时，请将所有公司图业、表册及参考书籍，尽量带回，到中国海关方面，均无困难，均允许带入。兄抵香港时，请先拍一电报知，并盼于启行前随带永利公司纽约办事处证明书，证明系永利公司职员，庶抵广州时，即可不发生困难，盼，兄将证件带齐为要。

一九五一年五月十六日　侯德榜

而侯德榜深知，李祉川的回国不同于其他人，他带回的是国内发展急需的碱厂设计图纸，为了确保图纸与李祉川安全回国，侯德榜先让“永利”公司出证明，后来又让国务院（当时叫政务院）出证明：李祉川不需入境证，可在中国的任何一个地方入境……

证明书

本公司工程师李金沂，广东中山人，于一九四六年派遣出国，办理设计购料事宜，现国内建设工作需人，电请回国，并携妻及子女四人同行，随身带有公司图样书及个人行李等物件，特为证明，敬请沿途查验机关，准予放行。

永利化学工业公司总管理处 侯德榜

一九五一年六月二十三日

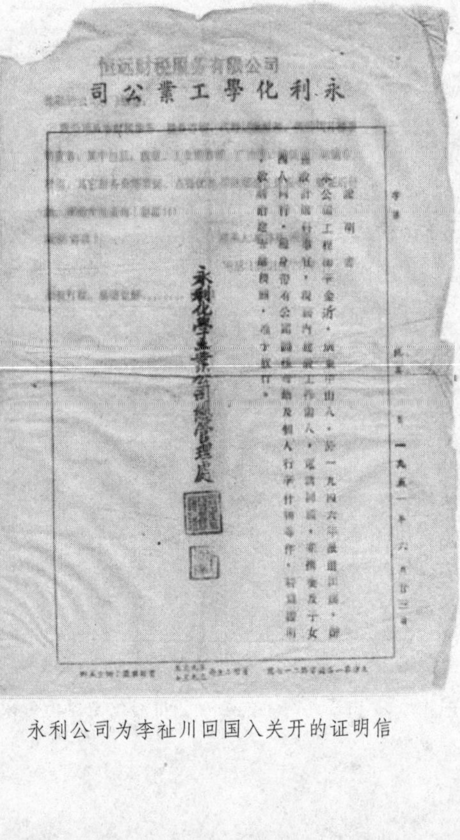
永利化學工業公司

證明書

永利化學工業公司總管理處

永利公司为李祉川回国入关开的证明信

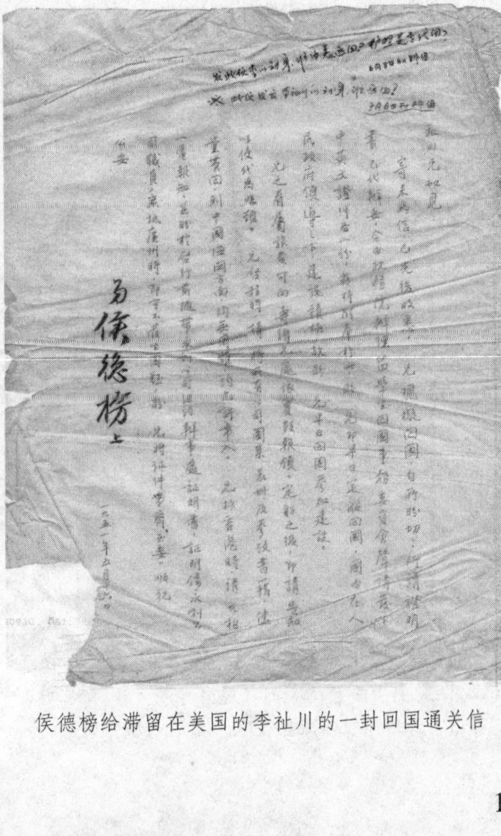
侯德榜 上

侯德榜给滞留在美国的李祉川的一封回国通关信

李金沂同学：

中华人民共和国欢迎你及所有中国留学生回到自己的祖国，参加建设工作，为人民服务。你们可由任何地方进入国境，根本并不需要入境证。但你们如携带任何足以说明你们留学生身份的文件，则更能享受到许多便利。

此致

敬礼

秘书：黄新民外字第二一二九号　（六月十八日）

李祉川在英国等了近一个月，终于办好了回国的手续。这时他也接到了美国同事寄来的一封信，说美国警察厅见李祉川这么长时间没有回去，就多次到公

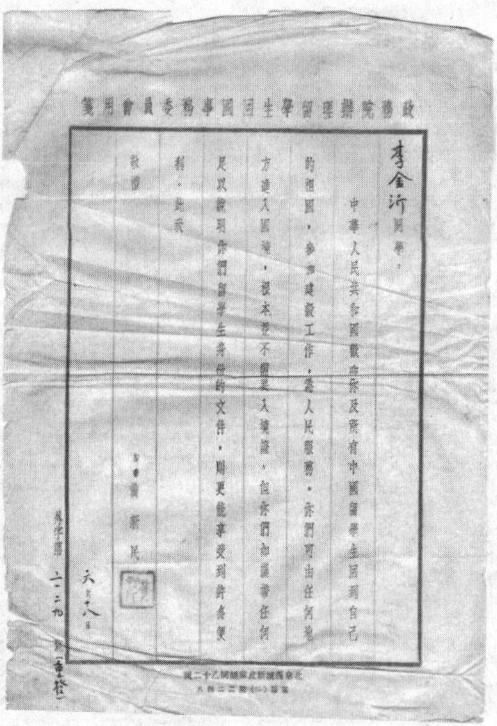

政務院辦理留學生回國事務委員會用箋

李金沂同學：

中華人民共和國歡迎你及所有中國留學生回到自己的祖國，參加建設工作，為人民服務。你們可由任何地方進入國境，根本並不需要入境證。但你們如攜帶任何足以說明你們留學生身份的文件，則更能享受到許多便利。此致

敬禮

秘書 黃新民 六月十八日

外字第二一二九號

新中国国家政务院（现国务院）于1951年6月18日给李祉川及其全家开具的入境手续

中華人民共和國廣州海關

1953年由广州海关发给李祉川的信函原件影印

司去查找，并将其办公桌的抽屉翻出查验，但他们已晚了一步，此时是人去楼空了。为了躲开特务的跟踪，李祉川带着夫人还有三个女儿从英国陆续转到埃及、印度、泰国，最后到达中国香港，随后于1951年7月14日到达广州。虽然有政务院的特许证件，但李祉川随身带回的收音机还是被公安局扣下。

在通关的三箱行李中，除了大人、小孩的几件衣服外，全都是永利碱厂的图纸和资料。李祉川不顾收音机被扣，而是先将这些绕地球走了一圈的图纸与资料交给了国家负责此事的调查组的经手人。查收后，给李祉川打了个手写收条：李祉川工程师带来资料卷三卷，名称如在扩建6研究组资料（资16），生产资料（资17），扩6综合组资料（资18）。

由于李祉川做了一件对国家建设具有重要贡献的事情，所以那一年国庆，也就是1951年的10月1日，李祉川被邀出席国庆观礼。李美漪在回忆这个美好的时刻时说："那天晚上，我和妹妹一起随爸妈登上了天安门城楼看烟花。因为看惯了黄头发的人，突然看到这么多的黑发人觉得有些怪怪的，这时爸爸告诉我，那位站在中间的人就是毛主席。主席给我的感觉是又黑又高，可说起话来很温和，感觉很温暖，很温暖。"

李祉川在国庆观礼过程中见到了国家领导人后，倍觉浑身有使不完的劲儿。他先接受了永利公司任命的设计部长的职务，而后又被调到重工业部化工设计院作为总负责人。直到1953年他接到由广州海关发来的信件，其内容是：广州市人民政府公安局前扣留你所带进口的收音机，已由该局移到海关处理。

如果不是广州海关来的这封信，已经进入亢奋的工作状态的李祉川早就把这件事忘到九霄云外了，李祉川马上按海关来信提到的要求将须缴的税款如数寄到广州海关。事后不仅收音机没有得到，还在李祉川的档案里加了一条"特嫌"，就因为这个"特嫌"，使李祉川在日后的政治运动中屡屡受苦。

李祉川并不知道档案里写了什么，他还是那么认认真真地为党工作。为了完成大连碱厂和永利碱厂这两大碱厂的技术改造和扩建工程的设计工作，他会同了两厂的技术负责人，采用了一些大型高效的设备代替原有的小型落后设备，如盐水车间换用多层洗泥桶；石灰窑除尘改用了泡沫除尘器和电除器；碳化塔和蒸氨塔的直径分别加大到2.5米和2.8米；煅烧炉的直径也加大到了2.5米；滤碱机过滤的面积加到了13.5米；成品运输和装卸也采用了一些机械化的设备。在这些设备的整体设计和施工中，李祉川发挥了技术指导和把关两项重要作用。在这些设备被改造后，两厂的产量从1952年的9.7万吨，到1957年为30.6万吨，增加了3～4倍。从而使企业的生产与面貌发生了很大的变化。同年化工部派李祉川到大化参加年产35万吨的联合制碱生产装置的设计任务。大连化工设计研究院也就在这时成立，李祉川被任命为该院的副总工程师，总工程师。工作是将侯德榜在20世纪40年代研究的侯氏制碱法的技术，在大化要实现生产化。因为1951年到1952年，在侯德榜的指导下，曾在这里开展过实验室的补充试验，和日产10吨的中间试验。而这次试验就有工艺技术和设备选型等许多变化。这其中就包括李祉川提出和设计的内热式蒸汽煅烧炉的新型设备的试验。煅烧炉是纯碱生产过程中最为关键的设备之一，对于制碱的所有设备来说，它是设计制造技术和材质要求都数最复杂的设备。永利公司建厂初期，是采用船式煅烧炉，这是一种外热式回转煅烧炉，它依靠间接供热，热能利用率极低，是靠炉皮传热，不仅如此，设备使用周期短，维修也频繁，再加上烧煤工人的劳动量大，环境恶劣，在试车期间就烧坏了四台煅烧炉，为了更换外热式回转煅烧炉，曾使我国纯碱投产的时间推迟两年。要用先进的煅烧炉取代这种落后的煅烧炉是李祉川由来已久的愿望。侯德榜也十分支持，并决定在联合制碱大生产装置中应用。

由于20世纪40年代国外已经研发出一种更先进的内热蒸汽煅烧炉，不仅能源利用率高，生产效率和劳动条件都有很大提高。当时李祉川在国外就很重视，并收集了一些资料。根据多年来的研究他决定先试制一台直径一米、长十米的试验炉，并安排在中间试验车间进行试验。在联碱的试验、设计、施工及生产达七年的过程中，时任化工部副部长的侯德榜不仅先后20多次到大化现场指导，还多次与李祉川书信往来，检查研制煅烧炉的进展情况。李祉川是在侯副部长的指导下完成了这台具有世界级水平的煅烧炉。

到1958年，在实验室的小试和全循环中试的基础上，李祉川先后解决了生产流程，工艺条件，设备选型以及碳化塔清理方法，原盐质量指标，母液平衡等等基本框架后，还对防腐蚀和计量提出了特殊的要求。这样一来为侯氏制碱法从试验走向规模生产提供了较为完整的依据。就在工程即将开工时，三年自然灾害来到了，大化的领导根据上级的有关指示，不仅放慢了建设的速度，同时还调整了建设规模。在试生产的过程中，李祉川坚持与科技人员和工人们一同倒班，在现场出现的大型煅烧炉的炉头填料和出碱口的密封问题，不凝气的排放问题，大托转的调整问题等技术难关都是在他的努力下得到解决的。技术问题解决后，便是联碱车间的投资能否到位的事，如果没有资金，那么这个技术仍然会放置到保险柜里当做资料而收藏起来。李祉川多次去化工部，但国家拨款一事始终没有着落，无奈他就直拨副部长侯德榜的电话，说明大化的制碱是万事俱备只欠东风，侯德榜在百忙之中给大化领导陈力经理写信，并在信中嘱咐李祉川、刘嘉树、王楚三位同志务必抓紧时间工作，越快越多越好，这样投资便可以节省一些。这三位不仅是大化制碱的主力人员，也是永利公司的老同事，曾经侯德榜的部下，都是干活的人。

1961年6月9日，侯德榜为大化的联碱工业的拨款问题来了封信。

1964年12月，国家科委看到大化两年多的试验生产，实现了连续运转，以及产品质量、产量和经济指标均符合要求，认为这一成果可以在全国推广。就决定在大连召开技术鉴定会。

在这次鉴定会上，通过了侯氏制碱法的鉴定。从此我国纯碱生产技术进入了一个新阶段，并逐渐成为我国纯碱和化肥生产的主要方法之一。鉴定会还同时对蒸汽煅烧炉进行了单项的特殊鉴定，从此，蒸汽煅烧炉很快推广到全国其他制碱厂，取代了我国历来采用的外热式煅烧炉，使单机能力提高两倍以上，这样不仅提高了热效率，还改善了工人们的操作环境。之后这个具有世界水平的技术成果，也受到了苏联专家的重视，经两国政府领导人的商定，把李祉川的蒸汽煅烧炉这一技术列为中苏技术交流项目，并责令李祉川组织编写和整理了全套技术资料和制造图纸提供给了苏联方面。苏联专家高兴地说："在援助贵国的同时，我们也获得了极重要的技术经验，回国后我们要依此来武装苏联的纯碱工业。"

李祉川因研制蒸汽煅烧炉既得到了荣誉，也给他带来了灭顶的灾难。60年代末，他因这一技术被扣上了"反动学术权威"的帽子，又因扣在广州公安局的那台收音机又被扣上了"特嫌"的帽子，还因去美国工作学习的经历被说成"美蒋特务"等等，最终被赶到农村去。

从1968年到1972年9月13日，经过多次的内查外调后，确认"国民党大化情报组特务案"是一起假案。大化的"三结合"革命委员会，给予李祉川等六人平反。但最终的平反却是在1978年6月2日。

三年后也就是1972年，李祉川又回到了大化，担任公司副总工程师。他特别珍惜这次重新工作的机会，他在指导设计人员完成一些改造车间工程设计和设备设计的同时，还承担了援助越南的化肥厂和援助阿尔巴尼亚的碱厂设计文件的审

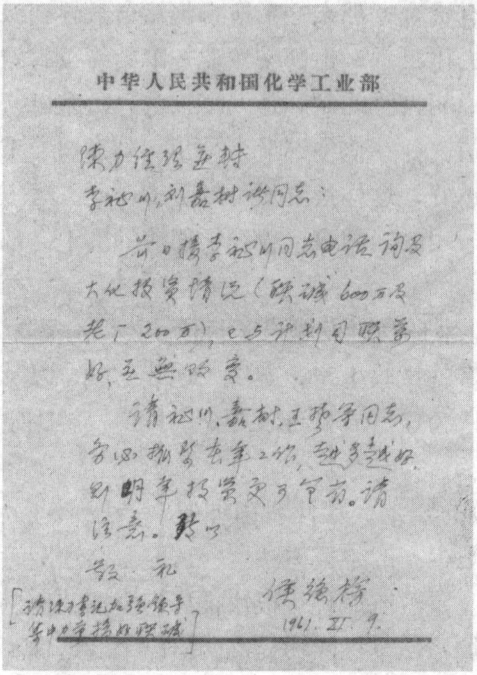

中华人民共和国化学工业部

侯德榜告知时任大化经理陈力制碱项目已获批准。

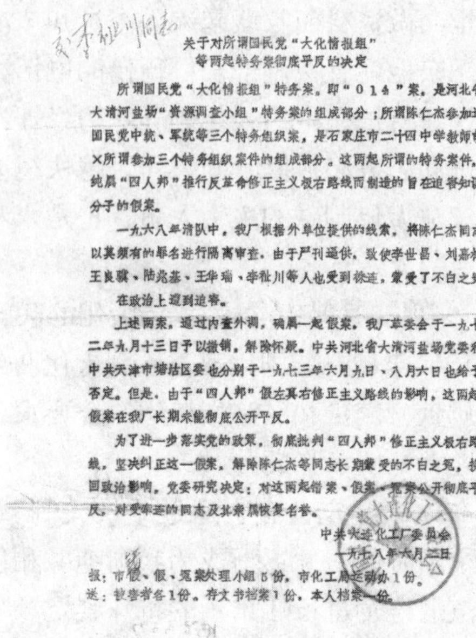

关于对所谓国民党"大化情报组"
等两起特务案彻底平反的决定

所谓国民党"大化情报组"特务案，即"014"案，是河北省大清河盐场"资源调查小组"特务案的组成部分；所谓陈仁杰参加过国民党中统、军统等三个特务组织案，是石家庄市二十四中学教师胡×所谓参加三个特务组织案件的组成部分。这两起所谓的特务案件，纯属"四人邦"推行反革命修正主义极右路线而制造的旨在迫害知识分子的假案。

一九六八年清队中，我厂根据外单位提供的线索，将陈仁杰同志以莫须有的罪名进行隔离审查，由于严刑逼供，致使李世昌、刘嘉树、王良骥、陆兆基、王华瑞、李祉川等人也受到株连，蒙受了不白之冤，在政治上遭到迫害。

上述两案，通过内查外调，确属一起假案，我厂革委会于一九七二年九月十三日予以撤销，解除怀疑。中共河北省大清河盐场党委和中共天津市塘沽区委也分别于一九七三年六月九日、八月六日也给予否定。但是，由于"四人邦"假左真右修正主义路线的影响，这两起假案在我厂长期未能彻底公开平反。

为了进一步落实党的政策，彻底批判"四人邦"修正主义极右路线，坚决纠正这一假案，解除陈仁杰等同志长期蒙受的不白之冤，挽回政治影响，党委研究决定：对这两起错案、假案、冤案公开彻底平反，对受牵连的同志及其亲属恢复名誉。

中共大连化工厂委员会
一九七八年六月二日

报：市错、假、冤案处理小组5份，市化工局[illegible]1份。
送：被害者各1份。存文书档案1份，本人档案一份。

1978年6月2日，大化对李祉川等人在"文革"期间受到的不公正待遇给予平反。

定工作。尤其是在主审国家首次引进大型化工项目——辽阳化纤厂的几千万技术资料的翻译工作中，他发现法国方面在引进的设备阀门上有问题。他想：国家花巨资引进的项目，如果在设备的阀门上出现问题，那对国家造成的损失将是无法估量的，必须向国家有关领导汇报真实情况，让损失降到最低点。反映问题的信写好了，但怎样把这封关系到国家利益的信送上去呢？他想来想去突然想到了一个人，这个人与他已有二十几年没见面了，他叫姜圣阶。

姜圣阶是永利人，他们俩都是在1946年去美国工作、学习的，虽然回国后两人又都在永利工作，后因国家要上原子弹的研究项目，姜圣阶被侯德榜推荐去了二机部。当时国家对外宣称为：机械部为一机部，原子能工业部为二机部，导弹为七机部……本来李祉川与姜圣阶既是同事，又是朋友，两人关系很近，但就因为调到二机部后，就隐名埋姓不同任何家属、朋友联系了。这是当时的国情要求的。可现在不同了，姜圣阶已经从原子弹的研究基地调入了二机部并担任了副部长。他这位置与级别可以把这封急信送到邓小平的手里。想到这里，侯德榜就直接把信寄送到二机部了。没几天姜圣阶回信了，说是：20年没见面了，现在因血压不稳住进医院，住院期间由秘书转承了你的致邓副主席的信，从中得知您现在精神振作，为把我国在本世纪内建成社会主义现代化的强国而积极努力奋斗，这很值得我向您学习！李祉川就是这样的一个人，把国家的事当作自己的事去做。进入80年代后，年逾古稀的李祉川在工作之余积极著述，先后主编了600万字的《化工厂机械手册》和134万字的《纯碱工学》，主持翻译了《美国化工厂机械手册》，还和陈歆文合著了《侯德榜》和《侯德榜选集》。在担任大连市人大常委会副主任期间，李祉川对辽宁省及代理商的农、渔、外贸、机电、交通、教育方面提出了有建设性提案就达30多份。

1986年，李祉川就人才培养方面写过两篇文章，即《论人才培养》和《西欧之行几点体会与建议》深得科学家钱学森的赞同，并将自己写的《智慧与马克思主义哲学》等文章给李祉川，两人共同探讨：

> 祉川学长：
>
> 十月二十日来示敬悉；拜读大作《论人才培养》及《西欧之行几点体会与建议》得益不少！
>
> 近日大家对我国教育现状议论颇多，尤其对青年创造能力的培养提出许多意见和建议。你的意见我很赞同：知识太窄是不行的。为此，我写了篇短文，随画附成呈，请指教。
>
> 钱学森　1986.12.26

1987年，李祉川获中国化工学会授予“从事化工工作50年，为科技发展做出积极贡献”的荣誉证书，1990年享受国务院为表彰有突出贡献的专家的特殊津贴，并被化学工业部命名为：“对化工事业做出突出贡献的老专家。”

李祉川于1995年1月12日因病离世。

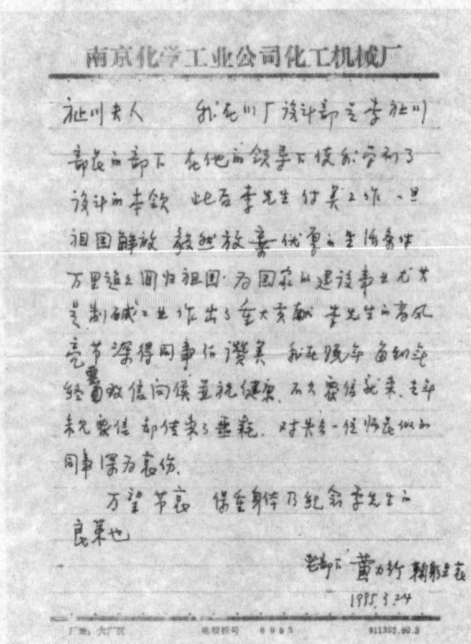
南京化学工业公司化工机械厂

祉川夫人　我在川厂设计部是李祉川部长的部下 在他的领导下使我学到了设计的本领 此后李先生从美工作，当祖国解放 毅然放弃优厚的生活条件万里迢迢回归祖国，为国家的建设事业尤其是制碱工业作出了重大贡献 李先生的高风亮节深得同事们赞美 我在晚年 [illegible]经常致信问候并祝健康，[illegible]来信 却传来了噩耗，对失去一位好[illegible]同事深为哀伤。

万望节哀 保重身体乃纪念李先生之良策也

老部下 黄力行 [illegible]
1995.3.24

黄力行致李祉川夫人的悼念信

制碱专家——段志骙

1948年11月，久大盐业总经理李烛尘派年轻的工程师段志骙，去台湾参加中国工程师学会第15届年会。

就在会议即将结束时，赶上大批国民党部队及家属开始逃往台湾。

由于买不到回程票，段志骙不得不每天到基隆港码头的售票处去等票，可每天他都无票而返，因为大陆开过来的军、客船只，已将基隆港的泊位塞得满满的，根本就没有船能开得出去。就这样，他天天在码头上徘徊，期待着能登上开回大陆的那条船。

这一天，段志骙像往常一样，早早地来到码头。天气已进入秋末冬初，阴霾的天空飘着雨雪，眼见着剔透晶莹的雪花，落在脸上立刻就变成水珠，他不觉得打了个寒战。就在他抬手想抹掉脸上的水珠时，突然发现在刚刚靠港的大船上，走下来一个熟悉的身影——因为他站的地方是下船人上岸的必经之路——这时他两腿僵硬，眼瞅着这个人的轮廓渐渐清晰起来，是他！肯定是他！！

1949年段志骙参加盐业学会

段志骙失声地喊了一声："小弟！"

那个被称为"小弟"的人，穿着一身国民党军服，因为下船时枪支都被岸上的检查人员收去了，所以与其他带家眷的人相比，他显得两手空空。

听到熟悉的喊声，这个年轻人先是停住脚，愣了一会儿，心想：真不相信在这里，还能听到这个声音，而这恰恰是他最不想听到的。他缓缓地抬起头来，惊愕地喊了声："大哥！我……"泪水从这个不到20岁的年轻人的脸上流了下来。

段志骙赶忙快步走上去，把小弟拉到路旁一个僻静的屋檐下，仔细地端详这个六年没有见面的弟弟，他抚摸着小弟的肩膀，一时不知道说什么好。

父亲去世时，小弟只有几岁，段志骙在上中学。段志骙上大学后，一边干活打工，一边帮妈妈养活小弟。小弟也非常尊重和喜欢这个大哥。

六年前的一天下午，小弟放学回家说："学校的操场让日本人占了当作操练场，几个同学气不过，要一起去参加国军打日本。"

"你只是个还没毕业的中学生，打日本是军人的事情，我供你上学，你好好读书就是了，要打日本也得等你把书读完了再说。"段志骙瞪了一眼弟弟说。

他以为小弟只是说说罢了，可没想到，小弟第二天上学后就再也没回来。

此时，小弟见大哥不说话，就问："大哥，你怎么知道我会来这里？你是不是在这里等了好几天了？"

"我哪里知道你能来这里？我是来开会的，会开完了，就回不去了。"大哥一边说，一边看着载着小弟来的那条大船，自言自语："不知道这船什么时候往回开？"

"回家？大哥，你别有这个想法，千万不能有这个想法！你知道吗，现在要搞到一张来台湾的船票比登天都难。跑都跑不出来，你还要回去，咱俩就在这里过吧，你老了我可以养你，放心吧，我不会再不听你的话了。"

段志骙听完小弟的话，不觉心头涌上一丝凉意，他似乎感觉到，从此以后，兄弟俩将会天各一方。没有任何办法，他们俩谁也说不动谁。

就在这年年底，段志骙几经周折，于12月11日回到了天津的塘沽碱厂。当久大总经理李烛尘在办公室里见到风尘仆仆前来报到的段志骙时，激动地拍着段志骙的胸脯说："好小伙子，我没看错你！回来是对的，国家建设需要你。"

段志骙在抗日战争即将爆发的1936年，考入北平辅仁大学，后由于战乱，他又先后借读成都金陵大学和重庆大学的化工系。1941年毕业后，段志骙进入由企业家范旭东南迁到四川的久大盐业公司自贡制碱厂，后又在五通桥黄海化工研究社，以及久大、永利、黄海三家组建的贡井三一化学制品厂工作，先后被提升为车间主任、化工与制造科副科长。

在这期间，段志骙与厂长吴炳尖共同研制并建成了一座用耐腐蚀的石材制成的立式塔。这座立式塔是专门用来生产溴素的。这个塔每天能连续生产溴素10公斤，同时这个厂每天还能生产氯化钾1.5吨。这不仅解决了抗战时急需的医药问题，同时还为当地兵工厂生产氯酸钾提供了原料氯化钾。

总经理李烛尘对段志骙的这些发明创造非常满意，他特意把段志骙介绍给来厂参观的冯玉祥将军。

本来段志骙回到天津，是要跟着李烛尘继续工作的，但由于和小弟的分别，让他患上了神经官能症。医生嘱咐他，必须换个环境休息一段时间，所以他请了病假，回到离别13年的家乡湖南。

因家乡刚刚解放，百业待举，处处需要人，段志骙病情略有好转，就应聘进入湖南省工业厅工作。

1953年，国家决定对大连碱厂也就是大化的碱分厂，进行技术改造和扩建。段志骙于当年9月，就被侯德榜由湖南省工业厅调到大连碱厂任工程师。他在接到调令后，带着全家立马赶到了大化。那时他的第四个孩子毛毛，刚刚出生不到一个月。

段志骙没顾得上安顿好家，就到厂里报到。他被分配到碱厂的检查科，负责所有设备的检查工作。妻子带着四个孩子住在临时租借的房子里，等待厂房产科的安排。

段志骙工作起来总是十分认真，他会将检验过的设备重检一遍，防止遗漏。

一次，段志骙连午饭都没吃，一直忙到晚上下班才复查完。这时他才想起，早上房产科分给他的房子钥匙还在他的裤兜里。他骑上自行车就出了三号门，直奔大化宿舍——椒树房街的22号楼。

原来一大早，他把孩子们打发上学和托儿所后，就扛着东西和妻子来到新家门口。他放下东西，对抱着最小孩子的妻子说："你在这儿等着，我去拿钥匙，马上回来。"

不到十分钟，段志骙就走到房产科，领了钥匙往外走。在门口，他碰到了总工程师刘嘉树，刘嘉树见到段志骙，问他："段工，给你房子了？"

"早晨好，刘总，给房子了。今天我……"段志骙还没说完。

"今天我要到车间去验收，你检查的设备快开车了。"刘嘉树说完，大步流星地往前走去。

段志骙在原地犹豫了一会儿，也快步跟了上去："刘总，我陪你去，我了解情况。"

就这样，段志骙将设备检验了一天，傍晚，才想起一大早就等在家门口的妻子和孩子。

段志骙紧赶慢赶地回到家，看见三个孩子都坐在大小不等的行李上，妻子摇晃着怀中的孩子，脸上挂满了泪水……

在近半年的检查工作中，段志骙对吸氨塔、除钙塔、滤碱机、外热煅烧炉等大型化工设备，一一进行了安全检查和性能试验，为碱厂的开工生产提供了技术保证。同时他还与蒋坤良就碳化塔的循环结晶扩大试验，提出了建议与意见，并整理成文刊登在《化工技术》1955年第5期。

大化碱厂的总工程师刘嘉树，对段志骙所做的检验工作给予很高的评价，他说："段志骙检查和测试每个设备，不仅能检查出该设备的不足之处，同时还能提出改进的方法，尤其是那份报告，既有理论又有实践，非常好！"

不久，刘嘉树去北京化工部开会，在会上得知国家急需食品工业专用的碳酸氢铵，他便主动提出要开发这一新产品。

刘嘉树回来后，就开始着手开展这项试验，并任命段志骙为课题组组长。

段志骙与卢作德等人，将大化的合成氨车间的氨气加水后，制成氨水，再与二氧化碳接触，用连续碳化的方法，研制生产出碳酸氢铵。

后来侯德榜提出的用碳化法合成氨流程制碳酸氢铵化肥的新工艺，就是在这套食用碳酸氢铵工艺的启发下提出来的。可以说，我们国家的小氨肥工业的大发展，刘嘉树、段志骙是功不可没的。

在这之前，我国工业用的碳酸氢铵几乎全部从英国进口。在段志骙、卢作德等工程技术人员的周密构思、精心设计下，我国碳酸氢铵生产工艺可以与国际上同类生产工艺的先进技术相媲美。这为我国碳酸氢铵产品在国际市场上能有比较强的竞争力，打下了坚实的基础。

先进的工艺和设备，是生产出好产品的重要因素，但人的因素也是极为重要的。生产碳酸氢铵的职工们，为了提高产品质量，也付出了很大的代价。

1963年的一天，有位操作工不小心将吃饭用的筷子掉进了输料绞笼里，筷子立刻就被绞碎，并与碳酸氢铵的物料一同进入包装袋内。

为了不影响这批出口产品的质量，这个班的职工在班长的带领下，将已包装好的五十桶成品全部撬开桶盖，并将产品倒出来，一桶一桶查找。他们找到了十一节断筷，再把断筷一节一节对起来，发现还差半根火柴杆的长度，于是他们又倒了一遍。而这一遍，是让碳酸氢铵的粉末，一点一点地从手指缝里流过，最后终于找到了这一小节断筷子。

就因为有了对产品质量一丝不苟的大化工人，才使我国的碳酸氢铵产品由进口转为出口。

1965年，大化的碳酸氢铵产量就赶超了英国和日本，不仅能满足国内需要，而且还外销十几个国家和地区，在国际市场上保持强劲的竞争能力。只可惜，这个刚刚结出的果实，在之后十年的"文化大革命"中，失去了应有的光泽。

1984年5月，大化的碳酸氢铵再一次在全国同类优质产品评比中名列第一，又一次荣获国家金奖。

说到段志骙老先生，我还真有点不好下笔，虽然我们两家在20世纪70年代曾做过六年邻居，但我很少看到这个人，早晨鸡还没叫他就去上班，晚上猫都睡觉了他还没下班。有时我找他的小女儿毛毛说话，他似乎也显得不高兴，好像是说毛毛不抓紧时间复习备考大学。后来我们两家都搬离了那个地方。

大约有三十几年，我们两家没见过面了。去年我因为写《地主家的四代女人》，经常去旅顺，每次我都会在杨树沟加油站把车加满了油再去。而加油的那位被称为"段工"的人，就是段志骙的二儿子，他叫段辉祺。他不认识我，可我记得他，因为我们两家住在一起时，他下乡到恒仁县，每年只回家小住几天，所以他对我没有记忆，而我知道，他是我朋友毛毛的二哥。

为写制碱专家段志骙，我于2010年10月16日专程去了杨树沟加油站。可这次去没有碰到段工，一打听才知道，他已退休了。我不管加油站的工作人员怎么想，就直接向开票的那人索要段工的手机，人家根本不给。我想，这是我找到毛毛和段家其他孩子的唯一线索，无论如何我也要找到段工的电话。

开始那位开票的人不太理我，但当我说段工的父亲段志骙是制碱专家，我是因为要写他的材料才找他儿子时，那个人立即抬起头来，说："我听说过，段志骙是个老科学家，我们这个加油站的人都知道，很了不起……"他越说越多，还要给我讲更多的事情。

"我是要段工的电话！"我打断了他的话。他突然感到有些不妥，连忙拿出手机查到段工的电话，在开发票的那个小本上撕下来一张发票，写上了段工的号码递给了我。

晚上，我迫不及待地与段工通上话，告诉他，我要找他的姐姐和妹妹。

毛毛的电话，是在今天早晨打通的，我只说："见面再说。"

中午，我们约在沙河口区五四广场的转盘见面。毛毛和她的姐姐准时赴约，见面时，我们都高兴地大喊大叫。三十几年没见了，那时我们都还是20岁的年轻人，现在彼此都能看到岁月留在脸上的痕迹。

我说为了写他的父亲，我找过很多相关资料，这些资料的内容让我很感动。毛毛和她姐姐一听我要写她们的父亲，都争先恐后地讲起她们心目中的父亲。

20世纪60年代，化工部对大化的研究机构进行了多次调整，先是将1959年成立的大连化学工业设计研究分院，于1960年更名为大化设计研究院，而后又于1965年4月迁到成都，命名为化工部第八设计院。研究人员被定为化工部直属的制碱研究所。段志骙在制碱研究所先后担任研究所的副所长、总工程师等职务，一直负责和领导科研工作。

虽然制碱研究所从大化分离出来多年，但段志骙就像一个嫁出去的姑娘心里永远系着娘家，系着大化，系着他成功试验侯氏制碱法的联碱车间。

虽然段志骙已离去多年，但他慈祥的样子，我是永远不会忘的。我认识这位老专家是在1972年，那时我们家刚从农村调回城里，我家住在大化第六宿舍“五七”楼二楼的246号，他家也同时从农村回来，搬进“五七”楼252号，距我家相隔三个房间。他老人家，每天上班和下班，都从我家门前走过，我总能在黑黑的走廊里看到他的身影，但真不知道他是一位对大化的制碱有突出贡献的老知识分子。这样一位老知识分子，在60年代末期，一些人却以“1949年从台湾潜回”为由，把他打入大化的“国民党情报组”。

段志骙被归到这个组织之后，就大难临头了。先是抄家，三次抄家，一次比一次细致，甚至连在小学读书的小女儿毛毛的作业本都一页页翻着检查。然后不声不响地将段志骙秘密关押在制碱研究所对面楼的一间房里，窗上钉上木板条，用来防止他与外界联系。

屋里的电灯24小时亮着，就是不想让他夜里休息好，这些人是想从精神和肉体上摧垮段志骙。

一天，毛毛放学后去同学家，从这个楼前路过时，听到有人喊“毛毛、毛毛”，声音大且急促。毛毛不由得抬头四望，突然看到那扇被钉上木条的窗口有人影晃动。仔细一看，是爸爸的眼睛，在两条木板交叉的缝条中。

毛毛看到几个月没有音信的爸爸，又惊又怕，她撒腿就往家跑。妈妈听说段志骙还活着，不顾当时可能发生的一切危险，立即跑到那个小楼的对面。段志骙仍然站在那里，因为他断定女儿一定会回家告诉妈妈的，所以他一直站在那里等待。

终于，他看到了几个月没有见到的家人，段志骙把已经写好的纸条用小绳从窗上顺下去。毛毛的妈妈接到纸条没敢当场看，怕被人发现。因为那时的人们“觉悟”都“很高”，向领导揭发别人的问题是立功的表现。

毛毛的妈妈回到家里，关紧了房门，挡严了窗帘，在罩着报纸的灯下，读着丈夫写的纸条：“我在这里很好，不经常挨打，只是晚上不让关灯，休息不好。很想你和孩子，太寂寞了，你让毛毛每天到这里，让我看看她，一定！一定！！”

当时，毛毛虽然只有十二三岁，但姐姐哥哥都下乡了，家里只有她，她不能让妈妈冒险去做这事，为了爸爸，她坚持每天不定时地到那个被钉了木板条的窗下，写上几句话系在爸爸顺下的小绳上，再将爸爸写的纸条带回去给妈妈。

一时间，这件事成了毛毛每天必做的功课。毕竟爸爸还活着，这就是家人的希望。在当时的情况下，死人的事情是经常发生的。

可好景不长，这件事情终于被专政队的人发现了。

这天，毛毛又像往常一样来到那个窗前，奇怪的是，窗上的木板条少了一块，爸爸大半身都可以看见，而且面无表情。爸爸看到毛毛来，只是放下小绳。毛毛觉得不对劲，没敢把自己写的纸条拿出来，而是解下绳子上的纸条往家跑。

回到家，妈妈习惯地挡严窗帘，还没等毛毛把纸条拿出来，门就被专政队的人踢开了。领头的向毛毛要下那张纸条，二话没说，就把妈妈和毛毛一块带到关押段志骙的小楼上，母女俩分别被关进两个房间里进行审问。

事后毛毛才知道，专政队发现毛毛的举动后，认为这是段志骙用女儿毛毛传递情报。“情报”一词，在当时那个特殊的历史时期被异化了，它代表敌特、特嫌。

所以对于这个“阶级斗争的新动向”，他们很是重视，并加大审讯力度。

毛毛如是说：“我想爸爸就是想告诉我们，他每天是否活着。”不知道专政队的人是同情这个孩子，还是认为在这个孩子身上找不到更有价值的线索，没有再审就把她放了。

可妈妈却因此被关押起来，段志骙与夫人被关押长达一年之久。在此期间，反复多次开他俩的批斗会。

说到这里，50多岁的毛毛已经抑制不住自己悲愤的心情。我更是不敢抬头与她对视。

好在历史是公正的。段志骙的这个冤案在“文革”后得到了公开平反。

记得那时正赶上段志骙的大儿媳生小孩，因为副食供应极为紧张，平时除了给产妇供应十斤鸡蛋外，再买不到鸡蛋。而那个晚上，他老人家却乐呵呵地吃着炒鸡蛋。

我们那时是七八户人家用一个水房，谁家吃什么大家都知道。厨房里的一个阿姨说：“段工，你怎么也吃起鸡蛋了？”

段志骙笑笑，拍着中国式对襟衣服下发福的肚子说：“嘿，儿媳妇坐个大月子，我坐个小月子。”虽然他说的是地道的湖南话，但我们都听得明白。

那年春节，我到他家去找毛毛，相约一起去邻家拜年。一进门就看到老人家坐在靠窗的写字台上，用毛笔写下“老骥伏枥，志在千里”的条幅，并把它压在桌子的玻璃板下面。这一年，他老人家应有60岁了，可他的心还在千里之外。

有时我和毛毛在她家里说悄悄话，段志骙就凶巴巴地叫我们到楼下说去。当时我还很不高兴，心想，我们谈话又不影响你。可现在想起来，真觉得对不起他老人家。因为他一定又在想制碱的事，我从未见过他与人闲聊过，他总是坐在靠窗的桌子前，不断地翻书或写着什么，后来我才知道，他当时正主管全所的科研、设计、情报等工作，同时还组织全所科技人员开发纯碱生产的新工艺、新设备，为纯碱生产提供科技成果和工程设计。

由于段志骙为纯碱工业和化工事业做出了突出贡献，因此他荣获了辽宁省和旅大市先进科技工作者荣誉称号，受聘担任国家科委化工专家组成员，曾当选为大连市第五、六、八、九届人大代表，中国化工学会无机酸碱盐学会副理事长，《纯碱工业》刊物编委、副主任编委等职务。

1992年10月起，段志骙开始享受国务院表彰的有突出贡献专家的特殊津贴。

终于有一天，他老人家因在走廊上同我爸相互问“过年好”后，被我爸邀请到我家里做客。我坐在屋子的一角里，听着他们的谈话。我爸用尊敬的语气跟他谈着话，我爸说：“段工，听说您为大化的制碱做了很多工作，您是怎么认识侯德榜的？”

“侯德榜、范旭东、李烛尘这些人，我很尊重他们，他们不仅是我的老师，也是中国化工事业的奠基人，他们把用自己的钱办的工厂，交给了国家。”

那之前，我从没听说过这些人的名字，也不认识他们，我只认识这位坐在我家椅子上的毛毛他爸，一个平时不多说话，脸上没有表情的老人。若干年后的今天想起来，我真后悔，为什么不多听他讲讲那些人和事。

不过这位老人家也有他有趣的事，那是1975年地震时期。

春节，家家都在走廊上做晚饭，突然听外面哨声响起，这是地震的警报。我们立刻放下手头做的事，纷纷向楼外跑。楼梯上挤满了下楼的人，一位老太太披着一床被子，在楼梯上慢慢地晃悠，人们小心翼翼地走过她的身边，迅速地奔向楼的外面。

这时毛毛家正在下饺子，毛毛把煤气关掉就跑了，当段志骙从屋里走出来时，一眼看到锅里还漂着翻腾的饺子，他端起锅，将锅里的水和饺子一起倒在一旁的空菜筐里，热水从筐的缝隙里流了下来，淌了一地，他提着还冒着热气的筐就下楼了。站在楼外的人看着他是最后一个出来的，都奇怪地看着他。他竟旁若无人地吃着筐里的饺子，一口一个，边吃边说："急什么，跑什么，走到哪里也不能饿着。"

他老人家一辈子除了研究纯碱，好像就剩吃东西了。

两代高工：王良骥和王铮

王良骥与王铮是大化高级工程师队伍中唯一一对父子。父亲王良骥是中法大学毕业的，儿子王铮是哈军工毕业的。

王良骥也是20世纪50年代初，从北京调到大化的，主要负责中央化验室的工作。在工作中他发现，合成车间的氢气分离与空气分离两个装置，存在一定的危险隐患。在日后大量的试验中，他认定氢分的危险隐患，是由于一氧化氮逐渐累积而形成的。空分的危险隐患，是由于空气中含有乙炔等碳氢化合物所造成的。

王良骥对氢分和空分的研究，据说是在朱德委员长到大化视察之后开始的。那时国家刚刚成立，一些工厂、企业都在慢慢地恢复生产。朱德委员长就在这时下到基层来，他先后到大钢、大化视察。

当朱德委员长看到两个大厂的空气分离和氢气分离装置，安全运转周期仅为15天时，当场建议：为了保证安全生产，延长设备使用寿命，应组建一个安全卫生科学研究室，开展防爆技术的研究。

这个建议引起了党中央的高度重视，并把这个研究课题下到大化。

大化马上成立了一个名为“安研室”的研究机构，王良骥就领导这个“安研室”，开始着手“空分”和“氢分”的研究工作。

从1956年至1959年王良骥通过大量的试验得出结论：空气中含有的乙炔等碳氢化合物，是造成空分装置爆炸的原因。

对此他建议，在液氧部分增设铝胶吸附器，同时建立对空气中杂质、碳氢化合物的分析制度，把空气吸收站的位置进行重新选定。实施之后的结果，明显地减轻了对生产的威胁。

王良骥对氢分装置爆炸的研究结论为：一氧化氮的积累是引起爆炸的主要原因。

这样王良骥就提出了为防止一氧化氮进入系统的一系列措施，并根据历年来的生产数据，统计制定了一氧化氮积累量不超过5公斤的规定。

王良骥通过试验而提出的“水洗塔垢污中的反硝杆菌，在pH为5时，分解硝酸盐放出的一氧化氮，是威胁氢分装置安全”的结论，比美国发表的这一结论要早两年。

《大化志》第一卷第244页，关于科研成果的结尾部分，对王良骥的这一研究成果记载是：1959年，高级工程师王良骥撰写的《氢气分离设备防爆研究》和《空气分离设备防爆研究》两篇论文，被推荐参加中国制冷学会第一届代表大会交流，并被评为优秀论文。

而这一年，也是我们两家互为邻居五六年的时候。我们都住在大化第一宿舍的同一趟街，我家在154号，王良骥家是在我家西侧的157号。如果不是因为1970年走“五七”道路下乡，恐怕到现在，我与他的家人仍然是邻居。

王良骥不仅是大化研究氢分、空分防爆设备的专家，还是多种语言的翻译家。那是80年代中期，我在大连石化公司有机合成研究所工作时，一次，因所里急需翻译一份外文索引，内容是关于石油化工的深度加工的资料，为了校对的事，我找到了已分别十几年的王良骥。当时他已经是八十几岁的老人了，除了人

老了，腿走路不是很方便外，他的脑子是一点没变，还是那么聪明，那么强记！

记得那天，他校对完我的译文之后，就指着电视里正在说话的人对我说：“小燕子，你听他说话，一个废字都没有，你现在把他说的话记录下来，就是一篇好文章。”

我转过头仔细看了看，原来是作家矛盾正在接受中央台记者的采访。

我说：“他是‘大家’，我只能听，哪能同他比。”

“不，你还年轻，一定要好好学习，将来国家允许的话，你就把我的历史写出来。我过去的那些委屈只能咽下去，不能说……”

我知道他是很委屈的，因为在那个年代，他家发生的事我看见了。

为了不让这位老人伤心，我拿起笔准备记录，可他不同意，他说：“你要用脑子记住我对你说的话，不要把这个东西写在纸上，白纸黑字的，将来万一有点什么风吹草动的，你也会有麻烦的。”我点点头，可心里却像压上了一块石头，沉重起来。

为了能写好大化这两代高工，我于2010年9月20日的早晨，乘早班飞机赶到北京，见到了已去北京生活多年的王铮。

1928年12月31日，王良骥在北平中法大学居礼学院参加政府请愿后照。

王铮对父亲的讲述，让我对工良骥又有了新的认识。

王良骥出生于1910年，在他出生前，工作在福州海关的父亲，因缴查到一批大烟，并拒收对方的贿赂而被暗杀。当时王良骥唯一的哥哥只有15岁，全家的生活就靠母亲给人家洗衣服做零活来维持。

三年后，哥哥毕业，参加了工作，家里的生活才渐渐好起来。王良骥是靠哥哥的资助，才完成大学的学业。他一生中心里只装两件事：心疼母亲，敬重哥哥。在大学读书时，他编写了一本《三角难题详解》的书，在书的封面上，他恭恭敬敬地写上“献给妈妈”。

1928年，王良骥考入北京中法大学居里学院。在校期间，他与北京大学学生会副主席

1942年，王良骥(左二)与大哥(左三)、夫人(左一)王铮(右一) 在一起

葛佩琦（葛佩琦当时是中共地下党员），分别带领两校的学生，参加一二·九学生运动。之后两人又作为学生代表，南下到南京总统府请愿。

毕业时，王良骥因成绩优异，被学校保送去法国留学。但法国领事馆因他曾参加过学生运动，拒绝入境。结果王良骥失去了这个能改变他命运的机会。

法国没去成，他就在由国民党29路军军长宋哲元创办的北京《求实中学》杂志里找到一份教师工作。不长时间，日本军队就与宋哲元的第29路军开始交战，这就是史上的“七七”事变。

七七事变后，北京正式被日军占领，京城的人们纷纷出逃。

日军占领北京后，在前门楼设岗检查路人。他们规定：凡是戴眼镜的人，一律不准出京城。

眼睛近视的王良骥，便摘下眼镜，装成一个买卖人，混出了北京城，逃到天津，后经青岛、徐州到达长沙。

在长沙刚过上几天安稳的日子，日军飞机就开进了长沙的上空。王良骥见日军飞机轰炸城市，就往郊区的山里跑，躲在山里的一间小茅屋里。哪知一颗炸弹就在距小茅屋不到50米的地方爆炸，险些伤着他。无奈，他决定去贵阳市找大哥。

这时王良骥的大哥，已是华北区邮政总局的局长了。他对小自己15岁的弟弟，不仅有兄长的手足情，更有父亲般的疼爱，只要是这位弟弟的事，大哥绝无二话。

王良骥到了贵阳，在大哥的关照下，进了陕西化工厂，做了这个厂的厂长。这是一个生产墨水、粉笔、糨糊的工厂。工厂在王良骥的领导下，生产蒸蒸日上，不仅是因为他懂技术，还因为他踏实肯干。王良骥把技术耐心地教给每一位工人，大家都对这位新来的大学生厂长很尊敬。

有一天，陕西工业厅特派员到工厂视察，说是视察，其实是想从王良骥的工厂里弄点钱。正在车间检查工作的王良骥，听说上边来人了，就马上小跑到厂办公室，接待这位特派员。

特派员见到王良骥后，一不问工厂的生产情况，二不问产品的销路如何，而是直奔主题——要钱。王良骥是搞学生运动出身的，最看不惯的就是国民党政府的这些贪官，他没有答应这位特派员的要求，两人你一句我一句地大吵起来。

那位特派员，因没有得到预想的钱财，又落得王良骥的一顿抢白，恼羞成怒地掏出腰间的手枪。王良骥眼看着那黑洞洞的枪口，自下向上地指向了自己的胸口，他来不及多想，一把抓起墙角的一根撬杠，奋力一击，那个特派员的头立刻开瓢了。

工人们见此情景，劝他赶快跑，不跑就得坐牢了。王良骥怕连累大哥，没敢到大哥的家里去，连夜乘火车跑到朋友葛佩琦那里。

而此时的葛佩琦，可非同一般人物，他自从与王良骥到南京政府请愿之后，被蒋介石作为学生领袖留下，并以抗日的需要为名，让他参加一个干训班。其实此时的葛佩琦已是中共地下党员了，他在经过组织同意后，参加了这个训练班，毕业后被分配到国民党第五战区情报站，现在已是这个情报站的站长了。

葛佩琦非常了解王良骥是一个思想进步的热血青年，当他得知王良骥逃出工厂的原因时，称赞道："你真是好样的，我就喜欢你这种性格的人。"

"好样的也得找个工作吃饭呀。"王良骥急着说。

"你说吧，在我这里你喜欢干什么，随你挑。"葛佩琦指着桌子上摆的文件、墙上挂着的手枪说道。

"我是个学化学的，我的专业不是这些。我想干个工厂或者教个学。"

"教学？对，在我的管辖范围内有一所军医学校，就缺少化学教官。你去那里吧。"

一个学化学专业的人，教化学本是一件极为平常的事，但他进的是军医学校，进校时必须填表加入国民党，而且一进学校就是军队的级别，即正团级上校。这件事就成为他日后的万恶之源了。

因学校是军事管制，所以吃住都在学校内。一天休息，无聊的王良骥躺在床上，顺手从放衣服的箱子里拿出一本以前看过的杂志来消磨时间。那是一本苏联

王良骥（前排左五）和他的学生们

出的《星火杂志》，是被国民政府列为禁看的书籍，而他却旁若无人地看得津津有味，结果被特务同事举报进了黑名单。

恰巧这个黑名单被送到国民党第五战区的情报站，葛佩琦在黑名单上看见王良骥的名字，马上通知他，让他连夜逃走，不然，可能也得住进白公馆、渣滓洞之类的地方。

在颠沛流离的生活中，王良骥结识了北平女子大学的校花刘老师，并与她结了婚。可婚后的王良骥，虽然知道自己有养家糊口的责任，却依然我行我素。

这次他又通过大哥的介绍，认识了一位负责运输的国军团长徐鼎威。这个人虽身兼军职，但非常乐于做买卖。一天他问王良骥："你是学化学的，你说说，汽车用的机油，可不可以自己做？"

"没问题，用动物油和植物油，把比例配好了，放在大锅里熬，就是机油了。"王良骥不假思索地说。

一拍即合，一个管熬机油的，一个管销售的，这个买卖就做成了。

王良骥把加工机油的地点选在西安市郊的一个大院里，这个大院是1000多年前程咬金的老宅子，他在大四合院的北墙打了一排简易的房子，支起了几口大锅就干了起来。

干得也好，销得也快，这桩买卖越做越大。

这一天，徐鼎威又找到王良骥，说他搞到了一军列的羊毛。他要把这些羊毛从兰州运到宝鸡，再卖给宝鸡的毛纺厂。事情都办好了，只需要有人作保，他想让王良骥当这个保人。

王良骥从不拒绝别人的求助，立马就同意了徐鼎威的请求。手续办好了，他也签字画押了，兰州方面的军列就开出了站台。

天有不测风云，火车行驶到半路，不知何故起火了。羊毛起火可想而知，一车羊毛转眼间化为灰烬。徐鼎威听说军列起火了，知道大事不好，马上溜之大吉。王良骥听到这一消息，自知这军列赔不起，没有办法也得跑。但他没跑远，因为有老婆和孩子，他跑到距西安市区最近的西关外的一个小旅店躲了起来。

军法处派人抓王良骥时，发现他人已跑了，就把他的老婆刘老师和怀抱的二儿子一起抓到了军法处。而已有六七岁的大儿子王铮，事后被朋友送到了西关外的小旅店。

王铮回忆，妈妈称得上是位伟人的女性，无论爸爸发生什么大事，她总能将事情化险为夷。妈妈带着小弟在军法处，与审判员对答如流，而且词语委婉，说得他们心服口服。后来在友人的帮助下，妈妈被保释出来。

日本人投降后，又经哥哥的介绍，王良骥进入华北盐业公司的塘沽化工厂，做了中心实验室主任。后被重组到化学工业局，也就是化工部的前身，做技术科科长。1952年，王良骥作为侯氏制碱法在大化试验的主要工作人员，从化工部调入大化。

王良骥到大化后，根据日本人遗留的资料，再参考苏联人遗留的分析规程，短期内便整理出一套适用于大化的化工分析规程。这些资料的参考文献，分别是英文、日文和俄文三种语言，这项工作在当时的大化，没有第二个人能做得到。

王良骥的科研的结果，使大化氢分装置的安全运转周期由以前的15天延长到120天，而氢分装置的运转周期延得更长，长到300天。

王良骥从进大化到这两项科研工作出成果，共用了三年的时间。这三年，他为国家、为大化倾尽了心血，他只想为新中国这个母亲，尽一个做儿子的义务。可他忘记了，他同时也是两个孩子的父亲，他更有教育和培养他们的责任。但为了研究这个科研项目，他把两个儿子留在北京，托付亲属照顾。

大儿子王铮在北京25中读书，是个品学兼优的学生，其性格简直就是父亲年轻时的翻版：聪明、好学、为人正直，还敢和坏人坏事做斗争。班主任老师对他很欣赏，所以在1955年高中毕业时，王铮被学校保送进全国闻名的哈尔滨军事工程学院。

到这里学习的可不是一般人物，除了高干子弟就是优秀学生，王铮学的是炮兵系炸药专业，他被大家推选担任班级的团支部组织委员。

读到大二时，"反右"运动开始，同学们对中央提出的"大鸣大放"都不太理解，既不会"鸣"，也不会"放"。班里有位来自农村的同学说："让我们给党提意见，我们怎么能对党有意见呢？如果没有党，没有毛主席，像我们这样祖祖辈辈给地主家扛活的穷孩子，怎么能上这样的军事学院。我们感谢还来不及，哪有意见可提！"

就这样一连几天没有提出什么意见来。这一天，系里领导找到了团支部，对担任组织委员的王铮和担任宣传委员的同学说："你们俩要带头发言，要帮助党搞好这场整风运动。"说完，系领导就把当天的一份报纸交给王铮，嘱咐王铮要组织同学们好好学习报上的社论，搞好会议记录。

王铮一边往教室走，一边翻报纸，看着看着，报上的内容不由得使他停下了脚步。

"有什么新闻看得这样入迷？"这时，班里的党小组长走过来问王铮。

王铮没有听到这位党小组长的问话，还在自言自语地说："怎么能这么说，本来就不是这个意思……"

王铮看着报纸第七版发表的题为《中国人民大学继续举行座谈会，教师们从不同观点提出问题》的报道，报道上用醒目的小黑体字列了五个小标题，其中四个小标题都是某某人说的一句话，是一般的批评建议，如"杨承祥说，人民大学各级领导应职责分明"、"周作仁说，人民大学要克服宗派主义"、"庞景仁说，我认为办好大学首先应该教授多讲课"、"曲学文说，人民大学培养出来的干部做了很多工作"。

唯有第五个小标题，题目长了好几倍——"葛佩琦认为，今天党群关系与解放前相比差了十万八千里，党员起了监视群众的便衣警察的作用。他说，不要共产党领导，人家也不会卖国"。

那个党小组长也注意到这个标题，他夺过王铮手上的报纸仔细看，“葛佩琦不要共产党”一副黑体字的标题映入眼帘，他不知道葛佩琦是何许人也，但他看出王铮肯定与这个人有关系。

“王铮你认识他？葛佩琦！”党小组长盯着王铮的眼睛问。

王铮没有回答，他又打开另一份报纸继续看。报上的葛佩琦说：“共产党不能脱离老百姓，如果脱离老百姓，那么老百姓就会像杀国民党那样杀共产党。”王铮看到这里，抬起头来对这位党小组长说：“怎么能这么说呢？葛佩琦没有说要杀共产党，这题目说的不对！”

党小组长看了看王铮，眼睛飘出一丝得意后便走了。王铮愣在那里，没动地方，他在寻找记忆中的葛佩琦，并把对葛佩琦的印象与报纸上的话反复对比，可无论怎样也对不上。

全国大小报纸迅速掀起了大批大揭“葛佩琦要杀共产党”的高潮，葛佩琦成了人人得而诛之的头号反共人物。

王铮第一次见到葛佩琦，是父亲王良骥刚到军医学校教学的时候，他们两家是住隔壁的邻居。那时王铮只有五六岁，对这位比父亲大几岁的伯伯没什么太多的印象。而第二次见到葛佩琦，是在北京，这时的王铮已经上小学了，他记得葛佩琦是从沈阳跑到北京的，并在他家里住了一大段时间。

王铮从父亲哪里知道，葛佩琦是山东平度人，从小因为家穷上不起中学，就到北京来学徒。老板是个有文化的人，见葛佩琦聪明好学，就一边教他手艺，一边教他文化。葛佩琦一边学徒一边学习，最后竟然凭着自己的能力，考上了北京大学物理系。日后当上了北大的学生会主席。

在一二·九运动中，葛佩琦成为学生中的领袖人物，加入了共产党。后来他成为共产党插入国民党心脏的一把利剑。日本投降后，他奉命北上，在李宗仁的手下做事。1947年他又被派到沈阳，给剿共总司令杜聿明当情报处处长。

在葛佩琦组建的情报处里，安插了五名中共地下党员。后来因一位名叫李平的地下党员身份暴露，地下党组织命令他们全部撤退，就这样，葛佩琦从沈阳潜回北京，躲藏在王良骥的家里。

王铮从父亲的口中了解了葛佩琦的为人，他认为，葛佩琦是提着脑袋给共产党做事的人，绝不会说出这样的话。因此王铮在不同的场合多次说过：“这个题目有问题。”

后来那个有“政治觉悟”的党小组长，就把王铮这句话，以小报告的形式，反映给校方领导，说王铮同情“右派”。

之后王铮所在的班里就有两名同学被定为“右派”，一名是王铮，另一名就是那个宣传委员。

21岁的王铮被打成“右派”后，被送往黑龙江省的边远林区劳动改造，而父亲王良骥同时也看到了报上报道葛佩琦的情况，他更为葛佩琦鸣不平，但在夫人刘老师的坚持下，他没有对此多说一句话。

自从儿子去了林场，刘老师就病退回到家里，不再参加社会上的任何活动，儿子的事对她的打击实在太大了。

1965年，王铮才被摘掉“右派”分子的帽子。这一年，王铮被允许回家探亲。当他穿着开了花的棉袄回到家时，刘老师抱着儿子痛哭了很久，而王良骥却因为要到北京化工部汇报氢分、空分的研究工作，没能在家里陪陪多年未见的儿子。

总是忙于氢分、空分的王良骥，在1968年被停止了工作。这个停止不是探亲儿子，也不是休息，而是被送进了“国民党大化情报组”。因为当年在军医学校任团职教官，王良骥被定为“国民党大化情报组”级别最高的国民党上校。

他因此不得不离开他的实验室，接受无休止的审查，并被下放到农村劳动。

对于王良骥来说，下到农村也不全是坏事，至少他可以与儿子团圆了，甚至他还在他们所住的村子里，给儿子找了一位漂亮的农家姑娘结婚。22年后，他们全家又一起回到了大化。

回到大化的王铮，与父母、媳妇还有两个小女儿，一起住在大化金家街25号楼，这是大化分给王良骥的房子。

王铮没有向组织提出任何有关个人和家庭的要求，他只是急于工作，因为他已经是42岁的人了，所以他要抓紧时间为党、为国家多做些工作。

王铮被分到大化的技术科。技术科有两个研究室，一个是氨研究室，一个是碱研究室，他去了碱研究室。到底是国家名牌大学的学生，尽管已多年没有研究专业，但由于底子厚，进入碱研究室那天起，他就带了一个课题：排除氰化物。

就在王铮为了这一课题争分夺秒进行研究的时候，母亲被医院查出身患癌症。这一消息，把刚刚进入研究状态的王铮一下子打入地狱。他非常清楚，母亲为什么在他平反回城后得重病倒下，二十几年来，因为自己的事，给母亲带来了灭顶的打击，让这个本应工作的母亲过早地离开了工作岗位，心里承受着比自己的痛苦还折磨人的痛苦。假若可以替换，他相信妈妈一定会毫不犹豫地去替儿子到林区伐木，可那是不可能的事，只有等待。但真的盼到了这一天，她却倒下了。

王铮不知道，自己是怎样把母亲从大连带到北京协和医院的。他真的麻木了，他没有回天之术救治母亲，只能天天陪在母亲的床前。好在他的大学同学们得知他的情况，都纷纷伸出援助之手。面对这些伸来的温暖的手，王铮却把自己的手深藏在背后。

同班的男同学，有的已是大军区的副司令员，女同学也是大机关、大医院的高级领导了。他无语面对这一切，他就像已成熟饱满的稻穗，明知自己一生没有过错，但也只能低下头向大地微笑。

同学们的帮助也无法留住患病的母亲，弥留之际，母亲拉着儿子的手说："妈走后，你一定要申请加入中国共产党，一定答应妈妈。"王铮知道母亲的意思，只有把儿子交给党，她才能放心地走。

母亲的病逝，是王铮心中永远的痛。

安葬了母亲后，王铮就进入课题组继续搞研究。不过与过去不同的是，他开始要求进步，用他写了二十几年检查的笔，郑重地写下了第一份入党申请书。

党组织对这个只知道专心工作突然提出入党申请的被平反"右派"进行多次考察。在批准他入党的那天晚上，王铮回到家里，站在母亲的遗像前，恭恭敬敬地鞠了一个标准的90度躬。

入党之后的王铮，将全部精力投入到科研当中。当时，内地有一工厂为解决造气炉排除的废水污染问题，特意上了一个生物降解的设备，把废水中的氰化物在排放前就分解掉，这样排出的废水中不含氰化物，所以也就不会产生污染。但这个生化降解的设备投资很大，而王铮想的是如何既能达到除掉废水中的氰化物，又能为国家省下这笔开支的问题。

他不顾天气炎热，一个人从造气车间排废水的臭水沟，走到大化码头的废水排污口，再从排污口走到海边，前一段距离每隔2米安一个监测点，后一段距离每隔5米再安一个监测点，再后来每过10米、20米都分别安上了监测点，然后再分别取每个监测点的水，测量废水里的氰化物的含量。

经过反复测量，王铮发现，当废水从排污口流出20米时，氰化物的含量就为零了。这证明：氰化物在海水里可以自然挥发。

王铮把这一发现写成论文——《造气炉废水的排污，可以利用海水这一天然的条件》，论文得到了当时大化的总工程师党鸿昌的认可。

王铮的工作受到了组织上的重视，80年代末，他被提升为研究所的副总工程师。当上副总工程师的王铮，又与一家科研单位合作，共同开发电路板阻焊剂。

当时这项技术在全国是一个空白，国家所需的阻焊剂完全依靠国外进口。这种用在电路板上的阻焊剂，其实就是一种涂层，也可以说是一种像油墨一样的东西。经过双方的研究和多次试验，阻焊剂终于小试成功，并在当年获得化工部科技进步二等奖。

在北京领奖时，王铮专程去拜见了葛佩琦。这时的葛佩琦已是一位80岁的老人，他见了王铮说："我当年被判无期徒刑的消息传到海外后，一家报社评论说：葛佩琦作为共产党员，是打入国民党要害部门的一名得力情报人员，是导致国民党在东北战场大溃败的一个重要的人物，国民党后来想惩治他，只能干瞪眼，想不到……"

中国传统的知识分子，自始至终的信念是爱国家、爱人民，其最大的抱负是"为天地立心，为生民立命，为往圣继绝学，为万世开太平"。王良骥与王铮父子，就是怀着这个抱负，而生而活，不在意个人的得失与荣辱。

祸从口出的欧阳地光

大化的制碱车间，分为老碱与新碱两个车间，老碱是指用日本人延续的索尔维制碱法；新碱就是正在试验的侯氏制碱法。在侯氏制碱法被叫停的四年里，大化仍是采用索尔维制碱法生产纯碱。

自从周恩来总理同意侯氏制碱法再次试验后，侯德榜就把几个得力的工程师，都用在侯氏制碱的试验上。可就在这一年里，"反右"运动开始了。

1957年的那场"反右"斗争，把当时任大化总工程师的欧阳地光打成右派分子。

欧阳地光的家，在我家前两条街的一排日本房的中间，他家的孩子大概有七八个，最小的那个男孩，比我大一两岁。大儿子已经结婚，也在大化工作，是搞设备维修的。

据说在“反右”开始的“大鸣大放”阶段，欧阳地光因为说了一句“外行不能领导内行”，被定为大化的头号大右派。

这位毕业于旧中国的大学生，有着传统知识分子那种自始至终的信念，他坚称自己是爱国家、爱人民的，自己这句话只是针对专业而论，并不是针对党，针对某个人。所以他死不认错，即使是在大化的万人批判大会上，他亦如此。

那天，“批判大右派——欧阳地光”的大会，是在大化的东俱乐部里召开的。全厂职工不仅坐满了整个会场，连俱乐部外面的空地和马路上都站满了人。

那时欧阳地光已是50多岁的人了，他站在东俱乐部大舞台的中间，显得极为渺小。因为是湖南人，大家听不懂他说什么，就让他的女儿做现场翻译。

据当时参加批判大会的老人回忆，批判会上，欧阳地光的态度坚定，与批判他的发言人直面对话。他在回答质问他的人时说：“我说外行不能领导内行，错了吗？！设计院设计的图纸，需要我签字后才能施工，这就说明，我懂，我明白！并且我是要对此工程负责任的！你外行能签字吗？敢签字吗？！你不敢、不懂，你能领导我们吗？！”

欧阳地光态度的强硬，不但使参会的人惊讶，就连给他做翻译的女儿，在翻译这段话时，还对大家说：“我父亲的态度不好，我们全家人，在家里也是批判他的……”

于是欧阳地光被定为大化最“右”的右派分子。

在宣布他是“右派分子”之后，领导找他谈话：“虽然你犯了这么大的错误，但是工作还得做，你还得负责技术工作。”

当上右派的欧阳地光，也没弄懂“右派”是怎么回事。但他仍按领导要求的那样，照旧勤勤恳恳地工作。

在欧阳地光被定为右派分子后，起初的工作和生活虽然没有什么大的变化，但他的子女，却从此从天堂坠到了地狱。第一个受到影响的，是他的大儿子欧阳德。

直到现在我仍然能记得欧阳德与我小舅，在我家门前那棵大槐树下下棋的情景。欧阳德的年龄，介于我大舅与小舅之间，因为我大舅当时也在大化上班，所以他们经常一起下棋聊天。欧阳德很白净，胡须浓，给我留下很深的印象。

那是夏日的一个晚上，吃过晚饭后，人们三三两两地坐在门前的大街边乘凉，年轻人三五成群地打扑克、下象棋。我那时小，在我大舅、小舅与欧阳德对弈时，他们俩总是把我抱在怀里或骑在他们脖子上。每每一输棋，欧阳德便抬头瞪眼，那时，我能近距离地看到他嘴角的胡须一跳一跳的，很是好笑。

后来有好长一段时间，他没有来我家门口下棋了。听大人们说，工厂发生爆炸，他被当场炸伤。

这个事故发生的始末，是我在长大以后，从邻居之间的闲谈中知晓的。

事故发生于1959年9月26日9时，也就是“反右”的第二年，煤焦车间35孔炉的加热管需要加粗，就在准备给煤气管上加盲板时，由于施工前的检查不够严密，造成施工时有大量的煤气泄露出来。

欧阳德就是现场施工的人员之一。读过大学的他，知道空气中煤气含量达到一定程度时，会发生爆炸。但他更知道，自己是大“右派”的儿子。如果他说现场有味道不能动火，那么在场的人会用一种什么样的眼光看他？对已是“右派”的父亲，又会产生怎样的坏影响？

欧阳德没有逆风跑走。因为化工企业总有气体泄露，所以人们都知道，如果有气体发生泄露，要逆风跑，而不能顺风跑，逆风是离开气体的散发范围，而顺风是永远在气体中，这是最基本的化工常识。欧阳德当然知道这个常识，但他更知道，在场的所有人，如果有一个人伤亡，而他却安全地跑出来，那么即使他浑身长满嘴也说不清楚。因为在界定事故性质时，是分为生产事故和责任事故的，而界定的标准，往往取决于当事人的出身和家庭背景。

就在欧阳德犹豫的时候，爆炸发生了。爆炸后的火舌喷出20多米远，有七人烧伤，其中欧阳德的伤势最为严重。当人们找到他时，他全身已是80%～90%重度灼伤。大化医院的大夫火速将他送到了长春路医院，也就是现在的大连医科大学附属第一医院。

由于需要大量的血液，正在上班的大化工人们纷纷要求献血，能脱离岗位的，都去了医院。我爸听说了这件事，也赶到了医院。据他讲述，欧阳德是个很坚强的人，到死都没有“哼”一声，没说一句话，没有向组织提出一个要求。

就这样，这位大右派的儿子欧阳德，在第二天的清晨，因大面积深度烧伤，抢救无效死亡。在同一时间，在通往大化三号门门岗的路上，人们惊奇地发现欧阳德的父亲，大右派欧阳地光的身影。

又红又专的张步闫

1986年11月8日下午2时，辽宁省化工厅副厅长张步闫躺在大化医院急救室。大化领导问他最后还有什么要求，他口吐鲜血后声如游丝地说：“我最放心不下的，还是大化的三联流程！”

1949年，在浙江英士大学教学的张步闫，被东北招聘团聘到大化。他是大化第一代技术人员，也是一个没有家庭问题，没有个人历史问题的技术人员。当时像张步闫这样的人叫“又红又专”。

张步闫来到大化不久，见厂里的工人学习技术的热情高涨，就给他们办起了业余技术学习班。他每天白天上班工作，晚上下班就给工人们讲解技术难点。后来大化成立了工人业余大学，他又在繁忙的工作中，抽出时间担任高等数学的教学工作。

20世纪50年代初，为了解决制碱车间碳化塔的“堵塔”难题，他组织了由工人、技术人员和干部组成的三结合技术研究小组，这种做法在中国化工行业是个先例。该研究小组的诞生与发展，为大化的纯碱生产起到了一个统一认识、群策群力、优势互补的作用。

这个三结合的小组，在张步闫的领导下，三年时间里先后开了近600次研讨会，提出了几十项技术革新。他把这些革新成果归纳为“强制预先，分组作业”和“循环结晶”两项关键性措施。自采用这两项措施后，不仅解决了碳化塔的“堵塔”难题，还使生产能力提高了20%。

这个成功的经验，给全国其他碱厂提供了样板，还为开发侯氏制碱法在确定新冷凝器作业的方式上，提供了借鉴。它的影响远不只在国内，1964年，朝鲜一个碱厂考察团来大化参观，在进行技术交流时，他们也注意到了解决堵塔难题的这一措施，朝鲜人如获至宝，表示回国后一定效仿。

在侯氏制碱法准备试车时，原计划是等整个基建工程竣工后，先分段试车，然后再合流程试车。张步闫认为这样做会使工程建设与试车时间拉长，所以在一次侯氏制碱试车前的讨论会上，他提出：在侯氏制碱的基建工程建设中，我们要先用老制碱工艺，氨碱设备联合试车。在试车的过程中，让问题充分暴露，并随之解决。等到完善之后，侯氏制碱的试车也就可以进行了。

试车领导小组经过反复严格论证，接受了张步闫的意见。由于采纳了他的意见，使侯氏制碱的投产提前了两年。

因张步闫的工作成绩突出，他曾多次得到厂部表彰，还先后两次荣获旅大市特等劳动模范的光荣称号。1959年张步闫代表大化，光荣地出席了全国群英会。

群英会归来，张步闫被提升，负责碱厂的技术工作。60年代，全国纯碱行业唯一的大事就是纯碱技术革命大会战。作为大连战区的总指挥，张步闫积极地领导这一战区的工作，他知道如果这个项目会战成功，就可使我们国家的纯碱技术再上一个新台阶，生产也会出现一个崭新的局面。

就在纯碱技术革命大会战战出成果的时刻，张步闫作为大化的“反动技术权威”之一，被勒令停止工作，接受群众的批判。尽管这样，他还是坚持实事求是的科学作风，多次向负责人提出，对纯碱技术革命会战的每项成果，都要按程序进行鉴定，会战成果一定要汇集成册。

后来听大人说，被撤职罢官的张步闫，也走上了“五七”道路，下放到农村去了。之后他被调到了辽河化肥厂。80年代初，他又从辽河化肥厂调到辽宁省化工厅，当上了副厅长。

虽然他人是坐在副厅长的位置上，可心里还是琢磨着他所从事过的碱、化肥、合成氨工作。他将自己近30年的工作经验，结合辽河化肥厂、大化、制碱研究所以及大连工学院的多名专家的探讨结果，终于提出“以节能、简化流程、改善化肥性能为目的的氨、碱、化肥三联合的流程”。为了这一流程的实现，他多次奔波于沈阳、大连之间。

1983年，张步闫副厅长由于积劳成疾，患了肝癌。按他当时的级别，满可以去北京三〇一医院或沈阳的大医院，做更好的治疗，可他却提出，要回到曾经哺育他成长和他为之奉献出青春年华的大化公司医院治病。

位于甘井子1路车站北边的大化医院，是一所厂办的职工医院。张步闫虽然躺在病床上，可心里还是牵挂着大化那三联流程的每一个细节，他曾多次向来看望他的大化领导讲述他对三联流程工作的设想安排，他被病痛折磨的手抬不起来写字，就坚持用口述，来向省厅党组汇报他的想法。在大化医院养病三年，他就指导了三年的三联流程。

在他生命的最后一刻，他想的还是大化制碱、化肥、合成氨的三联流程。在场的大化领导、大化医院的工作人员，都抑制不住内心的悲痛，泪如泉涌。

《纯碱工业》和它的主编

侯氏制碱法通过国家科委鉴定之后，侯德榜就提议成立一个制碱研究所。为一种产品成立个研究所，这在全世界也是罕见的，但侯德榜能做得到。

大化的领导采纳了侯德榜的意见，马上就把大化位于甘井子区椒树房的大化设计研究院大连分院给　分为二了。搞设计的人员都迁到成都，成立化工部设计八院。搞研究的都归到新成立的制碱研究所。

制碱研究所成立后，行政管理是属于化工部直属单位，而党务领导，还是归大化党委。一句话，他们的研究工作，还是为了大化的碱生产服务的。

由大化分离出的化工部制碱研究所主办的《制碱工业简讯》，于1978年重归化工部管理，并定名为《纯碱工业》，国家新闻出版总署批准其为正式出版物。颁发刊号后，从1982年开始，《纯碱工业》定期、定页、定时、定栏地出版发行。

化工部大连化工研究设计院的钱志奎同志，在回顾《纯碱工业》对纯碱生产技术及资源综合利用方面的情况时说："定名为《纯碱工业》以来，在100期里，发表论文就有1381篇，其中：纯碱技术国内外情况及综合性论述，209篇；应用基础理论，98篇；综合利用及产品开发，138篇；纯碱生产技术，815篇；行业及企业管理，122篇。这些文章就是纯碱行业最丰富、最完善、最系统的文献资料库。"

为此，1944年《纯碱工业》荣获国家出版总署批准，可以向国外发行。

《纯碱工业》是制碱行业的核心刊物，主要是用来交流与推动制碱技术的，因它对推进行业的发展贡献很大，所以《纯碱工业》深受行业内外的普遍欢迎。

在《纯碱工业》创刊30周年时，化学工业部部长、原大化第一任厂长秦仲达题词：三十年耕耘，硕果遍中华。

大连市政协副主席、大连市人大常委会副主任、大化原副总工程师李祉川题词：三十而立，前程灿烂。

这样的一个优秀刊物，必须由有事业心、有知难而进的精神和肯精益求精的编辑才能办好。而这位编辑就是从创刊至他退休的33年都在《纯碱工业》这块园地上辛勤耕耘、默默奉献的陈歆文。

陈歆文是1964年从北京化工学院调入大化设计院任编辑工作的。他是那个年代大学生中，最具悲剧色彩的知识分子之一。

陈歆文，浙江宁波人，1937年1月9日生于上海邑庙区。幼年父母因病双亡，中学和大学的生活由姐姐供养。他在1950年1月2日刚考上上海敦化中学时，就加入了中国新民主主义青年团。1955年9月，考入北京政法学院。

入校后读了三个月，就申请病退。原因是在一次班级的民主讨论会上，有人提出一个问题：一个地主和一个贫农，分别偷了公社里的一只鸡。在处理这个问题时，你应该怎样法律审定?

经过大讨论后，大家一致认为：地主偷鸡是阶级斗争，是犯法。贫下中农偷鸡是觉悟问题。

只有陈歆文站起来义正词严地说："法律面前人人平等，旧时王子犯法，还与庶民同罪，何况如今。"

他担心自己的观点不被人们接受，还把过去所读的法学书籍、《二战审判录》等都拿出来做论据。最后总结道："制定法律是有阶级性的，但执行时，无论对谁都是适用的。"

一个十八九岁的法学新生，能够用这样的法理来诠释中国的立法，是难能可贵的。但那时不讲这个，下课后本班的一位老大哥——是地方法院的干部，被政府送来进修的——对陈歆文说："小陈你还年轻，有些话不能想怎么说，就怎么说，这样会很危险的。从这个专业里毕业的学生，将来都是法律界的精英，你自己要想好。"

老大哥的一席话，让年轻的陈歆文不觉冒了一身冷汗。他认为自己的性格，不适应从事这个专业。但换专业，在当时又是不可能的事。他想来想去最后找到校领导说："自己自从来到北方，不知为什么，晚上总是睡不好觉，每天上课迷迷糊糊的……"

"我们录取学生是很严格的，你如果因病退学，我们也不能不同意。但你回家后养好了病，想回来上学，只要医院出个证明，就可以复学。"学校领导惋惜地说。

陈歆文听了高兴地谢过领导，搬起行李，就回到了上海的姐姐家。

姐姐在上海是搞教育工作的，当时全国刚刚开始执行妇女生孩子休56天产假政策，小学中女教师居多，一时间小学的老师不够用。姐姐就说服他去做代课老师。而陈歆文的想法是，回上海复习继续报考其他专业的大学。但考虑到姐姐的请求，加之自己已经长大了，也应该减轻一点姐姐的经济负担，就答应只代三个月的课。

没想到三个月后，陈歆文的教学深受校领导和学生家长的喜欢。校长说："陈老师，你如果再代三年课，我就保送你去华东师范大学上学。"

陈歆文谢绝了校长的好意，回到家里，准备第二年的高考复习。果然不出他自己所料，第二年，他再以优异的成绩考进北京大学化学系。这简直是他一生中最幸福的事了。快乐，可以依赖别人而给予，但幸福，却必须是自己创造。

考进北大后，陈歆文就遇上了"反右"运动。一批批被打成右派分子的大学生，几乎全都发配到农村或偏远地区，进行劳动教养。

这时的陈歆文，站在北大化学系的实验室里，照旧高声地陈述着他的观点。他坚持的是自然科学的真理，这要比复杂的社会科学简单得多。无论人们怎样联系，也不能把由两个氢一个氧组成的水，说成是一个氢两个氧也能组成水的事实。他是幸运的，也是聪明的，躲过了一场急风暴雨的摧残。

在北大的四年时间里，陈歆文得到了一位辅导员老师的厚爱，她叫严慰冰。

严慰冰，是来北大实习的研究生，其身份极为特殊，她是国务院副总理、文化部部长陆定一的夫人。陈歆文对严慰冰的政治背景全然不知。严老师得知陈歆文是个没有父母的孩子，学习成绩又好，于是，每到放寒暑假，同学们都回家后，她就让这个无处可去的学生到自己家里去吃饭。

第一次去严老师的家，是在三年自然灾害时。平时同学们都吃不饱，只有回家时才能吃个饱饭。而陈歆文在北京无家可归，所以严老师邀他去家里吃饭时，他没有拒绝。

这天，陈歆文拿着严老师写的地址，按门牌号找到了这个地方。当他看到门前有军人站岗时，有些犹豫。那个执勤军人看了陈歆文手上的地址，便用电话进行联系，经过对方确认，陈歆文才被放了进去。走进大门，他才知道，这里是中南海。

在北大读书的日子，因为有这位严老师，陈歆文过得很愉快。这不仅是因为每隔一两个星期能吃一顿饱饭，更多的是因为有严老师的谆谆教诲。

她告诉他："要努力学好本领，将来好为社会主义建设服务，国家建设需要你们这样有知识、有文化的年轻人，一生交给党安排，党叫干啥就干啥。"

但陈歆文万没想到，这样的师生关系，竟给他的人生不幸埋下了一个大大的伏笔。

陈歆文在自己的小传里是这样写的："自中学起，即有志于教育事业，毕业后分配到北京化工学院（即今之北京化工大学），很理想。埋头工作，两年的教育实践，学生、自己、研究室均感满意。正在兴致勃勃，努力奋进之际，突因'工作需要'调大连任《纯碱工业》杂志的编辑。这是一项我从来没想过，也不熟悉的工作。但在'一切交给党安排的年代'，为了工作需要，就在这个岗位艰苦奋斗了三十三年，直到退休。"

在刚到大化时，陈歆文住在甘井子区椒树房街大化31号的独身宿舍楼里。来到大化后的一切都让他不适应，如气候、饮食等，尤其是饮食的差异，让他真是受不了。

这种情绪，陈歆文都吐露在寄给严老师的信里。严老师给他的回信，就是开导、关怀，并鼓励他要为党努力工作。这样的两地书信，让一些同志感到惊讶和不解。原因是严老师来信的信封，不是国务院，就是文化部的专用信封。信封上的那几个大红字，着实让没见过大人物的个别大化人吓了一跳。大家开始猜测陈歆文的家庭背景究竟是什么样的。可是陈歆文是个率真的人，从不故弄玄虚，他对每个好奇的人坦诚地说："她是我的老师，叫严慰冰，这信封是她丈夫工作单位的。"

这句话，陈歆文讲过了也就忘了，但听这句话的人，却把它记到骨子里去了。真所谓"说者无心，听者有意"。

1965年，大化设计院专门研究碱的部门，就从大化分离出去，成立化工部直属单位，叫制碱研究所。当时负责设计的总工程师是李祉川，负责产品研究的是段志骙，他们两人都是来自永利公司的技术骨干。虽然大化与制碱研究所已经分为互不相干的两个单位，但二者之间，却有千丝万缕的联系。制碱研究所的党务工作，归属于大化领导。制碱研究所里与技术不相关的工作，也还是由大化派过去的人做。制碱研究所从大化剥离后，就搬到了大化西俱乐部旁的大化18号楼。

一年之后，制碱研究所的研究工作还没有真正开始，一纸“五一六”通知传下来，随后就是一发不可收拾的运动席卷而至。

人们按照《毛泽东选集》里描述的当年湖南农民运动打土豪劣绅的方法，横扫着一切“牛鬼蛇神”。借助一张“炮打司令部”的大字报，把斗争的锋芒直指国家主席刘少奇。之后便殃及各地方、各部门、各级别的大小“走资派”、“臭老九”。那时可真是“专政队”林立，“专案组”如网，并且是“网大眼小”，一个也跑不掉。此时，与严老师有着师生关系的陈歆文，更是在劫难逃了。

那是一个炎热的夏天，陈歆文光着上身，穿着短裤，正在宿舍里校对文章。突听楼下传达室里传来：“陈歆文，到34号楼接电话，是外地打来的。”

陈歆文听是外地打来的电话，急忙套上拖鞋，连上衣都没穿就飞一般下楼，向对面的大化34号楼跑去。31号楼与34号楼，都是大化的单身职工宿舍，只是34号楼有电话，所有找人的电话，都是由传达室的工作人员喊出来的，这已被大家习惯了，只要听到他们的喊声，无论是谁都是跑着过去接。

今天的陈歆文也是一样，他边跑边想：是严老师，还是姐姐呢？她们一般有事都是写信来，还从没有打过电话。这一定是很急的事，不然不会打电话，因为电话的费用要比写信的邮票费高出很多倍。

想着想着，他就跑到了34号楼大门前的台阶上。没想到一进门，就被藏在门后的两个人，用装过纯碱的麻袋从头罩下，并用绳子将他捆得结结实实，带到了大化硝铵车间的小楼里。

一个他不认识的人，把麻袋从陈歆文的脑袋上撸了下来。他指着墙上的一面“百兽图”中的一兽问陈歆文：“你和她是什么关系？必须老实交代，要知道我党的政策，历来是坦白从宽，抗拒从严，拒不交代，死路一条！”

麻袋里的碱和汗水一下全都粘在陈歆文的脸上、头上和身上，眼睛让碱杀得睁不开。经这个人这么一问，陈歆文忍痛睁开眼睛，沿着这个人手指的方向，看到墙上贴着一副宣传画——白白的纸上用毛笔画满了人头蛇身的漫画像。

在百兽图最下方，陈歆文看见了一只小蛇头上写着严老师的名字，上面标着：大特务严慰冰。

陈歆文顿时像坠入了十八层地狱，尽管是炎热的夏天，他仍感到冷得发抖，他知道这次是躲不过去了。这件事在当时来说，是说多大就有多大。因为上级领导抓的就是“上挂下连”，就是说，不论你是谁，只要你与“坏人”有关系，那么你就不是个好人。而严老师这时不仅是“坏人”，还是大特务，你就是浑身上下长满嘴，也说不清楚，只有等待命运的安排了。

经过一个星期的审问，虽没审出什么事来，但“特嫌”也被当成“牛鬼蛇神”，陈歆文被关进了“牛棚”。一般说来，被关进“牛棚”的都是因历史问题，比如过去当过国民党党员，做过日伪时期的伪保长，出国留学的经历等等。像陈歆文这样新中国培养起来的大学生，还真是少之又少，因为他在历史上没有问题，但就因与严慰冰的这层关系，就是比天还大的问题。

这时候的陈歆文成了人群中抓到的“鬼”，但在“牛棚”里，他却成了“王”。因为“专政队”的领导，让陈歆文领导这群所谓的“牛鬼蛇神”劳动，并监督每个人的表现，还让他每天都要写一份汇报。如果哪天没写，“专政队”就说他包庇坏人，如果写到谁表现不好，那么这个人当天晚上就要挨一顿揍。

陈歆文在回忆这段日子时，对我说：“我就像共产党员当上伪保长似的，里外都要应付好。”

虽然陈歆文是笑谈这件事，但我从他的表情上能看出来，那段日子给他带来的，是刻骨铭心的酸痛与苦涩。一个不到30岁的年轻人，他的身心受到重创后，是一辈子也难抚平的。

他说，有两件事令他至今想起仍有锥心之痛。

一位老技术权威与他的夫人被同时关进“牛棚”，只是分别被关在男舍、女舍。有一天，一位“专政队”队员对他夫人说：“你打他脸。”那夫人不肯打，这位“专政队”队员，就走到老技术权威面前，对夫人说：“你不会打是不是，那我教你。”说完就左右光光两个耳光，打得老技术权威险些一头栽倒在地上。这时老技术权威就哭着对夫人说：“你打吧，你打吧。”夫人没办法，一边哭一边打他的耳光。

陈歆文说：“我一辈子都忘不了这个场面。”

还有一对年轻夫妇，他们两人无论从历史还是当时，都没有问题，只是女方的姐夫是从台湾回来的，平时喜欢打个小麻将，因怕邻居看到，就在玩麻将时，将窗帘挡上。这样一件区区小事，在那时竟会被无限上纲上线。于是在一次群众大会上，有人揭发说：“大白天挂窗帘，干的就是见不得人的事，肯定是以打麻将为名，向台湾发电报。”

夫妇二人当场就被抓起来，送进“牛棚”。但他们有一个三岁左右的小孩，每天白天由“专政队”队员送到大化西托儿所，晚上再被接回，并与母亲一同住在“牛棚”里。

有一天，孩子好像是感冒了，有点不舒服，早晨就在妈妈的怀里，不愿意去托儿所。但“专政队”队员根本不允许，强行从母亲的怀里把孩子抱走，那孩子的哭声，让“牛棚”里所有的人都感到撕心裂肺。

孩子被抱走时，正好路过陈歆文住的房门口，陈歆文说：“我那时还没有结婚，体会不到做父母的心情，但孩子的哭声，让我都难以承受。”

这是第二件让陈歆文难以忘怀的事。

陈歆文也不是一味地顺从，他有他的聪明与智慧。他用一张大纸写每天的汇报，先用一半的篇幅写毛主席语录，再用四分之一的篇幅写总的情况或组织劳动的情况，剩下的就写“牛”们已经提过的问题，并且“专政队”队员也知道的事。

每天如此，如有哪一天没有写问题，“专政队”队员就会说：“没有问题，就是阶级斗争的新动向。”

没有办法，陈歆文只能把大事写小，再把小事写了。

有个人平时就有洁癖，一天晚上劳动回来洗袜子，在晾袜子时，怕铁丝不干净，就拿了一张报纸挂在铁丝上，再把袜子晾在报纸上。因为天黑，他没注意这张报纸上有毛主席的像。可就有人发现了，举报说：“他把臭袜子放在毛主席的嘴上，是想臭死毛主席……”等大家到铁丝前一看，那袜子还真是放在相片中毛主席嘴的那个位置。

没办法，这是公开的秘密，“专政队”队员已经有所耳闻了，不写是不行了。那天晚上，陈歆文交上了报告，但一夜无眠，直到天亮。

关进“牛棚”里的人是分两种的：一种是经过一段时间的本人交代和组织上的调查，有结论的，要么该送哪里就送哪里，重者判刑，轻者就可以晚上回家住，白天再上“牛棚”参加劳动学习等。另一种人，就是问题没有搞清楚的，如像陈歆文这样的“特嫌”问题，怎么搞也搞不清楚。因为本来就没有问题，上哪去搞清楚，所以没定论的，就只有长住“牛棚”了。

一天，“专政队”送来一个中年的“牛鬼蛇神”，要陈歆文看管。陈歆文一看，这个人根本站不起来，全身多处骨折。后来一打听才知道，这个人被“专政队”逼供达72小时后，跳楼摔成这个样子。因为他的问题还没查清楚，所以不能送医院医治，只能交给“牛棚”的“牛王”陈歆文。但“专政队”也告诉陈歆文，中年人需要什么可以提出来，只要保住他的命就可以。

从这以后，陈歆文的工作繁重起来，他每天要给这个起不来炕的人，接尿、擦屎、喂饭。当看到他因不能起来活动而渐渐萎缩的双腿，陈歆文又给他按摩。长此以往，“专政队”渐渐放松了对陈歆文的看管，并经常允许他去给长住“牛棚”的“牛”们，买一些生活必需品，如牙膏、肥皂、烟等。

1969年的春节要到了，一批问题所谓清楚的“牛”，可以回家过年，还有一小批被“专政队”认为是罪大恶极、死不改悔的“牛”，是不允许回家的。陈歆文由于是“牛棚”中的“王”，又比较得力，所以被要求负责过年期间的看管工作。

年三十的下午，该走的都走得差不多了，陈歆文向“专政队”提出，病人需要营养，过节期间商店都休息，所以要多买些东西回来。“专政队”认为有道理，就让他去了。

临走前陈歆文对留下来不让回家的“牛”们说：“可以出去买东西了。”大家都明白这里的意思，每个人给了他几块钱。陈歆文买了罐头、鱼、肉、蛋糕和桃酥，还偷买了一瓶果酒，为了不被“专政队”发现，东西都放在他的棉袄里。

到了晚上，陈歆文里外溜达了好几遍，发现大部分的“专政队”队员都回家过年了，只剩对面房间还有一个灯是亮着的，大概是留个值班的。陈歆文就把所有不让回家过年的“牛”们，叫到自己住的房间，把罐头打开，果酒摆上，还留一个人在门外听动静，为的是观察对面亮灯那个房间里的人什么时候出来。这件事如果被发现，那下场就不可想象了。借跳楼人的光，这些“牛们”在“牛棚”里，提心吊胆地吃了一顿年夜饭。

一年后，走“五七”道路，许多没有问题的人被点名到下乡的行列之中。他们愤怒、发牢骚，但对“牛棚”里的“牛”们来说，简直算是大过年了。因为无论他们被送到什么地方，至少可以和家人待在一起，可以不再交代问题，不再受折磨了。

陈歆文在1970年4月，被下放到庄河县青堆子盛家大队第八小队。像他这样单身走“五七”道路的很少，大部分都是四十几岁的。可想而知，他的“特嫌”

问题在当时有多大！不过在农村的日子，很是让他快乐，因为没有人再来逼他交代问题。

现在好了，青堆子八小队虽然分给他的那间房子没有窗户，炕也塌了，但是可以自由地呼吸新鲜空气，可以在广阔的田地里任意跑跳。

队里分给他的工作就是放鸭子，他告诉我说：“鸭子刚孵出来时，分不出公母，等到下青雪时，才看得出哪个是公的，哪个是母的。母的留下用来下蛋，公的就一元一只被卖掉。”他认为这样的生活，就是过一辈子也挺好。然而这样的日子没过半年，他就被抽到“五七”干校学习。

干校是在新金县大刘家公社。第一批入校的学员，有的是从工厂机关来的，还有的就像陈歆文一样，是已经插队到农村的。一句话，都是所谓有问题的人。

进校后首先看到的就是“坦白从宽，抗拒从严”的大幅标语，这让他刚刚暖过来的心，顿时又冷了下来。学员们住在一个大长房间里，上下通铺，一共可住五十几人。白天除了劳动就是学习，所谓的学习就是自我检查，当时称作“通过手术台”，要自我解剖。

有文化的陈歆文，经历了“牛棚”之后，变得聪明起来，他知道如何才能过这一关。在自我解剖时，他先把自己痛骂了一顿，说自己是新中国培养起来的，应如何感谢党，如何感谢毛主席。要有与人斗争其乐无穷的精神，要对唱忠字歌，跳忠字舞，达到如痴如醉的程度。要像林副主席那样，紧跟伟大导师、伟大舵手、伟大统帅、伟大领袖毛主席干一辈子革命。

他的自我解剖获得了通过，这一年他已经36岁了。一位来自工厂的女同志，也是36岁，还没结婚。在同事的撮合下，他们两人都想见个面，谈一谈。但当时干校有规定，不允许谈恋爱。无奈陈歆文就通过别人向这位女同志提出去干校的猪圈看猪。两个人相约在蚊虫四起的猪圈前，看着猪互问对方，你是哪儿人，姓什么叫什么，多大了……站远处看他们，好像在研究圈里猪的问题。就这样，在猪圈前定下了两人的终身大事。

干校毕业后他们被抽回原单位，他们立马结婚。那时大连根本没有块糖，陈歆文就去上海买了十几斤上海的奶糖，分包装好，每包八块，凡是前来祝贺的人，他都每人发一包，这包糖在当时可算是大礼了。来的人可真不少，有同事也有“专政队”队员，不知他们是来祝贺他36岁才结婚，还是为了这八块奶糖。

陈歆文的人生经历是备受煎熬的，但他从来没有在灾难面前放弃自己的尊严和良知，他所表现出的高尚品质和所写的大量文章，是他留给社会的宝贵的精神财富。尤其是在陈歆文退休后的十几年里，他以敏锐的观察力和深刻的思考，针对化学工业老前辈范旭东、侯德榜创业的经历，写下了既丰富又深刻的近千万字的资料，并自费出版。

他在编辑工作岗位上主持《纯碱工业》33年，33年来，他用《纯碱工业》介绍了各国石灰纯碱法，因为当时我国的一些老厂的盐水精制，都采用石灰—碳氨法。同时还介绍了具有反映区、絮凝区和增稠区的澄清桶，因为它适用于镁盐高的盐水澄清，可提高沉降速度30%～50%。

而后这些技术，就在连云港碱厂、唐山碱厂被采用。结果证明，这些技术的确是具有精制程度高、工艺流程短、氨盐损失少的特点。

《纯碱工业》指导了大化公司在氨Ⅱ澄清方面进行的蜂窝型斜管澄清及絮凝技术等工作，提高能力34%～40%，浊度降低到20ppm。对提高纯碱质量起到了重要作用。之后，这一技术就迅速地被青岛碱厂、湖北省化工厂、福州氮肥厂等应用。

当日本东洋曹达氯化铵结晶刚刚采用逆料流程时，制碱所得知这一信息，马上开发了这一技术，并于1975年在大化应用成功。而后由化肥公司纯碱处组织推广，应用于全国各大碱厂。

陈歆文在调侃自己所做的这些成绩时说：“我没有辉煌的业绩、崇高的荣誉，但一贯坚持尽职尽责、勤业敬业，为纯碱行业积累了1400万字的文献资料，刊物也一步步跟着时代前进，得到业内人士好评，无年华虚度之感。”

1997年退休至今的十几年里，他是“老牛自知夕阳晚，不用扬鞭自奋蹄”，并以这种精神继续笔耕不辍。他撰写的文章有《光华照人的老大化——纪念张步闫同志逝世十周年》《范旭东和永久黄事业》《碱业精英——王楚》《我国化工科研奠基人——孙学悟》《侯德榜》，他在2006年出版的《中国近代化学工业史》，于2008年荣获大连市科技著作一等奖。

联碱(小试)专家卢作德

在大化建成大型碱厂并投入生产后，由大化援建的大中型的碱厂在全国可谓遍地开花，从而使我国纯碱工业布局逐渐趋于合理，生产也蓬勃发展起来。

而这个制碱工艺的成功，首先是由侯德榜的个人努力，再加上范旭东的鼎力支持，还有在他们身后站着一批永利公司的技术专家，以及20000大化人的无私奉献。在这些众多的制碱人中，有一位终身都置身于研究纯碱的工作之中，无论在什么历史环境中，都手不离制碱的试验报告，心不离制碱试验的数据，这个人就是卢作德。

卢作德1928年11月18日出生在福建省永定县坎市镇浮山村。爷爷卢观成是清咸丰帝赠封三代二品顶戴通奉大夫，父亲卢勋堂在清光绪二十八年（1902年）考中秀才，在家乡从事教育事业30年。他与乡中的友人共同创办了“正原学堂”，并为首任校长。由于家教甚严，卢作德从小就“晨昏课读，寒暑不断”，并牢记祖训：匿彩韬光，克自树立，为善自爱。

卢作德在制碱实验室里工作

1951年，卢作德以优异的成绩毕业于中山大学化学工程系，成为建国后第一批实行全国统一分配的大学生。按国家的分配他先到沈阳东北人民政府工业部化学工业局研究室工作，后调大连碱厂，开始从事侯氏制碱法的科研工作。不久因勤奋好学被大化中央试验室负责人段志骙选为参加碳酸氢铵的研究课题组成员。

1989年8月，卢作德在日本大阪大学田中纪念馆留影

1956年6月经统一考核，卢作德晋升为工程师，并担任中央试验室研究组组长。从此他在制碱这条路上就是一个没有终点的奔跑者……

1958年卢作德与林小姐结婚，1959年生下第一个孩子。这时正逢侯氏制碱法进入最后的试验阶段。为了配合八吨中间试验车间的开工，中央试验室抓紧时间反复试验，在反复试验的过程中，卢作德和他的同事们从图像中发现，食盐在制碱的过程中不能完全转变为碳酸氢铵。

这个问题如不马上解决，到大型生产时将会给国家造成更大的损失。中央试验室高度重视并让负责技术的陆冠钰指导卢作德带这个题目组进行试验。1963年卢作德的第二个孩子诞生了，但卢作德整日忙于试验无暇顾及家庭，致使家里家外的一切事情都由夫人一个人承担。卢作德是专业研究制碱的，用卢夫人的话说：他除了在试验室的工作，在家里就是查阅资料，看参考书。孩子的生活、家庭的琐碎事情都与他无关。有一年冬天，天气很冷，北风卷着雪花刮个不停。因为是星期天，所以卢夫人没有像往常那样起来给孩子穿衣、做饭。卢作德却一个人悄悄地起床穿上衣服，顶着漫天风雪直奔大化的中央试验室，因为他知道夫人的辛苦，所以也没有吃饭就去工作了。到中午，六岁的大孩子突然发烧，体温37.8℃，卢夫人看看床上那刚满周岁的老二，很无奈地给大孩子吃了一片扑热息痛，然后就让邻家一位上二班的邻居到厂里给实验室的丈夫带个话：孩子发烧，赶快回来。

这话捎的就犹如石沉大海，连个涟漪都没有泛起。到晚上六点多了，大孩子吃的那片退烧药药劲刚过，体温就像加了油的火柴，一个劲地往上蹿，从37.8℃到39.8℃。看着烧的满脸通红的孩子，连喘气都困难，卢夫人果断地背起孩子，再抱上老二，迎着风雪去了位于市内的儿童医院，因为她知道，这个体温去附近的市立医院已经来不及了。

晚上十点左右，卢作德回到家里，敲了一阵门，没见夫人出来开门。他以为夫人睡着了，就又用力地锤了几下，这时门开了。开门的不是自己家的夫人而是一位邻居，她说："你才回来呀，赶快去儿童医院，你家大孩子发烧了！"

卢作德愣了一会儿，问：儿童医院在哪儿？

他不仅不知道儿童医院在哪儿，就连每月必须去的粮站也不知在哪儿。他人生的路线就是家到实验室连成的一条线段。

家在椒树房大化21号楼，实验室在大化厂里，这条不足两公里的路是他每天所接触外界的唯一机会。在这段路上，他感觉到冬夏春秋的四季变化，感受到绿树花红的大自然，其余的一切时间，他不是在做试验，就是写试验报告。

渐渐地一个纯碱生产过程中的重要工艺控制指标趋于成型，它就是α值。

α值是纯碱生产过程中氯化铵与二氧化碳的比值。当α比值等于2时，氯化铵产品就会夹带走较多的纯碱，其纯度只达到94.14%；而当α值等于2.1～2.25时，纯度可达98.6%。所以α值控制在2.1～2.3之间，可以保证纯碱产品质量。

这项研究成果是在1960年投入到侯氏制碱法的生产中去，它使侯氏制碱的工艺得到了进一步的完善。

α值的试验成功让已近中年的卢作德干劲倍增，他的试验小组又向β值的研究冲击。就在他准备为侯氏制碱再大干一番时，1970年卢夫人被大化告知为"五七"大军的一员，必须带丈夫和孩子到农村去。那年三月，卢作德与夫人全家落户到大连新金县大刘公社杨树大队小闫屯小队。农村生活对于一个男人来说，必须能支起房梁。什么挑水、打柴、种地，都得样样能干，可卢作德天生就不是这块料，他到了农村还是浸在侯氏制碱的那个天地里，每天就是看文献写报告，家里家外所有的累活都落在夫人还有两个孩子身上，大孩子不过13岁，小的只有六七岁。可老天爷就是长眼，在他全家下乡不到九个月后，卢作德又被实验室借调回来，继续搞纯碱的研究工作。

待到1973年，夫人和两个孩子才因大化落实"五七"政策回来了。而卢作德这两年对β值的试验又有了长足的进展。到了1977年，他负责的“联合制碱项目”获得辽宁省重大科技成果奖，之后他负责的另一个“联合制碱逆料流程新工艺项目”，荣获全国科学的大会奖。1983年，化工部任命卢作德为化工部制碱工业研究所副总工程师。

虽然职务变了，但他还是离不开试验室。不久他又负责研制一种叫过氯酸氨的产品，这是国防科委的一个军工科技项目，它是用于火箭发射的。当时组织上要求这个试验不能对外泄露，他就能做到回家连老婆孩子也不讲，全家人只知道他成天忙着看书，忙着工作，但不知他到底忙什么。直到1985年，他主管的军工科技项目获国防科工委、国家科委授予军工协作组织管理的先进个人称号，夫人和孩子们才知道他研究的是航天科技产品。

这年的年底，他成为一名中国共产党的预备党员。一年后，1986年12月他按期转为中国共产党正式党员。

因卢作德一生在研究制碱且又有重大的科技成果，1992年10月他荣获中华人民共和国务院颁发的有突出贡献专家证书，并享受政府特殊津贴。

卢作德大学毕业到大化后，从见习技术员、技术员、工程师一步步做到中国纯碱工业的一名科学技术专家，且终生制碱，成绩斐然，所以在退休的前一年，他入选《当代中国科学家与发明家大辞典》。书中这样评价卢作德：

> 卢作德曾任中国化工学会无机酸碱盐委员会纯碱学组顾问，他从事纯碱研究多年，其中：“联合制碱逆实流程新工艺”获1978年全国科学大奖；联合制碱获“1977年辽宁省重大科技成果奖”；主管“化学推进剂研究”项目获1985年国防科工委第四部委军工管理“先进个人”称号。1992年获中国纯碱工业协会授予“中国纯碱工业科技专家”称号并获国务院颁发的有突出贡献专家证书，享受政府特殊津贴。1995年12月入选《当代中国科学家与发明家大辞典》。
>
> 联碱（小试）专家，对联碱完善做了一定的工作。

大化干部

发展生产　培养人才

大化由于遭到日本撤退时的严重破坏，停产已达四年之久，企业的设备不仅陈旧，而且破损严重，许多零件残缺不全。在这种情况下，东北人民政府工业部和中央人民政府重工业部，相继批准大化的修复计划。

领导大化修复工作的，分别是老解放区派来的干部和旧中国老化工专家，他们是廉振兴、秦仲达、章用中、范柏林等。廉振兴是工农干部，秦仲达是胶东军区兵工厂研究室副主任，章用中是我国化学工业的先驱、范旭东的外甥，也是这次被侯德榜从美国召回国的永利公司的专家。

秦仲达因来自解放区又是搞技术的，所以他就当上了大化的首任厂长。章用中做了第一任总工程师。

总工程师章用中在永利公司从事制碱工作多年，有着丰富的经验，在了解了大化的几个生产车间后认为，合成车间是全厂最关键的车间，要恢复大化的生产，首先要恢复合成车间。

但由于光复后，日本技术人员撤离，工厂已全部停产，四年时间里，合成车间的前前后后，已经长满了高粱和野草，这大概是种子掉在化肥上的缘故。要在已停工四年的野草丛中，再重新生产出纯碱和化肥，是一件很艰难的事。首先要查找管线，车间设备的外部管线虽错综复杂，但还可以慢慢查找，而埋在地下的管线，就很难查找了，总不能挖出来查吧。

秦仲达厂长发动群众分头寻找曾经在这个车间工作过的中国工人。老天不负有心人，终于在甘井子三道沟找到了已经种了五年庄稼的潘仁斗师傅。

秦仲达厂长听说知情的中国工人找到了，高兴地立即派上自己的专车，把潘师傅从他家房后的苞米地里接到了厂里。一天又一天，潘师傅凭着记忆，终于将合成车间的物料管线，一条不差地落实到位。

仅用了一年的时间，大化就修复了十孔炼焦炉，两套水煤气发生炉，还有技术难度较大的空气分离、氯气分离装置。这些功绩的取得，是与总工程师章用中分不开的，他的知识与经验，起到了举足轻重的作用。

转过年，1951年2月，第一套合成氨生产装置投产。5月，两套九塔式硫酸生产装置、硫铵生产装置和浓硝酸生产装置，同时修复好了。

6月25日，工厂举行了隆重的开工典礼，这是我国解放后，第一个大型国营化工企业正式投入生产。

中央政府对大化非常重视，周恩来总理在大化开工不到一个星期的时间里，就与夫人邓颖超来到大化视察。

他不仅听取了厂长秦仲达的汇报，还亲自下到炼焦、蒸汽、变换、合成、硫铵等车间视察，并详细地询问了恢复生产的情况。

周恩来总理勉励大化人："要好好学习毛主席著作，加强党的领导，依靠群众，依靠老工人，做好技术员的工作，培养教育青年工人要学会技术，搞好管理，要自力更生，艰苦奋斗，为发展化肥工业，支援农业和国防工业多做贡献。"

周总理同时对大化人提出了要求："像你们这样的化工厂，目前我们国家还不多，你们应该继续发展生产，培养更多的人才，支援国家的经济建设。"

在此后的几十年里，大化始终牢记总理的这段教导，既出产品也出人才，不仅为国家创造了大量财富，同时也为我国的化学工业输送了近万名工程技术人员和干部，其中司局级以上和市地级大厂的领导就超过百余人，他们是：

姓　名	性别	在大化的职位	调离大化后的职务
秦仲达	男	厂长	化学工业部部长
宁致远	男	副厂长	铁道总局局长
顾传忠	男	副厂长	湖南省石化厅副厅长
李思德	男	生产技术科科长	兰州化学工业公司党委书记
杜新芝	男	党总支副书记兼宣传科长	安徽省石化厅厅长

姓　名	性别	在大化的职位	调离大化后的职务
章用中	男	总工程师、副经理	南京化学工业公司总工程师
吴子炉	男	副总工程师	化学部第四设计院院长
张步闫	男	副厂长	辽宁省石化局副局长
张万林	男	党委书记	大连市化工局党组副书记
吴禄乾	男	党委书记	大连有机合成厂厂长
李东冶	男	党委书记	冶金工业部部长
魏富海	男	副厂长	大连市市长
李永金	男	公司经理	大连市市长、大连市人大常委会主任
张继先	男	公司副经理	大连市副市长

秦厂长的遗憾

纯碱的生产，不仅仅需要不畏辛劳且有责任心的好工人，同时还需要有一定文化知识，能看懂仪表盘的操作员。

1954年，大化招来一批中学毕业生，他们年纪在十七八岁。这批中学生的到来，对当时的大化来说，简直就是厂之瑰宝。

他们被分配在大化各个车间的重要岗位工作。一年后，这群年轻人竟成群结队地到市里去告状。还选出代表，用大伙集资的钱，买了去北京的火车票，准备到部里去上访。

得知这一消息的厂团委书记，立即赶到火车站，将上访的代表劝回了大化。

在大化三号门门岗外的东俱乐部，秦仲达厂长招集这批年轻工人开会，他让每个人说说自己心里的不满。小青年也没客气，对秦厂长发起牢骚来。

一位被分到合成车间的青年工人说：“你们当时招我们来，说大化是中国最大的化工企业，是一个有希望的大型企业，青年人去这个工厂，可以发挥个人的聪明才智，未来大有前途。可我们来到这里，进车间连眼睛都睁不开，呛得人连气都喘不上来。”

合成车间的青年工人讲完，硝酸、炼焦等车间的青年代表也竞相发言。最后发言的是机械车间的一个外号叫“大板先生”的小青年。因为平时在车间里，他把需要加工的物件架到车床上后，就捧着一个茶水杯在车间里走来走去。这个架势，别说是车间的工人，就是科室里的科员也没有这样做的，所以大家给他起了这么个绰号。

“大板先生”在发言时说：“赫鲁晓夫说得好，一些干部坐在安乐椅上，根本就不了解下边的情况……”

“大板先生”的讲话就像他的绰号一样，得到了同事们的认同。待大家热烈鼓掌后，他得意地抬起头，看到舞台上方的大幅标语：行动起来，圆满完成国家计划。对此，他又发表了看法。

这时坐在主席台上的秦仲达厂长站起来：“别说了，你们有意见，说意见，但不能对这幅标语说三道四，这是国家提出的奋斗目标，不容怀疑，更不能否定。现在我们国家刚刚开始建设，工厂的条件是比较艰苦，可你们年轻人不干，将来你们的后代，又会怎么说你们呢？”

秦仲达厂长言语不多，但掷地有声，说完，他起身，带领这群年轻人从东俱乐部直接向合成车间走去。

到了合成车间，他指着轰轰作响的压缩机，对大家说：“谁要走，我不留，但我相信这个车间，不会因为你们走了就停产。”

这时，从压缩机后面走出来一位年轻工人，他对秦仲达说：“厂长，这13台压缩机，我都检查过了，运行正常，没问题。”

秦厂长点点头，转过身来对几个不愿意在合成车间工作的年轻人说：“他进厂时也和你们一样大，现在他已是这个车间的机械动力师了，不但会维修电器设备，还能搞些小技术革新，你们应该向他学习。”

晚上下班的时候，这些年轻人在三号门门岗外墙的劳模板上，看到了那个合成车间的青年工人的大幅照片，照片的下边写着：魏富海，动力科科长。

秦仲达厂长在大化工作期间，最喜欢的是又聪明又肯干，并把心思都用在钻研技术上的年轻人。当时魏富海就是其中一个。

虽然秦仲达厂长在大化工作不足十年，可那时，无论是厂党委书记还是职工，都敬他三分。在欢送秦仲达厂长去化工部的欢送会上，大化厂党委副书记吴禄乾这样说："欢迎仲达，我们的秦厂长给我们讲话。"

秦仲达踏着掌声，微笑地走上台，台下的掌声更加热烈起来，大家都想听一听，秦厂长对大化今后的工作有什么建议，对大化的职工还有什么要求。

秦仲达先是热视了一眼大家，然后用低于平常的声音对在场的大化人说："在大化工作期间，我最痛心的是，1953年未完成国家计划！这，也是我一生的遗憾……"

离不开的李书记

大化把700多名制碱的管理和技术人员全部送到农村的消息，迅速在化工部所属各新建大厂中传开来，并引起了轩然大波。因为起初这些工厂在基建时，他们就曾向主管部门——化工部提出，急需抽调一些大化的技术人员和管理人员参加新厂的建设，但一律遭到拒绝。当他们听说这些人都被赶到农村时，纷纷到大化协商调转这些人员。他们说："你们不要的我们都要。"

最早的一批是1971年夏天被调走的，大部分是管理人员，去的是北京房山县的胜利化工厂，而后就是河南的第二胶片厂，保定的第一胶片厂，盘锦大、小化肥厂，等等。

随着人员一批批被调离，大化的领导有些坐不住了。据说当时大化纯碱生产的产量仅限于维持，要想提高，就必须启用原来的那些工程技术人员，如果再不把他们调回来，就会被化工部全部调到那些新建的化工厂去了。就是由于这个原因，大化在1972年的夏秋之间，仅用不到两个月的时间，就把剩余的还没接到新厂调令的人员，全部调了回来。

几百户拖家带口地返迁，大化一时无法给他们安排住处。于是大化决定分别将厂里的两座独身宿舍楼倒出来，每户分一间。我们家分在甘井子大化第六宿舍的那座楼。

回城之后的这些大化制碱人，没有一个人在家收拾东西，第二天，就都到厂里报到，开始上班工作了。甚至连小孩子入学，都是小孩子自己拿着转学介绍信，去学校报到的。我弟弟就是由我领着他，去大化子弟小学六年级报到入学的。然后我又自己从甘井子走到金家街的大化子弟中学，报到入学。

回厂工作的这些下过乡的工程技术人员，日后就被称作“五七战士”，他们住的地方，也被称作“五七”楼。

李东冶是在军代表撤离大化的第二天，接管了大化的领导工作的，这一天是1974年11月17日。

听说厂领导又换成一位老干部，“五七战士”们都在想，这个老干部会不会比那个军代表更厉害?

虽然每天大家都在按部就班地工作，但心里却忐忑不安，恐怕再有什么厄运在等着他们。日子就这样一天天地过着，转眼间就到了1975年的春节。

年三十的那天下午，“五七”楼的走廊里，家家户户都在“走油”。一是三年来没过过一个穿新衣服的除夕，二是因为刚刚从农村回到城市，大家都很高兴。不说别的，就这个自来水，就够让大家愉悦的了，洗衣服做饭再不用挑水了，这种感觉只有我们这群孩子能体会到。

晚上我们全家包了饺子，炒了几个像样的菜，正准备倒酒时，门响了。一位身材高大，白白净净的老年人走了进来，后面还跟了几个人。我当时觉得怪怪的，这年三十，不回家吃年夜饭，跑到我家干什么?

“小于，你好，你们全家过年好！”这位老人的声音，像棉花裹身一样暖暖的。

我爸抱着果酒酸枣蜜，站在桌前半天才醒过神来。忙把已打开的酒瓶顺手放在身后的窗台上，搬把椅子送到这位老人面前说：“东冶书记您坐，您坐。”

我只是在父母的谈话中，听说过这个东冶书记，听说他是北京中南海的大干部，因犯错误而到大化来的。

“我今天晚上来‘五七’楼看看，想了解一下你们生活和工作上还有什么困难。因为你们这些人，都是刚从农村广阔天地回来的，你们都是大化的栋梁，大化需要你们，国家需要你们。”

我爸我妈相互对视，谁也没敢说句话。“我们是大化的栋梁？这是从来没听说过的，是真的吗？”我想爸妈当时绝对是处在一种虚幻之中。

“小于，听说高压车间的成本核算、统计都是你一个人干的，这本来应是两个人的工作，现在你一个人干，有没有不满意的想法？”李东冶转过头问我妈。

“李书记，我能干，再加一个活，我也能干。”我妈一边用围裙擦着手，一边说。

“小于，听说你是很能干的，就是因为成分问题……你看我不是一样吗？我也是犯了个小错误，毛主席把我放到这里，咱在哪儿都是为党工作，好好干就是了！”

说着他站起来，走到饭桌前，看看饺子对我说：“能经常吃上这样的饭菜吗？”

“不。”我插嘴说。

“现在国家困难，但只要大家努力，就一定会天天吃上这样的饭菜！”

东冶书记在我家说话的时候，我家门口的走廊里挤满了人。东冶书记从我家出去，又到另一家去了，我爸我妈没有出门送，因为跟着的人太多。

当他们俩重新回到饭桌前，面对满桌的酒菜和饺子，谁都没有吃。他们在回味东冶书记刚才的话——你们是大化的栋梁，国家需要你们。过年能听到这样的话，那比吃多少顿饺子都高兴。

李东冶到大化后，就让大化的工人、干部、知识分子们有了一种老八路回来了的感觉。在一个说话和工作都处在“假大空”的年代里，李东冶的工作作风，无疑是冬天里的一把火，烧得人们心里暖洋洋的。

他把“五七”楼的家家户户都走了一遍后，就回到厂里的大食堂，与炊事员一起包饺子。又在半夜零点，亲自将饺子送到还奋战在各个岗位上的工人那里。

往年的年三十，大化的倒班工人都吃不到半夜的这顿饺子，家里人总是把三十的饺子留一盘，等他们初一早晨下班回家再吃。年年如此，工人们也都习惯了，对此也无太大的怨言。而这个年三十的半夜，李东冶亲自到化工岗位拜年送饺子，倒班的工人感动得不知所措，手捧饺子乐到天亮，大家高兴地传讲李东冶的祝福，甚至一度曾想离开倒班岗位的工人，也不再提离岗申请了。

春节后，在全厂大打制碱翻身仗的职工誓师大会上，各部门的领导纷纷上台发言，表示要在这次“抓革命，促生产”的活动中再立新功。

李东冶坐在主席台的中间，左右都是厂革委会的副主任。首先上台发言的是碱分厂的领导，他们表示，要努力将碱的产量提高两成，纯度也再提高。

氨分厂的领导也表示，化肥产量要再提高来支援农村第一线。

场上的气氛非常高涨，工人们都在喊口号："抓革命，促生产……"

当后勤代表发言时，还不等把手稿摊开，李东冶就说："你不用再表什么决心了，你就当大家的面，说一说这次会战，你能给工人们炸几次油条。"随后是全场工人的热烈掌声，经久不息。

那是一个月只有两斤面、两斤米的年代，吃油条是绝对的一种奢侈。

李东冶面对为国家撑起四分之三纯碱产量的大化人，摆摆手，示意大家停止掌声说："人说话要求实，不要老放空炮。工人们最关心的是吃什么，只有他们吃饱吃好，才能为国家做贡献。我们当干部，不能只让马儿走得快，也得让马儿吃上草，这才是我们共产党应该做的。在这场打制碱翻身仗的会战期间，你们后勤要保证让每位工人吃上半斤油条。"

打那之后，大化食堂的大师傅，三班倒连续炸了几个月，共炸了7000多斤的油条。

东冶书记不仅关心职工吃的，更关心住的。一天，下着大雨，在大化的东山曹达宿舍的小路上，走过来几位穿深绿色长雨衣的人。他们敲开了一家房门，开门的是一位上了年纪的女人，她问："找谁？"

"找你问问，你们家的房子漏不漏雨？"穿绿色雨衣的人问道。

"那还用问吗？外面下大雨，屋里下小雨，外面不下了，屋里还在下。"这个女人不知道来访者为何人，便不管三七二十一地叨叨起来。

这时站在一旁的打伞人说："你别说了，这是李东冶书记，来看看你们的房子。"

那女人一听，顿时改了口说："哎呀！你就是东冶书记呀，俺家昨天分到油条了。大人、孩子一个人咬了一口，没舍得多吃，剩下的让我切吧切吧包包子了，真香。谢谢你了，我家漏得小，不要紧，出太阳就好了，你就当我什么也没说，我不能再给您添麻烦了。"

李东冶告别了这家，随后跟房产处的负责人说："听说这一片就相当于解放前的'红房子'。这都解放多少年了，还让工人们住在这种条件的房子里，我们怎么能对得起老百姓。"

曹达宿舍的房子，在东冶书记的过问下，得到了彻底的翻修。

70年代，大化有个小车班，小车班里最好的车，就是北京吉普。这辆吉普也是李东冶的专用车，每天只接送他上下班。有一年冬天，天气出奇的冷，鹅毛大雪下了一天，临下班时不但雪没停，风又紧跟着刮起来。

下班时李东冶的吉普车在经过6路公共汽车椒树房站时，发现有几个孩子妈妈正抱着孩子在等车。因为路滑不好走，公共汽车没有按时到，所以车站上积聚了很多人。坐在吉普车里的李东冶看到这个情景，立即让司机将车停在6路公共汽车站的站台上。他从车上下来，对几个孩子妈妈说："快上车，别冻着孩子。"

几个孩子妈妈回头一看是东冶书记，说什么也不上车。其中一位孩子妈妈说："东冶书记，这可使不得，我们不能这样做，你也是这么大岁数的人了，更不能冻坏了。"

李东冶笑一笑说："我一个大人冻不坏，走走当锻炼锻炼。"说完转头对司机说："你今天晚上把这些孩子和他们的妈妈，一批一批都送回家。让他们挤一挤，多坐几个人。"

当年被送的孩子，而今也是三十几岁的人了，不知道他们还会不会记住那位叫李东冶的大化书记。

老干部"洗澡"

"老干部"姓什么，叫什么，不但我不清楚，就是跟他工作多年的老同事，也一时记不起来。

据说他是大化最早进厂的那一批老工人之一，因一贯努力工作，从不计较个人得失，认认真真地听党的话，技术本领也过硬，1959年就当上了碱厂的车间主任。

在大化，有个不成文的规定，只要你在碱厂干起来，就不愁被重用，"老干部"就是这样的一个人。

他从碱厂提起来，到机械厂做了厂长。虽然没有什么文化，但从工作底层干起来的他，对所有生产上的工作程序清清楚楚。他从不讲大话、空话，党怎么说，他就怎么做，那真是党叫干啥就干啥，就像是跟着毛泽东南征北战的老干部似的，所以大家就给他起了个尊称——“老干部”。

“四清”运动来临时，许多干部都心惊胆战地过日子。可“老干部”该干什么干什么，心里没有负担。那时全国的工业都在学大庆，大庆的精神是“三老、四严”。“三老”是：说老实话，办老实事，做老实人。每个人都要根据这“三老”来检查自己的行为。做法就是干部“上楼洗澡”，群众“顺水洗手”。

“上楼洗澡”的干部，必须认真地向党组织、向群众代表讲明自己在过去的工作中，对党是不是说的老实话，办的老实事，有没有不忠于党的地方，如果讲的话大家通过了，他就可以“下楼”了。如果大家不同意你的发言，认为你不是老实人，没说老实话，那么你还要继续讲，继续深挖自己的思想，用当时的话叫“在灵魂深处闹革命”。最后的一步就是群众揭发，这叫帮你“洗澡”，同时还要求被洗的人，要高高兴兴地对待群众运动。

有一个反复多次被洗的干部说：“我认为这是花钱也买不到的‘澡票’。”

这一切对于“老干部”来说，就像“顺水洗手”那么简单。他“上楼洗澡”就讲三句：“我是老工人，老干部，老经验。”

群众听了拍手叫好，并异口同声说：“通过。”

因为他本身就是个老干部，且经验又多，车间的技术工作出任何问题他都能解决，在工人堆里，这点很重要，那叫服气。

可是并不是每次运动他都能这样顺利通过。“四清”刚过，他就像掉进凉水盆里一样，从头凉到脚。

这次是讲“阶级斗争”。一时间举国上下，人人都讲阶级斗争。中央说：阶级斗争是纲，纲举目张。毛泽东又说：阶级斗争要天天讲，月月讲，年年讲。

可“老干部”还是没讲，他整天讲的是生产指标、成品质量，这也难为这位老干部，一个管生产的领导，他不讲生产，还能讲什么，如果他也讲政治，那么党的书记不就无事可做了吗？

但这并不是不整他的理由，打开他的记录本，全是生产记录，没有一句讲阶级斗争，这不是刘少奇的“白专道路”的典型吗？

“老干部”这回可真受苦了，不让管生产，不让下车间，成天写检查。中午大家吃饭，他还得站在人流最大的食堂门前，胸前挂着个大牌子——向毛主席请罪。每天如此，渐渐地，他的面孔失去了往日的严厉。

一天中午，快到吃饭时间，“老干部”又夹着牌子，从机械车间里走过。由于是吃饭时间，大家都陆续地离开车间，向食堂走去。在车间的门旁，一个年轻人正在刨炒锅（是用铆造车间的铁板料做私活），大家都看到了，“老干部”也看到了。人们就像没看见一样走了过去，只有“老干部”的脚，停在那个被砸的炒锅前面。

年轻人停下手中的木槌，顺着黄胶鞋向上慢慢地抬起头。当与“老干部”四目相对时，他站起身来，瞬间那种仰视就变成了平视，“‘老干部’，你不去向毛主席请罪，在这里看什么？！”年轻人大声问道。

“这是国家财产，你……”“老干部”刚说了半句话，就从年轻人那不可一世的表情里知道了结果。

“你是不是挨整没够？都这样了，还梗梗！”年轻人又重新蹲下来继续刨了起来。

这是“老干部”性格的悲剧，还是悲剧挑选了他这种性格呢？

一心只知道鼓足干劲，力争上游，多快好省地建设社会主义的“老干部”，真是遇到了新问题。

经过批斗、下乡，他又回到属于他的工作岗位——厂长办公室。面对这个重新工作的机会，他就像上满了发条的钟表，走个不停。但那个会过日子的性格，还是没变。

80年代初，工厂的劳保护具的质量越来越高，样式越来越漂亮，大化的厂服可以当串门的衣服穿了。棉袄发下去，很多都被儿子、女儿当过冬的外衣穿出去。被人问起来，总是自豪地说：“大化发的，我爸在大化。”还有春秋发的那件米黄色的风衣，样式就像瓦尔特穿的风衣一样。

大家高兴地领大化发的每一件厂服，只有“老干部”不要，他说：“前几年，发的大茧丝工作服棉袄，还能穿，这次我不要了，给国家省一件吧。”

“老干部”不仅管生产，所有因公出差的批准权也在他的手里。这在当时的历史背景下叫“一支笔”，就是行政加管理加财务审批一手抓，这是来自财务行业里的一句行话，说的是：只要他签字，一切都照办。

有一次化工部在北京召开一个订货会，负责计划的同志就写一份申请，找他签字。这份申请的内容大体是：因去北京开会，所以需要到财务科预支费用，回来再拿票据报销。

“老干部”看着这份申请迟迟没有签字，他皱着眉头问那个计划员：“去北京，路不路过哈尔滨？”

计划员差一点笑出声来，但看他那严肃的样子，又不好意思说破，便问：“哈尔滨有要办的事吗？”

“可不是吗，咱有一个做好的设备零件，等着取回来，你要是路过那里，就一便捎回来，这样可以减少差旅费。”“老干部”急切地说。

还有一回，是一个以工代干的干部，要到上海去办外调。这个人高高兴兴地写了出差申请，来找“老干部”签字。因为当时上海是全中国副食供应最好的地方，据说是三省保一市，就是说用三个省的生产副食量来供应一个上海。别的不说，光上海的大白兔糖，那是随便买，要多少就有多少。可我们大连那时，连黑色的地瓜糖都得凭票供应，所以去上海是一个绝对的美差。他还没写完申请，同科室里的同志，把要捎的东西清单就列出了。可“老干部”看了申请说：“这事不用去了，车间里有人去杭州取活，让那个人一块办就行了。”

工人市长——魏富海

20世纪70年代粉碎“四人帮”后，大连市新上任的市长就是从大化走出的工人工程师，他叫魏富海。

魏富海的家，也曾住在大化第一宿舍。小时候我常到他家玩，他家有三个女儿，大女儿比我高一年级，在大连第十一中上学。二女儿比我低一年级，同我都在大化子弟小学读书，我们经常在一起跳皮筋，皮筋就拴在他家门前的两棵大树间。

记得一个夏日的傍晚，吃过晚饭我与同学李秋华又去他家门前的那两棵树上栓皮筋。不巧那天的皮筋断了一节，拴不到树上，我们就把魏伯伯（小时候我们都这么叫他）的二女儿找出来，让她把一个扎头发的皮筋拴在他家大门的把手上，另一头我们拴在树上。我们三人开始跳花样皮筋，一个接着一个地跳。

1959年，于越南河内，魏富海（右一）李世昌（左一）

正跳得满头是汗，突听栓皮筋的那扇门上方，有急促的铃声响起。只见魏伯伯从屋里跑出来，拿起听筒听了一会儿，然后对着墙上那个固定的话筒大声喊起来。那时的电话都是挂在墙上，接电话的人只能站着听，然后再将嘴对准墙上的话筒说话。由于那扇门是朝里开，而门上还拴着我们跳的皮筋，他一边朝墙上的话筒喊话，一边推着门。话是越说越多，声音是越说越响，我们是越跳越来情绪。

就在我们三人跳得起劲的时候，魏伯伯扔下话筒，一把扯断门把手栓的皮筋，跳下他家门口的几级台阶，跨上倚在墙边的自行车，顺着坡就飞下去了。

我捧着又断了一节的皮筋回到家里，跟我爸说了这件事，我爸听完沉默了一会儿说："合成的压缩机又出问题了！"

那时我小，不懂什么是压缩机，更不知道压缩机会出多大的问题。那之后，我再没有去他家那儿跳过皮筋。没过多久，听街坊大人们说，魏富海带队去了越南。

那是越南战争最为残酷的年代。美国派遣军队和盟国军队到越南参战，他们利用空军和海军，对北越实施了封锁性轰炸。就在越南战争日益艰难的时刻，中国党和政府怀着国际共产主义的精神，对越南进行了无偿援助。仅军用物资就近36488吨，其中包括武器装备、配套零件、粮食、食品、医疗等等。中国不仅援助这些物资，还答应越南政府的请求，帮助援建一座氮肥厂。

国家领导人令化工部立即下发通知：委托大化承担援越氮肥厂的工作。

当时大化正面临着侯氏制碱法试验的生产任务和基建任务，同时还肩负着全国各化工企业代培人员的工作。可为了履行国际主义义务，大化还是从生产和基建两条战线上，抽调了155名骨干，组建大化援外队伍去了越南的北江。

这支援越大军分别由大化的厂级干部吴禄乾、许义满和魏富海担任。

部分大化援越人员在越南合影。大化副书记吴禄乾（右三），技术专家李世昌（右四）。

大化不仅出人同时还为越南北江建氮肥厂，发出设备材料总量为42000吨，折合人民币5500万元。而当这些物资发到越南的北江后，便遭到了美国空军的狂轰滥炸。为了保护国家财产，魏富海带领大化的工程技术人员与越南人民一道，开展抗美救厂运动。他们利用夜间抢修被美军飞机炸毁的公路和厂区设施，白天躲在防空洞里，给越方人员讲解工艺流程。

生产技术专家组的负责人，是永利公司调入大化的年轻工程师李世昌。

李世昌1946年毕业于北京大学应用化工系，因为成绩优异被侯德榜选进永利碱厂工作。五年后，一位毕业于上海复旦大学化学系的年轻姑娘，被东北招聘团招进了大化后，又被大化送到永利碱厂实习，她叫陈灌。

在永利碱厂的实习过程中，李世昌被陈灌的气质、容貌、修养深深地打动。在陈灌结束实习回大化后，他竟放弃了永利的高薪工资，也追到了大化，在碱厂的设计科从头干起。

从烧碱车间的改造到恢复生产，李世昌立下了汗马功劳。他从设计处干到生产处，再从基建处干到侯氏制碱法的中间试验厂。由于年轻、聪慧，在工作中深得侯德榜的好评，后来每当侯德榜要到大化来时，总是由他去车站接送。他把侯德榜对制碱工艺上提出的哪怕是点滴见解都记在心上，在实验室里没白没黑地干，忙得他连1957年“反右”的小会、大会一个都没有机会参加，所以没被扣上“右派分子”的帽子。

就是这样的一个高级知识分子，他和工人出身的工程师魏富海，在越南北江的工作却合作得很好。

回国后，魏富海作为干部代表，被三结合到大连市革委会工作。他家也从大化第一宿舍搬走了。

自从魏富海当上市长后，听说工作很忙，我们再也没有见过他。有一次，合成车间的压缩机又发生了故障，维修了好长时间也没见效果。因为合成车间是全大化生产的心脏，决不能停工，在这样紧急的情况下，负责生产的一位领导说："能解决这个难关的，只有老魏，魏富海，魏市长了，可人家现在是市长了，还能……"

几个老工人放下手上的工具，跟厂小车班要了一台车，就驶向市政府。在大连市政府的传达室门口，老工人们对站岗的哨兵说："我们厂出了技术问题，要求老魏，魏富海去看看，麻烦你给联系一下。"

"我们这里只有魏市长，没有老魏。" 小战士不解地回答。

"小同志呀，我们是从甘井子跑来的，这是生产上的事。"小战士看着这些穿着工作服的人，个个脸上一副焦急的样子，也估计到了问题的严重性，他赶忙拿起电话："要市政府办公厅。"

几个老工人都愣在那里，相互对视说："现在找老魏可真难呀。"他们不知道，以前的老魏，现在的一市之长，不是谁想见就能见的。

正在开市长办公会的魏市长，一听大化来人，马上放下手里的工作，急促地跑到门岗，问明了情况，上车就走。

合成车间的压缩机，在魏富海市长的亲手维修检查下，缓缓地启动起来。这位被工人们称作检修压缩机大拿的市长，不仅对电气技术过硬，同时他的工作作风也着实给大化人起到一个表率作用。

魏富海出差到外地购买设备。在出差前他到财务科借材料款。当会计把钱放到他手上时，魏富海先是摸一下左手的口袋，然后又摸一下右手的口袋后，才把货款装到右手口袋，并把口袋盖扣上。

会计奇怪问他："你衣服的两个口袋不一样吗？"

他笑着对会计说："右手口袋装的是公款，左手口袋装的是我个人的钱。如果我买自己的东西就掏左边口袋，给公家办事就掏右边口袋，这样才能公私分明。"

2012年3月，我因要写大化援越这事，在朋友的引荐下，找到了30年前就调到南京化工厂的李世昌，当他说到与魏富海在越南北江工作的事时，93岁的李世昌说："魏富海是共产党的好干部。"

“四化”干部——李永金

20世纪80年代的一次大化职工运动会上，整个甘井子体育场座无虚席，主席台上就座的是大化历届的厂级干部，他们有秦仲达、魏富海、张万林。

那天我带着两岁的女儿，坐在主席台前的那一排座位上观看比赛。中午，大化职工每人发一份午餐。午餐是用白色的塑料袋提前包好的，里面有两个面包，一个咸鸭蛋，还有几条小炸鱼。这个近乎西餐的午饭，对大连市各大厂矿来说，简直是奇闻了。那时如有大型活动，参加的各单位职工一般都是自己带饭。家里条件好点的烙个鸡蛋饼，差点的烙个糖饼，反正是没听说有哪个工厂提供午餐的。我看到他们吃着免费的午餐也很羡慕，只是我不是大化职工没有配给。但两岁的女儿就是想吃这炸鱼。其实我也给她带了一些小食品，但她不要，就要炸鱼。这时我起身想把她抱走，就在我站起身的时候，主席台正中间坐的那个人，伸手把他的那一份午餐递给我。

我不好意思地说：“不用了，我爸那份马上就送过来了。”因为当时我爸在场地的百米终点做计时员，所以得等到比赛结束才能把他的那份午餐送过来。

那个人温和地说：“拿着吧！”

我红着脸抬起头，慌乱中看了一眼，竟是大化公司经理李永金。一顿午餐在今天不算什么，可这份午餐直至今天我也没能忘记。

李永金1968年毕业于北京化工学院，分配到大化工作。开始他是在大化碱厂的新碱车间当倒班工人，当时凡是刚毕业的大学生，都要在工厂的一线岗位上工作，这叫接受“工人阶级再教育”，这是那个特定历史时期的特别政策。由于表现突出，后来他担任了新碱车间的技术员、厂生产技术科的副科长、主管生产技术的副厂长，大化公司的副经理。

1985年，已经当了三年大化公司副经理的李永金，在国家规定选拔“四化”干部的考核中，被化工部任命为大化公司的总经理。

“四化”干部是：革命化，年轻化，知识化，专业化。

“四化”干部的选拔与重用，是国家自建国以来的第一次人事制度改革。

刚上任一个月，李永金就面临企业前所未有的危机。
图为时任市长魏富海到大化参观，李永金向他介绍情况。

以往知识分子，几乎都被安排在科技部门或研究单位，企、事业单位中的一把手是看不到他们的身影。李永金被选定为“四化”干部，不仅是因为他符合“年轻化、知识化”的条件，还有更重要的一点就是“专业化”很出色，他用出色的专业为大化的生产，闯出了一条前人没有走过的路。

在新碱车间当技术员期间，李永金主要负责联碱的氯化铵结晶逆料取出流程的工艺技术改造任务。这个改造任务对于一个毕业仅有几年的大学生来说，绝非易事。这不但需要全面掌握侯氏制碱法的工艺，还必须保证改造后的工艺，能使氯化铵的结晶纯度与生产能力有所提高。

在发奋攻关的日子里，李永金不顾家里的生活，全力以赴扑在工作上，终于在一次试车投产后获得成功。李永金对氯化铵结晶逆料取出流程工艺的技术改造，不仅使系统生产能力增加了7%，同时还使氯化铵产品的纯度，由过去的96.7%提高到97.7%。

由于成果显著，这项工艺很快就被推广到全国制碱行业的各个工厂之中。而这项成果在1977年，获得辽宁省重大科技成果奖。

因为这个大奖，李永金被借调到化工部，从事纯碱行业的技术管理工作。期间，他跑遍了全国各地大大小小多家碱厂，还协助部领导数次召开全国性的联碱技术会议。眼界的开阔，又进一步丰富了李永金的理论与实践经验。回到大化后，他直接领导有6000万元投资的恢复性大修的技术工作。

1985年2月，李永金作为“四化”干部，在实行经理负责制后被推举为公司经理。

首先是经营上的危机：与李永金这个“四化”干部同时到位的，还有国家实行了几十年的计划经济体制转变为市场经济体制。这个体制改革，就像一包定向爆破的烈性炸药，炸倒了大化的国家供销这座靠山。此前一个月大化还是“生产计划国家定，原材料国家保，产品优劣国家包，经营风险国家担”的国有大型化工企业，而一个月后，由于市场突变，使大化内外部环境发生了质变。李永金立刻意识到，单纯依靠国家保原料、包销路的老路不再有了。

大化因在过去50多年的生产中，只管生产国家计划的各种产品，从不过问成本、销路。当市场大门突然打开后，客户发现从国外涌进来的化肥质量比大化的好，价格又比大化的便宜，又怎么会继续要大化的呢？

以往的老客户，不仅不要大化的化肥，就连已经订出的硫酸，也纷纷遭遇退货。公司生产的20多种产品，有一半以上滞销在厂里。这些产品像一座座小山似的，堆积在厂区里和三号门门岗外。与此同时，大化生产所必需的原材料、燃料的供应，也出现了紧张的局面。主要原料的海盐库存只剩下3000吨，而这3000吨的海盐仅仅是一天的生产用量。

当采购员带着化工部特批的购盐指标，风风火火地从北京回来提货款时，才发现大化的银行账面上，只剩下30000元的货款。当时国家化工部核定的大化物资储备资金定额应为2288万元，其中原燃料的储备资金应保持在1200万元。可眼下这30000元对于有20000人的大化来说，别说是购买原料用盐，就是一顿简单的午饭也不够了。

大化真是一夜之间，回到了解放前。

屋漏偏逢连夜雨，大化设备老化的危机，是一直悬在李永金头上的一把利剑。大化这个全国最早最先恢复生产的国有企业，因有自身和体制等诸多历史原因，所以所有的设备从建国后大生产开始，一直没有得到根本性的改造。如17万吨合成氨装置，从日伪时期一直用到现在，运行已近60年。由于年限过长，设备老化，加之工艺落后，不安全的隐患非常严重，这些极大地威胁着大化的正常生产和工人们的安全。

大化过去本来有一个力量雄厚的科研、规划、设计和施工的队伍，但因国家需要，都先后被调往内地，或调出大化，这样就使老大化失掉了造血的机能，后劲严重不足，由此，工业总产值从1979年到1984年，出现停滞不前的局面。

由于产品被退，堆积在厂内外到处都是，职工们看见了也是个个心里堵得慌。面对这个局面，他们对大化丧失了信心，都想离开。

受命于危难之际的李永金，在上任一个月后，便组建起新的领导班子。他对班子成员说：“要充分发挥广大工程技术人员和干部群众的智慧，大力开展大化公司发展战略大讨论。”

新班子正式工作的第一天，就分头到生产一线现场办公，他们虚心地听取基层干部和工人们的意见，为战胜困难寻找突破口。仅仅一个月的时间，就稳定了职工的情绪，同时也稳定了生产形势。

在当年召开的振兴大化发展战略的讨论会上，有33名同志分别代表工人、干部和技术人员作了专题报告。他们从战略发展的高度上，研究了大化今后一个时期的发展方向、发展方式和措施，及如何适应新的环境变化等问题。

通过这次大讨论，不仅使工人群众参加了厂里的民主管理，同时还让职工们对生活福利、工资奖金等方面，有了充分的发言权和表决权，从而激发了职工的积极性和创造性。

在大化十届三次职代会上，李永金正式提出，开展“大化精神”的大讨论。在18000余名大化职工的投票中，有14551票赞成“艰苦创业、全力奉献、奋发进取”为大化精神。

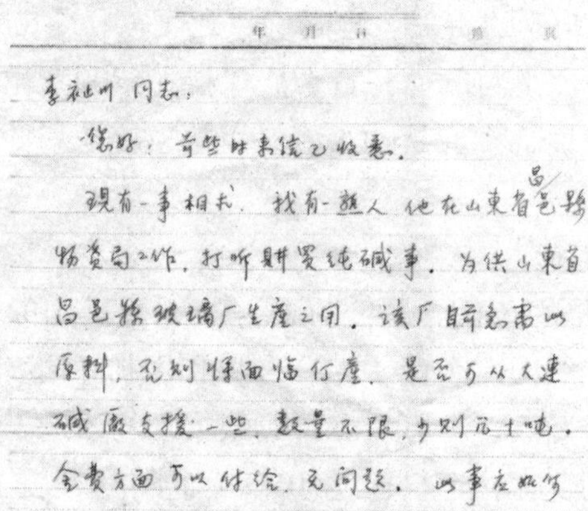
年 月 日 第 页

李祉川同志：

您好：前些时来信已收悉。

现有一事相求，我有一熟人，他在山东省昌邑县物资局工作，打听購买纯碱事，为供山东省昌邑县玻璃厂生产之用。该厂目前急需此原料，否则将面临停产。是否可从大连碱厂支援一些，数量不限，少则几十吨。金费方面可以付给，无问题。此事应如何办理，需要什么手续或介绍信，请速告知为盼。

此致

春安

侯虞华

83.4.14.

(1450)

1983年，大化纯碱供不应求，侯德榜的女儿侯虞华委托李祉川购买纯碱。

这个精神就是大化的企业旗帜与精神支柱。在这个精神的激励下，李永金带领大化职工，战胜了一个又一个难关。

1985年因“九号”台风的影响，海盐欠产，全国大范围内出现了盐荒。海盐是大化纯碱生产的主要原料，每年需要量达100多万吨。而在1986年年初，大化库存只剩5000吨，这个吨数还不够两天的用量。如果没有盐，那么纯碱生产就要停工。化工生产就是这样，停产是一件很麻烦的事，更是一件很危险的事，不是到大修期间，是绝不能轻易停工的。

盐荒就像一股巨大的力量，把大化万名职工凝聚在一起。主管采购的供销公司采购员们，一天之内奔赴全国各地催盐、运盐。

在这些采购员当中，跑得最远最偏的是一位青年人，他叫李清阳。他一个人去了内蒙古吉兰泰盐场，因为是盐荒时期，即便是在产盐地，盐也不是一手钱一手货就可以拉走的。他先是排队交盐款，交上盐款还要等车皮，等车皮就得催，这一催就能催出许多事来。负责订车皮的人不说不给，就说让你等一等，这一等不是个把小时，而是几天。就这样着急上火，他的胆囊炎复发了，这病痛得他腰都直不起来，但他还是带病往返于包头、乌达盐场两地。在他的催促下，发回了100多车皮的盐。

到春节那天，还有九名采购员在外地为购盐四处奔波。

盐被催到了大化的码头后，汽车队的30名司机，分组倒班往库里拉盐。他们吃住在厂里，每天需要10个小时的突击抢运。有的车一天运盐16趟，有的司机在停车装卸的时候，趴在方向盘上就呼呼地睡着了。

大化装卸队的工人，更是急企业之所急，他们八个人一个班次，几个班次下来竟然奇迹般地卸下3000吨盐，这个速度即便是在装卸设备非常齐全的专业港口，也是少有的。

是大化精神，把大化人武装成了“特殊材料”。盐荒缓解之后，大化的纯碱产量直线上升，到年底，突破了历史最好水平，这一年的总产值，比上一年（1985年）增长2%，销售收入增长13.7%，为国家上缴的利税竟上升12.9%，这个成绩简直是不可思议。

从此大化不仅走出了计划经济的阴影，同时也迈进了市场经济的大潮中去。

李永金用“艰苦创业，全力奉献，奋发进取”的大化精神，把大化职工的积极性调动起来，使大化在不到一年的时间里，纯碱产量突破有史以来的最高点。这个业绩足以让他心潮膨湃，可头脑极度清醒的他，又认为这时应把关心生产同关心职工结合起来，以此挖掘企业的最大活力。

在一次班子会上，李永金说：“我们公司在生活福利上，欠账太多，特别是职工住房，全公司无房职工达3000多人，这不能不严重影响这些职工的生产和工作的积极性。”于是他建议大化自筹资金，在三年内购买70000多平方米的商品房，从而解决了4000多名职工的住房大问题。

在这次分房的过程中，李永金坚持实行民主公开分房的原则，并要求职代会（职工代表会）成立分房监督小组。这个监督小组在分房期间，拥有最后一票的否决权。全公司按规定张榜公布分房名单后，在广泛听取职工意见的同时，对弄虚作假的29户取消了分房资格，还追补14户遗漏的职工。

作为大化一把手的李永金，自1980年任碱厂副厂长时，只住一间三家共用一个厨房的小房间，房间的面积仅有11平方米。1982年他任公司副经理时，才换到一间独门独户的住房。

在这次大范围的调房中，负责分房的同志根据大化公司原有的规定，分给李永金一套三室住房，但他坚决没有同意。他多次对给他送房钥匙的同志说：“我考虑到许多工人和技术人员，现在的住房都很困难，我已经同我爱人商量过了，只换一套面积25平方米的两室住房就可以了。”

负责送钥匙的这位同志，拿了一串钥匙出去，回来只剩下一把钥匙，就是那把计划送给李永金的钥匙。

我家的新房钥匙，也是在这次分房中得到的。当我爸拿着金南路大化223号楼六楼三室住宅的钥匙回到家，我和我弟像供香火一样，双手把钥匙举过头，晚饭都没顾上吃，就跑去看新房。三间住房两大间朝南，一小间朝北，厨房像厨房，厕所像厕所。我们觉得房子太好了，在只把水泥地漆了一遍红漆后就搬进去了。

搬家对大化职工来讲，是比结婚还要高兴的事。无论是厂里谁搬家，搬家人所在的科室、车间，几乎全都来帮忙。几辆手推车就把全部家当推走了，一路上大家说说笑笑好不热闹。

我们家搬家那天，是我爸所在的劳资处的几位同事来帮的忙。当手推车装满时，一个比较年轻的人走到手推车前边，把车上的拉绳往肩上一放，回头向我爸喊：“走，司机！”

小车沿着千山路向山东路方向走去，一路上大道两旁走路的人，都用羡慕的眼光看着我们。其中一名中年妇女隔着马路大声问：“是哪个单位分的房子？”

“大化的。”拉绳的青年人高声回答。

“我说嘛，还得大化，我对象那个死单位，这一辈子也不会分房子的。”

“调大化来吧，大化还要盖房子。”青年人边拉边笑着说。

“大化那是国营单位，它能要‘大集体’的吗？我们想都不敢想。”那个女人的嗓门更高了，马路两旁的路人都听见了。但他们只是笑笑，没有说话。谁心里都明白，大化的国营性质决定了集体企业的人是进不来的。

分到房子的大化人，在公司工会的组织下，开展了劳动竞赛。不管是寒冬还是盛夏，职工们的干劲都是冲天无比，连续几年创下纯碱生产的最高纪录。这个干劲不仅补上了以前的欠产，公司还有了剩余。大化用这个剩余进行了工资改革。

在工资改革上，李永金一直坚持不拿干部职务津贴。在那年年底的奖金分配上，一线的生产工人拿18～20元，公司经理同机关人员一样，只拿13元。

春节快到了，大化的职工又一次体会到以厂为家的“家”的感觉。从小年阴历二十三开始，今天每人分一箱四川橘子，明天分两条大鲅鱼，后天分十斤猪肉，一直分到三十下午。由于当时还没有冰箱，所以每家都把分到的东西用筐装好吊在窗外，等着过年吃。

在金南路大化宿舍楼的对面，就是市委机关的一座楼，后面是辽宁大连水产公司的家属宿舍楼。千山路的两边，道西是大化的家属楼，道东是大钢家属楼。如果有人找不到大化楼，不用问，抬头看看哪个楼的窗上挂着一串串年货，就知道哪个楼是大化楼。至于大化过年分了多少东西，我不用一一举例，还是我姥的一句话说得透亮：“这大化过个年，就剩鞭炮没分了。”

大化人的夏天，过得更是让大连市任何一个单位都羡慕嫉妒，但没有恨，好在那个年代的人不会恨。每个星期天的早晨，大化的捷克车就停靠在家属楼附近的大马路边上。大化的职工带着家属，坐着车到海滨去休假。那时称作集体组织上海，现在称作度假，比起外国人的度假，所差的就是假期短了些，但内容是一样的。

夏家河子、河口、拉椒房、大房身都是我最熟悉的地方。我爸所在的劳资处提前一天，就安排人到海边拉起了大棚。第二天当家属到海边后，我记得一位名叫李林的叔叔，戴着墨镜，手拿草帽站在大棚下，对远处的我们喊：“劳资处的家属都过来！”待我们一家家都安排妥当之后，他又开始分东西。

分东西都是按户来的，有一小包炸鱼、一袋面包、几瓶汽水，还有两个水果罐头。这些东西对当时的人们来讲，几乎要顶上半个月的工资了。

这年夏天，过得是相当快乐。可第二年春节后，那冬天里的一把火，把大小兴安岭烧得一塌糊涂，不久，哈尔滨亚麻厂的粉尘又发生爆炸。两次突如其来的灾难，给上任不到两年的李永金一个严重的警告，他为此深感焦虑。

大化的合成氨系统的主要设备，42台压缩机中有六台因无法使用而报废拆除外，其他正在工作的36台，已超期运行近30年了。有一台是1933年制造的皮带传送高压合成氨压缩机，至今仍在工作，这在国内外都是罕见的。而50年代初生产的7台主力压缩机，几乎每段出口都有裂纹，现在是在焊接后，再用加固圈紧固维持运行。这种压缩机由于超期服役，很容易出现主轴疲劳断裂从而引发爆炸！

一次全厂的职工大会上，李永金十分沉重地对大家说："我们大化目前的老企业改造问题，已经到了刻不容缓、迫在眉睫的地步，如不马上采取措施，大化出现了什么后果，我个人受处分是小事，国家受损失那就是大事。"

在反复考量之后，李永金为解决合成氨系统重大事故隐患，特上书给当时国务院副总理李鹏、副总理姚依林、国务委员张劲夫一封信：

尊敬的李鹏副总理，姚依林副总理，张劲夫国务委员：

我叫李永金，是大化公司经理，在大化合成氨系统设备老化，工艺落后，面临生存危机的紧迫情况下，冒昧地向你们上书，恳请三位领导能在百忙之中，关心和过问一下大化这个具有50多年历史的、为国家做出过重大贡献的老企业的技术改造问题。

大化是我国最老最重要的以生产基本化工原料和化学肥料为主的大型化工企业之一，目前仍是我国最大的纯碱企业，其纯碱占全国统配计划的40%以上。新中国成立40多年来，在党的领导下，大化为全国解放战争和抗美援朝战争的胜利，为国民经济的恢复和社会主义建设，特别是我国化学工业的发展，做出了自己特殊的贡献，占有举足轻重的地位。建国以来，大化累计向国家交利税30多亿元。

请求国家将大化合成氨及氨加工装置，视同报废装置对待，在今后的五年中，将大化维持生产所得利润，全部留给企业，扣除企业福利基金、奖励基金等剩余部分，视同国家拨款作为改造资金并免交能交基金，五年可凑集1.5亿元。

目前已到了实在不能再拖的时候了。为了国家和人民的利益，鉴于大化目前极不安全的现状，我作为大化公司经理，深感责任重大。大化一旦发生重大恶性爆炸事故，我个人承担责任事小，给国家财产、企业近两万名职工和厂区周围数万名居民造成的直接危害事大，因大化毁于一旦而使成千上万家停产，给国家造成的损失实在是太大太大了。……

这封信是由大化前任领导李东冶转交的，他当时是冶金部部长，他在转交这封信的同时还附上一封短信：

此信是大化公司经理李永金，让我转报你们的，因为我在大化当过党委书记和革委会主任，来信主要是谈大化。这家老企业，是1933年建设的，纯碱产量占全国40%以上，设备确实非改造不可。……

李永金的诉求在李东冶的催化下，终于被国家计划委员会纳入第二年国家制订的“七五”计划之中，并批准为重点技术改造项目。

老企业改造给大化带来了前所未有的生机，新建一套年产30万吨合成氨，取代了原有老旧的年产17万吨的合成氨装置。

随着日后国家的改革开放，大化由计划经济走向了市场经济，规模也由工厂化走向了集团化，企业的经营业由单纯的产品市场走向了与资本市场联动发展，企业经济由纯粹的国有独资走向国有为主，兼有合资。

大化经理李永金（右一）、副经理张继先（右二）代表大化厂领取“六好企业”奖。

1985年，大化被化工部命名为“六好企业”，主导产品纯碱质量达到国际先进水平，成为亚洲第一、世界第二的纯碱生产大家。

知青干部——张继先

大化在用厂办的七二一工人大学培养年轻人的同时，还将重点培养的四位科级干部，送到大连工学院的企业管理专业深造四年。

1983年6月27日，大化四位科级干部中的一位，在差四天就毕业时，被大化领导周建安派车提前“请”回了大化，他就是张继先。

那天早晨天刚亮，张继先就从床上坐起来，借着窗外的光亮把被子折起来，在被头的中间找到一个线头，他用牙咬掉那个线头，然后用手掐住另一端的线头用力一抽，一条长线从被套与被子的连接处抽了出来。他把抽出来的长线挂在支撑他睡的铁床上下铺的角铁上。他想用拆下来的这条线，再把洗干净后的被套缝到被上。

尽管他的动作很小声，但也惊动了上层的宿友，宿友也是从大化来的。他侧过身来，把头探到床下，对张继先说：“这几天考试没累着你是不是？还有四天就毕业回家了，你不好好地睡个回笼觉，一大早起来忙什么？”

“我和你不一样，我这四年学习，每个星期才能回家一天，家里孩子小，父亲还得了重病，全靠媳妇一个人照顾。我能提前干的就提前干，等回厂上班了，就可以省出时间照顾一下父亲和家人了。”张继先一边说一边把拆下的被套放到床下的脸盆里。

“你回笼吧，我去水房洗洗。”张继先站起身来，端着放被套的脸盆，朝上床的兄弟说了一句，就走出了寝室。

天大亮了，一辆车门喷着“大化碱厂”的小车，急速开到企业管理专业宿舍的楼前。一个急刹车，从车上跳下一个年轻人，他用双手围个圈靠近嘴边，像个小喇叭似的冲着楼上喊：“张继先、张继先，你出来！”

水房在大楼的阴面，楼下的喊声没有飘进张继先的耳朵，却惊醒了睡回笼觉的那个兄弟。他从二层床上下来奔到窗前，本想说两句，可一看车门上“碱厂”两个字，就知道有情况，撒腿就往水房跑，一边跑一边喊：“张哥，张哥，快，快……”

张继先听到喊声，跑出房间直奔寝室的窗台，看到楼下一台小车旁，站着一个脸向天的年轻人，就问："你是谁？有事吗？"

"你是张继先啊，快收拾东西，周建安让你马上回厂。"那年轻人又提高一度说。

让我马上回厂？还有四天就毕业了，都不能等了，这肯定是一件非常重要的事。不然，周建安绝不能这个时候让我回去。张继先一面想，一面收拾东西。

上铺的那位兄弟看着张继先快速地捆着行李说："我去给你洗被套吧！"

"哎呀，差点忘了，你快点去帮我拿来吧！"张继先催着说。

"你把网兜里的洗脸盆给我，那么湿的东西，只能用它装了。"上铺兄弟还是不紧不慢地说。

张继先提着行李，手里还端着那盆没洗完的被单，上了大化碱厂的车。

小车一路闯着红灯，来到了大化厂办大楼。厂领导周建安见到张继先走进办公室，又是高兴又是无奈地对他说："什么话都不用说了，明天一早，大化派车送你去碧流河工地。没招了，真是没招了！为了这个工程，咱大化每星期都要挨市里批评。所有去的干部都用担架抬回来了，那里实在是太艰苦了。厂党委反复考虑，只有派你去了。回家准备准备吧。"说完周建安拍拍张继先的肩膀转身走了。

张继先只有服从，服从是他人生的天职。1968年，他服从国家的安排去盘锦北票，当了知青。1972年他又服从国家的召唤，和500多名知青来到了大化。

张继先刚进厂时，在这批知青中就有出类拔萃的表现。那时还没有分配具体工作，只是先到各车间、机关帮忙，张继先被分到劳资处。每天劳资处哪儿有跑腿的活，他就上哪儿去。他不但完成劳资处里的跑腿活，还把全厂500多名知青的户口关系、工作关系、粮食关系都跑成了。大家都说："这小伙子挺好、挺能干，还挺仁义的。"

一天，他干完了跑腿的活，就坐在劳资处办公室里休息。他见负责劳动定额的张在惠师傅里外忙乎着，就问："张叔，有什么事我可以为您跑跑腿？"

"这些事不是跑腿能解决的，这需要计算。计算是按工种的技术程度、工作量，在核定之后得出结果，才需跑腿。"张在惠看着眼前这个厚道的年轻人认真地说。

"你教我，我学会了就连跑腿一块了。"张继先笑着说。

“机械分厂的定额，是按计件核定的。”张继先一边学一边用，效果挺好。

在全厂分配工作时，负责人对张继先说：“看你是块料，全厂车、钳、铆、电焊工种随你选。”

当时在化工企业，能干上这些工种，那就是福分了，因为这是有技术，不用倒夜班的工作。可张继先想了想，对那个负责人说：“我想去消防队。”

“消防队是个什么活？你是怎么想的？”分工作的负责人不解地问。

“我听朋友说，那里好玩，还可以打篮球。”张继先一边说一边还做了个三步上篮的动作。

张继先在消防队工作，从队员干到小组长、队长，最后带薪考上大连工学院。本来想学业完成回厂，能分个比较好的管理工作，这下可好了，估计那个活干下来，也得用担架抬回来。前景怎么样无法预测，只有硬着头皮上吧!

回到家里，当全家人知道张继先要去碧流河工地时，都不说话。因为那时全市人都知道，大连水荒已经达到顶点了，只有修通水管线，才能将碧流河水引进大连市。

《大连日报》曾报道，为解决我市水源严重不足问题，碧流河第一期引水工程破土，工程部分竣工后，每天可向本市送水五万吨。

当这一工程进入到新金县乐甲公社时，因要穿一山洞，市政府决定，通过政府与企业结合起来的办法，克服困难，自筹资金，抓紧施工，保证在来年雨季前建成碧流河第一期工程。

这期工程是从新金县洼子店水库引地下水管，经金县、北大河、甘井子三道沟，将水直送入市内，其间，需要穿一个全长10.72公里的山洞。这个穿山的工程，称为隧洞工程大战。

全市18家企业自带施工队，自带干粮，分段包干施工。大化分了一公里长，前段是“大钢”，后段是“石油”，就因为大化的进度缓慢，拖了全市工程的后腿，所以屡遭市领导的批评。领导这一公里隧道的大化负责人，也因此上了肝火，加之年纪大、吃得差，一个接一个地倒下了。

张继先责无旁贷地在第二天清晨去了碧流河。

临行前，张继先看着被癌症折磨得瘦骨嶙峋的父亲，心里很不是滋味。他扭头上车，媳妇把早早准备好的15斤月饼递给了张继先说：“带上，干活太累，补一补身体。”

到了坐落于新金县乐甲公社的那座山下，大化工程队的队长李承滨，见到新来的领导张继先，就像见到救星一样高兴地说："你得对大家讲讲话，工地上的人简直是一盘散沙，大化职工有100人，民工有200人，目前我们的进度，在全市18家企业中排名最后。"

"对呀，你说说吧。"三个副队长齐声说。

"要想让群众干，首先我们领导班子四个人要带头干。来，我们把工地上的所有人分成四部分，我们四人每人带一部分。"张继先看着三个队长一字一顿地说。

"没问题，你说怎么干就怎么干，我们都听你的。"队长李承滨坚定地说。

"好，现在可以开会了。"张继先说着从包里拿出四个月饼，递到每人手里一个。四块月饼被送到四张嘴里，一口下去，他们的手里就剩下一个月牙了。

中午时分，工地上的人们都端着白色的铝制饭盒，散坐在阴凉地儿吃着午饭。队长李承滨清清嗓子对大家说："来来来，都过来听新来的领导，我们工程指挥部书记张继先讲话。"

张继先离开阴凉处，站在太阳下对大家说："你们想不想回去？"

"想。"有几个人回答道。

"工程干不完，能不能回去？"张继先还是原来的声调问。

"不能，真的不能！"有一半的人一边回答，一边向张继先站的地方围过来。

"那就得干，加快进度干，早干完早回去！"张继先大声地说。

"早干完早回去！"所有的人都围过来，不仅是大化的职工，还有那些民工。

"从今天起，我们班子四个人带领大家干！"一阵掌声响过。张继先蹬上齐腿弯的水靴，戴上竹

张继先一番入情入理的讲话，让工人们有了干劲。

制的安全帽，向洞深200米，下斜坡度为20度的隧道走去。

为了赶进度，他不顾安全条例的规定，在洞深处那块巨大顽石的左右两侧打起炮眼，装上炮药。点炮时，他让其他同志都撤出隧道，自己和李承滨两人点上左侧的炮药信子，再躲到右侧去。当炮声炸起的碎石落地后，他们又点燃右侧的炮药信子，躲到左侧的乱石堆后。

工人们按照他的指挥，打炮眼，装炮药，清石渣，分工明确。组与组在交接班时，一定要清扫完所有的碎石，场地干净才进行交接。如果哪个班没干完，那么下一班就在隧洞外面，等到他们干完才接班。

由于分工明确，完工清楚，工程进度也往前赶了一大截。在奖励分配上，虽然四个领导每人都带班干，而且每个班下班后，四个领导还要继续检查安全工作，他们每天除了睡几个小时的觉，剩余时间几乎全在工地上，但他们的奖金却只拿工人的一半。

因工期被落下得太长，即便是这样干下去，也不能按预先的日期完工。这时张继先想起劳资处张在惠师傅教他计件工资的算法，他就想用计件工资来鼓励工人们的干劲。

他做了个报表，每个工人每月嘉奖80元。当他把这个报表报到负责批复的同志那里时，那个负责人坚决不批，他说没有这个规定。

张继先一听火冒三丈，但他没有多说什么，只是找个借口把他请到了工地。

张继先领着这个人，从斜度为20度的山洞入口，向纵深走下200米。一路上张继先对他介绍工程的进度和所碰到的难点，时不时有说有笑。继续走，路就不好走了，由于山洞不断向深处掘进，地下水涌得很厉害，浅的地方没过脚背，深的地方就有齐腰深了。即使是在三伏天，那地下水也是寒彻刺骨。这位负责人越来越走不动，越走不动就越想快走。这时走在前面的张继先，看着他真的走不动了，就让两个工人，一前一后一拉一扯地牵他走。借助两个人的力量，他仍气喘得走不动。

张继先停下脚步，回头对正在张口喘的负责人说："你说，我为工人们要的那两个补助费，过分了吗？"

"不——过——分，我回去，就批！"负责人气都喘不匀，费力地保证道。

由于实现计件工资制，工人们的干劲真是提高了不少，工程进度更是加快了许多。张继先知道要想马儿跑得快，就得要马儿吃得饱。他想办法让食堂的厨师给大家改善生活。

这天中午，工人们见午饭是油饼、红烧肉，都高兴地大吃起来，由于好吃，很多人都比平时吃得多。有位民工一顿吃了1.5斤红烧肉、2.5斤油饼。他吃这么多东西，让烙饼的大厨师很生气，斥责他："你把别人的份都吃了。"

走出隧道的张继先（右二）和他的兄弟们

厨师的话被进门准备吃饭的张继先听到了，张继先一边从裤兜里掏月饼，一边大声对女厨师说："他能吃，说明身体需要，你坐在屋子里多烙两张饼，有什么不满意的，你到下面工地看看去。"

那个被斥的民工，咽下最后一块油饼，抹了一下嘴角上残留的红烧肉的汤汁，对张继先说："你才是共产党的干部！"

张继先在检查工作时，遇到问题马上亲自处理，从不喊工人过来。他每天腰上都带着螺丝刀、扳子、钳子，发现抽水管阀门松动，掏出扳子就拧两扣，看不漏水了起身就走。见到支架上的铁丝不紧，他取出钳子夹一段铁丝绕上几圈拧紧。进到钻不动的石层，他脱下安全帽，往屁股底下一坐，就与当场的工人研究起来。

有一次，他们几个人正在研究一个硬伤的地方，无意中，张继先抬头发现他们坐的上方黑洞洞的，他不由得说："咱们换个地方说。"就在他们几个人离开这里不到两分钟，一块近一吨重的巨石，从黑洞洞的上方坠到地下，把他们坐的那个地方砸了个大坑。几个人听到响声回头一看，不觉冒出一身冷汗。

危险总是时时刻刻地伴随着他们，张继先知道自己肩上的担子有多重，他必须带领这些人完成好任务，还要把他们平安地送回家。

就这样，仅用四个月的时间，大化的工程进度不仅达标了，而且进度由最后一名进入到全市前三名。

工程完工后，其他的单位一哄而散。张继先在解散工人之后，仍然与几个队长留守在工地上，他们每天把工程上剩下的破铁皮、钉子和用过的铁丝网卖给来收购的人，一分一角地积累，最后竟有了3000块钱。

当张继先把这笔钱交给厂领导时，接钱的那位领导手都发抖。这笔钱对当时一个年轻工人来说，几乎等于十年的工资。

大化党委根据张继先的表现，提拔他到大化劳资处做副处长。

劳资处里有三位人称顶梁柱的人，他们是负责劳动定额的张在惠、负责劳动工资的孙康严、负责劳动组织的薛宁。这三位老同志都因家庭出身不好，刚从下放多年的生产车间调上来，不用说工作不敢大胆，就连说话都小心翼翼，这不是他们不想发挥个人的才能，而是曾经的政治运动，让他们胆怯了。

张继先到劳资处后，首先对这三位老同志说："三位叔辈师傅，你们尽管发挥你们个人的能力往前干，出事有我呢！我担着！"

散会后，三位老同志相互对视半天，张在惠说了一句他们三人的心里话："还等什么？干吧！"

由于有小张处长（三位老同志对他的尊称，也是爱称）的支持，三位大叔很快将因政治运动走偏的大化的劳资管理，纳入了正轨。

在20世纪70年代中期，国家对中断十年的涨工资这项工作，开始制定政策。各工厂、企业、机关都有自己涨工资的规定，但主要都是以大学生、工程师为主，还有在一线工作多年的技师。没有任何人对下乡知青，尤其是老三届的那伙人说句话。

在大化劳资处关于涨工资政策的讨论会上，小张处长直言："七〇届的大学毕业生，与老高三就差一年。这一年就让在大学闹革命的进入工厂，在高中闹革命的下乡务农。他们这些老高三你们要考虑，他们年龄大，刚进厂，是一个大问题……"

在他的建议下，大化涨工资的政策开始向这些人倾斜。

三位老同志曾经多次议论："小张处长处理问题就是有办法，而且敢讲真话，他这样的人，一个处长的位置是挡不住的。"

果然不出所料，过了不长时间，小张处长就被提到大化公司任副经理，负责全厂基建、安全、后勤等工作。张继先刚上任，运输处就发生了一场人员死亡的工伤事故。

死因是一名工人在装碱车时，不慎从车上掉下来，经抢救无效死亡。像这样在工作中发生的伤亡，国家有规定，被定为工伤，抚恤金一般在3000～5000元间。刚由小张处长变成小张经理的张继先，在全厂职工的眼里，是一个刚提起来的年轻人，大家都认为按国家赔偿处理，是极其正常的。

可面对家属，张继先不忍说出国家规定的那个钱数，他找财务处的负责人说："伤者在工厂干了这么多年，出了一辈子力，不能就这样给人家打发了。给家属30000元吧！"

30000元在当时对一个家庭来说，是天文数字。财务处负责人说："30000元不行，这钱在财务上无法下账。"

小张经理对这个旧社会毕业的老大学生，又管了一辈子财务的老领导说："买匹马多少钱？这事就这样定了，能不能下账，怎么下账是你的事！"

这件事在近两万人的大化传了开来，人们一下子就对这位刚上来的小张经理高看了起来。

一位老工人说："咱在大化干了一辈子，还没听说没看到有这样的领导，人家说话硬气，说得在理，咱得佩服。"

大化工人

白马王子

新中国成立后第一个五年计划的第一年，是1953年。大化的碱厂，被列为国家重点改造和扩建单位之一。为满足建设和生产的需要，大化开始大规模招工，其中有一大批年轻人，是从山东招来的。

这些人绝大部分都是已在家乡成亲后，一个人漂洋过海闯大连来的。我老爸就是这样被招进大化的，和他一起被招到大化的伙友，我能记住的还有姜云峰、姚文斌、庄振鹏。

他们年轻时个个仪表堂堂，这群山东大汉的健硕身形和标准的国字形脸，一下船，就成为大连青泥洼一道亮丽的风景线。

其中一位姓什么，我已记不清了，但他的倒三角身材，俊俏的面孔，当年被冠以“白马王子”的称号，而他演绎的一段旷世持久的凄美爱情故事，更是让大家欣羡了一辈子。

因为此人健在，故这里我谨以“关键”为名吧。

关键告别了新婚的山东媳妇，来到大化的维修车间，学化工设备的维护保养，每天跟着制碱的操作工倒三班。他住在西岗区市场街，每天要提前一个多小时，乘坐1路公共汽车，在椒树房站下车，然后步行到大化的三号门门岗上班。

有时候出门早了，他会顺便去秋林公司、斯大林广场逛逛走走。这里的一切，对这个山东小伙子来说都很新鲜。

这天，他上二班，二班是下午4点左右接班。吃过午饭，他不紧不慢地向1路汽车站走去。

坐在公共汽车上，还没看够一路的风景，车就到了椒树房站。下车后他觉得时间还早，就沿着小路向花园山上走去。

小路曲曲弯弯细又长，一直通上树木林立的山顶。走着走着，他突然听到悦耳的琴声。四下张望，他看到在花园山偏东的一处平地，有一个露天舞厅。舞厅的外墙是用石头加石灰岩砌成的。关键好奇地紧跑几步来到舞厅门口，舞厅的大门，是两个用水泥砌成的柱子。他倚在一侧的柱子往里一看，顿时傻了眼。

舞厅的地面，是只有在秋林百货公司里才能见到的滑溜地面，舞厅靠山那一面有一个小舞台，上面坐着几个吹洋号的人，舞厅的下面是清一色的苏联大兵和"玛达姆"。一男一女搭着背，搂着腰，慢慢地随着乐曲起舞。

正当他看得出神时，背后传来一串银铃般的说话声音："可以请我跳个舞吗？"

关键没听懂，因为姑娘说的是俄语。但他转过头来一看，顿时惊呆了，一位漂亮的苏联姑娘，就像从画里走出来似的，年龄不过十八九岁。

关键愣了半天，还是姑娘大方，也不管关键听没听懂，拉着他的手，就进了舞池。

要说山东人就是聪明，几首舞曲下来，关键竟然可以踩着乐曲拍子，跳得有模有样了。

从此，关键的生活多了个内容，除了倒三班，就是和这个姑娘跳舞。

没有思念的日子过得真快。如果说以前关键提前上班，是为了打发寂寞无聊的时间，那么现在的他，却觉得时间快得不够用了，他恨不能把工作也搬到舞场上干。

一来二往，时间长了，那苏联姑娘提出要与关键结婚。也不知关键是让姑娘的漂亮大方迷住了双眼，还是觉得自己在这个外国女人身上找到了自己媳妇身上找不到的东西，他居然高兴地答应了姑娘的求婚，全然忘记了家里还有一房媳妇。

关键和姑娘选了个吉日，就到派出所办理登记手续。

按苏联姑娘的意见，吉日选在一个星期一的上午。她说，星期一是一个星期的开始，而早晨又是一天的开始，这个时间办事，多半会办成，因为办事的人，刚从礼拜天休息过来，心情也一定是大好。

星期一的早晨，天还没亮，关键就在床上翻来覆去睡不着。他下地洗把脸，坐在镜子前，打开昨天买的一瓶豆油，用木梳蘸着豆油，一下一下把凌乱的头发梳得像牛舔的一样，锃亮的发丝都往一边倒。

看着镜子里的漂亮小伙，关键不觉有了几分得意，他觉得自己绝对配得上那个苏联的姑娘。他又转了一下身，想看一看自己侧身的样子，结果不小心把放在桌子上的那瓶豆油碰到了地上。

“咔嚓”一声，不仅把关键吓了一大跳，同时也惊醒了同屋和他一起从山东来大化工作的工友。

“你半夜三更不睡觉，要诈尸呀？”这位半夜才下三班的工友，刚睡下没几个小时，烦躁地说。

“兄弟，兄弟对不起，我真不是故意的。”关键跑到床前，一边道歉一边帮他把掉到地上的被子拉到床上。

那位兄弟好像是闻到什么刺鼻的气味，睁开双眼，顿时“啊”的一声坐起来：“你要干什么？拜天地呀？半夜三更的，有毛病啊？”说完，转身又睡了。

关键一听如梦初醒，他想：对呀，我是拜过天地的人了。

天亮了，关键像梦游一样来到了派出所。远远地，他看到穿着花色布拉吉的她站在那里，阳光下，这位白俄姑娘就像欧洲油画中那些飞天女神，美得夺目。

姑娘见关键也是经过了精心打扮，高兴地拉着关键的手进了派出所。派出所负责结婚登记的人，拿出登记簿对他俩说：“真是绝配，都这么漂亮。她会说我们话吗？”负责登记的人，一边拧开钢笔的笔套，一边问关键。

“她不会，你就问我吧。”关键说。

“你是什么时候学的俄语，去过海参崴？”负责登记的人，又随便地问了一句。

“什么歪？我不知道，我也不会她说的话，但是我们今天是来登记结婚的。”关键坚定地说。

“你结婚否？”负责登记的人，没有再问下去，便按他的程序开始问话。

关键想都没想就说：“结过婚。”

这位负责登记的人听了这三个字，抬头看了看关键：“你已经结婚了，还结的什么婚？赶紧走吧！”

关键和他的苏联姑娘，就这样被赶出了派出所。

这位苏联姑娘的父亲，是驻大连苏军的军官，他听说女儿准备办理的结婚手续没有办下来，就亲自到派出所进行交涉。他严厉地质问那位没给他女儿办结婚手续的人：“为什么不让我女儿跟她的爱人结婚？”

无论这位苏联军官质问的语气有多么严厉，这件事最终也没有办成。

这件事传到了关键在老家的媳妇耳朵里。这可不得了，媳妇带着公公婆婆找到大连来，据说是没“让戗”。

那时苏联姑娘已有身孕了。又在这时，苏军撤出大连。关键心爱的姑娘，也随父亲一起回到了苏联，那一年是1953年。

山东“大嫚儿”胜利了，她不但保全了自己的家，还同时赢得了丈夫。

平静的生活一直持续到上世纪80年代末90年代初，关键已是近60岁的人了，儿孙满堂。

一天厂外事办公室转来一封信，信是来自苏联的车臣共和国，写信的人是关键没见过面的儿子，关键与自己的媳妇讲了这件媳妇并不陌生的事情。

信的内容是由厂外事办公室的翻译给解读的：苏联姑娘回国后，将孩子生了下来，没有再婚，和老父亲一起把儿子养大。现在老父亲早已不在人世，儿子想念自己的父亲，想见一见中国的父亲。

已年过60的女人，不再是当年的“大嫚儿”脾气了，她说：“都是女人，不容易，孩子有这个要求，就让孩子达到目的吧。”

关键什么也没有做，是媳妇和孩子们出钱出力，为这个异国孩子的到来准备着。

这个被我称为亚历山大的儿子，终于来到了中国，来到了父亲的家——大连，终于见到了自己梦中的爸爸。

房间里只有这对父子相对而坐，彼此注视，为对方擦去脸上的泪水。无语，谁也听不懂对方的语言。

这个儿子做什么工作，有什么爱好，我不得而知，可他的中国父亲，确是跳一身叫绝的俄式交谊舞。在交谊舞再次盛行的80年代，关键依然是舞场上的舞帝，也许这是他纪念这段异国之恋的仪式吧！

去三线的工人

由于大化是国内首家采用侯氏制碱法生产纯碱的厂家，从20世纪50年代初开始建中间试验厂，到1964年通过国家科委的技术鉴定。这期间，扣除人为的停建时间，仅用不到七年的光阴。

而后国家就用大化这个成功的侯氏制碱法，分别在上海、连云港、自贡、冷水江、杭州、郑州、兴平、太原、天津、兰州等地，建了大中小型碱厂近44家。

这些碱厂开工后，全国的纯碱年生产能力达到了150吨，而大化生产的纯碱，就占近70吨，居当时亚洲之首。

这些碱厂在建设过程中，大化从组织领导到工程技术人员，提供了全套的支援。大化后来的职工人数为18000人，而支援内地建设的人员，总计为12000人。

我老爸年轻的时候，有一位中苏混血的工友，他叫王庄俊，他就是在大化援建兰州时，离开大化的。

老爸和王庄俊是同时被招进大化的，年龄仿佛，又同被分在机械分厂机械车间，所以两人形影不离，好得就跟一个人似的。

据老爸说，王庄俊绝顶聪明，当时被招进大化的工人不下千人，文化程度最高的，也不过是国高毕业（相当于小学毕业）。可王庄俊除了上班工作和睡觉外，其余的时间都在自学数学，一本厚厚的高等数学，成天被王庄俊卷成个筒，装在工作服的后屁股兜里。由于工作时，双手被车床上的润滑油沾得黑黑的，所以他那本高等数学书，也被弄得像油渍麻花。

老爸起初很奇怪，这位仁兄怎么把数学书当成小说看了。一问才知道，数学知识是一环扣一环，环环相接，学起来非常有趣。当老爸也开始进入大化夜大学习的时候，王庄俊已经是给他们讲高等数学的老师了。

老爸结婚后，王庄俊还是独自一个人生活，老爸觉得应该帮他找个对象，就问他需要女方什么条件，他这才说出他不同于别人的身世。原来他父亲也是山东人，当年“闯歪子”去了苏联，而后结识了一位活泼可爱的基辅姑娘，也就是他的母亲。再后来“老毛子下地”，到了大连后，他的父母就随苏军来到普兰店，为苏联红军做事。他父亲是苏军翻译，母亲只是在家中照顾孩子。

1953年，苏联大军撤离大连，他的父母还有哥哥都回去了。他因为在国内出生，不会说俄语，才没跟着走。但由于长相几近苏联人，蓝眼睛，高鼻梁，中国姑娘好像是害怕，没有愿意跟他的，所以他才一直没有成家。

1958年，张在惠(左)与王庄俊在家里喝完了酒，就去甘井子摄影社照了张分别留念。在当年，朋友分别，照相是非常流行的方式。

当老爸知道这一切时才恍然大悟。

打那以后，王庄俊几乎成了我家的常客，每逢星期天、节假日，他总是到我家吃饭，他把我们家里的每个人，都当成了他的亲人。

20世纪50年代的中后期，国家决定，要在兰州建个化工厂，大化负责输出干部和工人。机械分厂去兰化的名单上，就有老爸张在惠的名字。

当时的人只知道，国家的需要就是个人的志愿，没有谁会提出不去的要求。名单公布的那天，王庄俊在机械分厂食堂的墙上，看到了在红纸黑字上有张在惠的名字。

晚上下班时，王庄俊和老爸一同推着自行车，从大化三号门门岗出来，直奔桥洞外的天增园小饭店。两个人共要了两碗馄饨，两个牛舌头火烧。

王庄俊一边吃一边对老爸说："咱俩在一起的时间，不会太多了。你就要走了，今天算是我请你了。"

"你不是我一生中唯一的朋友，可你却是我一生中最敬重的人。你的聪明才智让我永远佩服。"老爸说。

两个人的谈话直到深夜，最后饭店关门了，他们还意犹未尽，又推着自行车在甘井子体育场里转了一圈又一圈。

分手时，王庄俊突然问老爸："你老婆还有多长时间生孩子？"

"嘿，女人的事，我也稀里糊涂，好像还有个把月吧。"老爸腼腆地说。

回到家里，老爸回味王庄俊问的这句话，一定是有什么意思。想了一会儿，也没想明白，就昏昏地睡了过去。

没过几天，领导就给去兰化的人开了个欢送大会。在会上，领导要求所有的干部、工人马上打好行李，带着家属，在大连火车站集合，统一去兰州。

奇怪的是，这么重要的会议竟没有通知老爸参加。老爸去问厂领导，领导告诉老爸一个炸雷的消息："王庄俊要求替你走的！"

不知是因为走得急，还是其他什么原因，王庄俊叔叔临去兰州前，竟没联系过老爸。

几年后的一个夏日，我家来了一个叔叔，给我带来了一盒积木，老爸告诉我这是王伯伯。我不记得我说了什么，但我却记得他长得跟列宁似的，高秃的前额，一双深凹的大眼睛。

老爸问他："兰化怎么样？你到大连做什么？"

王伯伯说："这次回大化，是为兰化订一个化工设备，然后再是麻烦老兄，给我找个对象。"

晚上，老爸就让我妈想办法给王庄俊找对象，我妈真是来紧的了，当夜就去了她的老家，旅顺长城镇刘家村。

如果不是因为王伯伯这个人，就是打死我妈，她也不会回到这个曾经把她"扫地出门"的村庄。

因为自王庄俊替老爸去了兰化后，我妈就注意兰化的情况，许多人到了兰州，都因为气候不适离开了。一位认识王庄俊的同事，在回大化办事时对我妈说："王庄俊和张在惠的关系，真是比亲兄弟还亲。他曾对我们说过：'他一个人怎么都好说，在惠可是拉家带口的，于洁又要生了，如果让他们来到这高原，不仅大人受不了，孩子就更麻烦了。'"

1959年夏天，大化厂仪表车间的女工分别留念照。后排中间这个女人是我的母亲于洁，只有她留在了大化，其余的女工都去了内地的制碱厂。

我妈虽然从未在这位丈夫的朋友面前说一个“谢”字，但她能在当晚去了刘家村，就说明一切了。

我妈半夜去了刘家村，直奔她的小学同学苏秀英的家。因为她家是富农出身，所以一直也没找到对象。听我妈这么一说，第二天，苏秀英就跟王庄俊叔叔见了面，随后就结了婚，去了兰州。

后来听说王伯伯退休后没几年就病逝了。据说去兰化的大化人，在退休后，有的回到了大连养老，也有的留在当地颐养天年。

在海边生活的人，真的不适应高原气候，可那个年代，这不是不去高原的借口。

大化的1959

1957年，大化侯氏制碱法中间试验厂，成功实现日产十吨的目标。第二年，规模为年产35万吨的大型制碱装置，在厂内破土动工。后因国家经济困难，放慢了建设的速度，经国家计委批准，改为年产八万吨的生产装置，可国家还是为此投资了将近4000万元，国家能在这么困难的情况下坚持投资，可见对发展纯碱业的决心。被委以重托的大化人，无论在制碱岗位，还是在造碱设备岗位上，都在为国家拼命地工作。

就在这群情激昂的时刻，中央下发了《关于彻底肃清暗藏反革命的指示》的文件。文件中明确规定：对这次运动中清查出来的反革命分子和其他坏分子，除判处死刑和罪状较轻、坦白彻底或因立功而继续留用以外，分两种办法处理：一种办法是判刑后劳动改造；另一种办法是不够判刑的，而政治上又不适用于继续留用，放到社会上又增加失业的，则进行劳动教养，就是虽不判刑，虽不完全失去自由，但亦应集中起来，替国家做工，由国家发给一定的工资。

这也是新中国成立后出台的第一份有关劳动教养的内部红头文件，从此“劳动教养”这个名词，在中国诞生了。

大化碱厂厂长王德志和机械分厂厂长姚志纯，就是这一特定的历史阶段遭到迫害的两位知识分子。

当时我们家与这两家都是近邻，所以对他们的遭遇了解得多一些。

姚志纯20世纪50年代初毕业于天津大学，他到大化后，任高压车间主任。当时大部分的高压设备，几乎都集中在合成车间。以后机械分厂的高压车间，就是从当时的合成车间分离出来的。

自从姚志纯进入大化后，就与高压容器为伍，成天吃住在车间里。由于年轻，又有专业知识，深得领导和老工人师傅的信任。没多久，他就当上了高压容器维修和改造的负责人。

高压容器在化工设备中，称得上是危险设备。由于容器的压力高，所以在检修中出现事故是极其正常的，也因此，后来的大化有了自己企业的专职消防队，目的就是及时地解决生产中随时随地发生的事故。

从1951年到1958年，大化在恢复生产的过程中，大小事故共发生过几百起。事故中死去的人，被追认为烈士，伤者就成劳动模范。大化的生产，就这样在不断的实践中，一步步走向成功。

但到了1959年，情况发生了翻天覆地的变化，厂保卫科根据上级指示精神，开始追查以前所有发生事故的原因。

当时任高压车间主任的姚志纯，首当其冲被调查。因为这个高压车间的工作性质决定了事故隐患最多，发生的事故也最多。

毫无思想准备的姚志纯，被定为“破坏生产罪”，从而被逮捕。

逮捕姚志纯那天，他正在车间里指挥工人检测一个制碱生产设备的压力系数。这时几个身穿白色警服的公安人员，在厂保卫科人员的陪同下，来到高压车间，他们对正在检查设备的姚主任亮出逮捕令，并要求本人签字。

姚主任义正词严地反驳道：“这是生产事故，不是破坏事故。”

手拿逮捕令的那个人不容分说，将姚志纯一拳打倒在地，并问：“你签不签字？”因为他知道，本人不签字，是带不走的。

姚志纯知道，签字只是个形式罢了。他从地上站起来，在逮捕令上签了自己的名字。姚志纯被带走了，这一走就近20年。

直到70年代中期，大化领导决定，要对以前的事故重新进行审议。将大化的生产事故被定为破坏事故的，不下300起，而牵扯的人数，更是不计其数。

此时，机械分厂负责压力容器检验的宋德行工程师首先提出：“应当给姚志纯平反，对他的处分是错误的。”

在当时的政治背景下，说这样的话是需要勇气的，何况宋德行本人也刚走了“五七”道路。但宋德行全然不顾，他在车间里大声讲：“姚主任应该被平反，返回工厂。”

经多方寻找，终于在天津的一个偏远农村，找到了姚志纯。他是在劳动教养多年后，被迁回原籍的。

当他穿着农民特有的黑蓝对襟棉袄，出现在机械分厂厂长办公室的时候，很多与他同期入厂的老工人，都落下了辛酸的眼泪。

那天机械分厂财务科的于洁，正巧到厂办公室去送生产报表，当她走进办公室后，看见坐在厂长对面一个农民模样的人，正在和厂长谈话，尽管已经过去20年了，可她还是一眼就认出了姚志纯。

于洁不由得喊了一声：“姚主任……”

姚志纯像过电一样，立即从椅子上弹了起来，并十分标准地打个立正说：“领导好。”

姚志纯回厂的消息，迅速传了开来。厂长办公室的房间里，站满了老同事。姚志纯面对这些曾经相识的老部下，面无表情，只是一个劲地说：“领导好，领导好……”

这个被尘封多年的人，又练习着走上了领导岗位，去完成多年来想都不敢想的工作。但这次，他当的不是高压车间的主任，而是可以领导高压车间主任的机械分厂厂长，姚志纯终于发出了能决定未来的声音！

与姚志纯相比，合成车间主任王德志，算是幸运一些，至少他的劳改没有离开甘井子。

合成车间是大化制碱的心脏，也是出产品的关键车间。当年面对事故原因的调查，身为车间主任的王德志挺身而出，他用事实否认了被指控在车间技术员、工人头上的一个个破坏生产的“罪证”。可他并没有因此保护住那些无辜的有功者，反而把自己给扯了进去。

从1957年到1964年，是侯德榜的侯氏制碱法发展的关键时期，也是大化制碱这支职工队伍里英雄辈出的时代，王德志、杨文兴、江志贤、杨文光、林乐伯、曲庆治、董作斌、金邦跃、张积峰等几十名大化人，分别获得全国、省、市劳动模范和先进人物的称号。

碱厂重碱车间的碳化小组，是个既出技术成果又出劳动模范的集体，这个小组也曾先后多次荣获全国、省、市先进集体的光荣称号。王德志就是第一任碳化小组的组长。

王德志是1947年进厂的第一期练习生，当时把招进工厂里的年轻工人都称为练习生。

王德志进厂后就利用业余时间研究技术，学习文化，在他的带动下，碳化小组一年里就提出合理化建议78条，工作中找技巧120件，通过这些建议和巧妙的办法，使碳化率提高了4%。

王德志多次代表碳化小组到北京参加表彰大会，曾受到毛泽东、刘少奇、周恩来、朱德、陈云等党和国家领导人的亲切接见，这不仅是碳化小组的光荣，也是大化职工的光荣。

我称王德志为王叔，我们两家在大化第六宿舍，也就是大化的“五七”楼为邻而住长达十年之久。他的聪明、仗义、大度，大化人无人不知，无人不晓。

王德志刚当上车间主任时是1959年，他带领车间的职工参加由工厂里组织的劳动竞赛、技术革新，均获得好的成绩；工厂里组织文艺汇演，他也能拉着悠扬的小提琴走上台去；篮球、排球比赛时，场地里更能看到他矫健的身形。一句话，他是一个德智体全面发展的人。

对于同事，他又是一个不可多得的好哥们儿好兄弟。他进厂后了解到化工生产岗位容易发生事故，尤其是在工艺的试验阶段，可他没想到的是，在抓“阶级斗争”的特殊历史时期，一个普通的小事故，就可以直接定性为敌我问题。

曾有一个技术人员因责任事故被定为破坏事故，马上要被送去教养五年。王德志知道后，就去找组织说：“这个事故，不是破坏事故，是生产事故。不能一有事故，不问原因，就定为破坏事故，这样的话，试验还怎么做！”

类似这样为职工说话的事时有发生。结果50年代末的一天，在厂办公大楼门口的墙壁上，厂保卫科贴了一张16开纸大小的通告小报，内容大体是：“王德志包庇坏分子，被定为阶级异己分子，判劳动改造。”

据说后来那个被包庇的“坏分子”，因“破坏生产罪”被判五年劳动教养；而这个包庇“坏分子”的王德志，却被判十年劳动教养。

王德志被捕后，被发配到南关岭劳改大队。多年后，就业在大连市第二水泥厂，也就是劳改大队的水泥厂。他被捕后赶上三年自然灾害，他的夫人带着一个五岁、一个两岁的两个男孩子，在家里艰苦度日，她把供应的一点点粮食集中做好，躲过两个孩子的眼睛，留着每次探监时带给王德志。

十年，整整十年，王德志教养期满释放回来的时候，正是大化“五七战士”回城的那年。他的夫人当年也被下放走了“五七”道路，所以回城时，我们就同住在大化“五七”楼的同一层上。

一天傍晚，我听楼下有人叫我，到窗台一看，竟是王德志叔叔，他手里正拍着一个排球，对我说：“下来，打排球。”

听他说话的语气，哪像一个被教养过的人，简直就像刚从哪个球队退役回来的球员。他漂亮的二传，使我们几个会打排球的姑娘，过足了扣球的瘾。

1979年10月，根据中央有关文件精神，大化公安处开始抽出专人，对建国以来由保卫部门处理的案件，进行严肃认真的复查。

大化党委立场坚定、旗帜鲜明地提出“有反必肃，有错必纠”的方针，在重证据，重调查研究的基础上，本着“全部错误全部纠，部分错误部分纠，不错不纠”的原则，先后复查了668起案件，平反了280起。

王德志获奖归来

王德志的案件就是这两百八十分之一，他终于被平反了。当专案组人员征求他平反后想去哪里工作的意见时，他不假思索地说："回大化，回合成。"这就是大化的爷们儿。

如果王德志不回大化，他完全可以去一个更好的单位，但他没有这样做。这个"死不改悔"的制碱人，又回到了他人生的起点，并在那个地方继续创造出更大的奇迹。

王德志回到了大化，回到了碱厂，回到了那个碳化小组，老同事老工人见到他，还是一口一个"王主任"地叫着。重新获得工作机会的王德志，带领他的同事，继续发扬着大化精神，努力工作着，终于又一次去北京领来了两个大奖。同样的奖杯，同样的地方，只是相隔了近30年。

可惜的是，2011年春节前，我准备去拜访王德志时，他的夫人周晓锦阿姨告诉我，他已病重入院。我本以为春节期间他能回家，可是遗憾的是，他在春节期间竟匆忙地走了……

三年自然灾害没饿着大化人

从1958年开始，国民经济的比例开始严重失调，本来有序的副食供应，也一天比一天地紧张起来。尤其到了三年自然灾害期间，国家只供给每人每天三两粮。别说是干活的大人，就是小孩子也不够吃。

按侯氏制碱法装置的设备生产任务，就是这时下达到机械厂的，因国家经济困难，任务被改为年产八万吨。这套装置的设备总数是127台，其中主要的大型设备有：

直径为2.5米的碳化塔四台；

直径为2.6米的回收塔一台；

日产纯碱450吨的蒸汽煅烧炉两台；

日产纯碱70吨的母液换热器两组八台，等等。

大化的领导明白，这些设备都是等着要的，可是就算把全大化人每天的口粮都集中起来，分给机械厂的人吃，也干不出这个大型整套装置，何况其他工作岗位上的职工，也要吃饭也要工作。

最后大化领导决定，为了保证不耽误年产八万吨的侯氏制碱按期开工，立即开始组织全体职工开展农业生产，来补贴职工的生活。

先是大化公司机关在甘井子区三道沟办起了第一个蔬菜农场。随后又在复县三台子办起了水田农场，紧接着化肥厂、碱厂、机械厂、设计院和供销公司，也都相继办起了农场。光土地面积就有1742亩，其中菜地占179亩。那年生产的成品粮，有116656公斤，蔬菜300000公斤，从而有效地改善了职工的生活。在国家三年困难时期，大化平均每个职工分到大米32.5公斤，鱼14.5公斤，新鲜菜15～60公斤。尽管这样，仍抵不住三年自然灾害的严重后果，大人饿得干不了活，小孩饿得走不动路。

在几个分厂中，机械厂是最务实的。机械厂有一大批车工，来自社会生活的底层，他们知道在这种困难的条件下，山上可以吃的东西都被人挖走了，只有向海里要了。因为大化有个南海头，所以机械厂的领导就组织大家集资买了一条帆船用来打鱼。船长是机械车间的一个车工李秀凯。因为李秀凯是渔民出身，所以领导决定，由他来负责管理这条船。

有一次出海归来，船靠到了大化的南码头，工人抬下一大筐大小不等的鱼、虾爬子、赤甲红蟹子。不是每一次出海，都能有这么大的收获，所以这次李秀凯决定，由两个工人抬着鱼筐，不直接进食堂，而是从机械车间的大门进去，围着车间走一圈后，再送到食堂去。

大化机械厂生产车间

正在车间干活的工人，看到大筐里的东西，个个高兴得手舞足蹈，大家一边高喊“今天中午又有东西吃了”，一边向李秀凯投去了感激的目光。

李秀凯走到自己干的

那台车床前，对正在干活的张在惠说："兄弟，星期六晚六点，我在南海头码头上等你，你带上那两个小兄弟，跟我一起钓鱼去，能钓到大棒鱼。"

渔民出身的李秀凯，有着打鱼人天生的大气豪放。自从他上船以后，这台本应三个人干的车床，现在变成两个人干了。要知道三班倒，是每人每天干八小时；而两班倒，每人每天就要干上12小时。李秀凯觉得应该犒劳犒劳这两位师兄弟。

但下这个决定是要担风险的。因为在当时的公有制下，船是集体的，不可以私用。但李秀凯也是聪明的，他找个公休日的时间，外加一个星期六的晚上。这样即便被人举报，情节也不是很重。

张在惠听说星期天能钓鱼，高兴地一个晚上也没有睡好，连夜准备了一个能装20多斤东西的大布袋。

第二天，张在惠连午饭都没舍得吃，他要把这顿午饭留到海上吃，因为要打一天的鱼。

到星期六晚上，张在惠一算自己是晚班，不能去，但又一想，不去太可惜了，这是多少人想去而没有机会去的好事，另外家里还有两个孩子等着这顿鱼。思来想去他决定，找一个老实的工友替他上班。

就这样，他准时在六点整到了南海头，李秀凯和渔船早已等在那儿了。两个徒弟丛培福和蔡正方，正兴高采烈地在船上向他招手，因为他们今天都是干白班的，刚下班就上了船，所以非常高兴。

李秀凯将船帆一掉，小船就离开了大化的南海码头，直奔红嘴子开去。

一路上，就听李秀凯的喊号："船跑下风。"

由于丛培福和蔡正方都有打鱼的经历，所以他们都能听懂这些打鱼的行话，并能按照他的号令，随时调整船帆的高低。帆船顺风顺水，很快就到了香炉礁的海域。

可当船刚驶过香炉礁附近海域，风，就像一个被掐住了脖子的人似的，突然没气——停了。海面顿时风平浪静，像一面大镜子一样，没有风，船纹丝不动。

李秀凯无奈，就与丛培福、蔡正方轮流摇橹。张在惠不会摇橹，看他们摇得那么辛苦，觉得不好意思，就问李秀凯："咱费这么大力，到那里能打多少鱼？"

"怎么地每人也能钓上20斤！"李秀凯一边摇着撸，一边断断续续地说。

张在惠一听，情绪顿时提了上来，心想：别说是20斤，就是十斤，也够全家吃上两顿。

虽然张在惠中午就没吃饭，但此时的他没有一丝饿意，他在船舱里外忙乎着，一会儿送水给摇橹的人喝，一会儿讲段笑话。

不知不觉他们到了三山岛，一看表已是早晨八点了，竟摇了一夜的橹。

李秀凯将船帆撤下，他们几个人拿出鱼竿正准备钓鱼，突然发现不远处有一条小船，有两个人正在收网，仔细一看，是机械厂党委书记魏富海和张世善。

这下，李秀凯紧张起来。从船靠南海头的码头开始，他就担心被工友们发现，会被举报到厂长那里去的，现在可好，自己送到老虎嘴上了。但也没退路了，他们只有硬着头皮，等魏厂长过来骂一顿了。

李秀凯心不在焉地钓着鱼，眼睛不在鱼钩上，而是时不时地观察魏厂长是不是向他们这边过来。

接近中午了，才钓上两条小鱼，他们四个人将两条鱼分成四瓣，做了鱼饵。不知什么时候，当李秀凯再次抬起头来时，魏厂长的那条船早已没了踪影。这时他们四个人才长吸了口气，开始认真地钓起鱼来。

但无论怎么着急，就是看不到有鱼上钩。到要返回时，只有张在惠钓上一条二两重的小鱼，其他三个人一条都没钓到，他们相互看看，好像都在想：是不是这海里的鱼，都让别人一网打尽了……

但无论如何不能空着手回家，他们四人下船后，在礁石上划拉了一袋子偏腚波螺，算是有收获了。

回家的路上，四个人谁也不说话，李秀凯的心里更是沉沉的，他觉得对不住师兄弟的空手而归，又担心张在惠会为此受批评，因为他是当天应在班的人。

张在惠呢，从南码头下船，就直奔机械车间上班去了。

到了车间，张在惠没有像往常那样，有说有笑地和临床的工友打招呼，而是一个人闷闷不乐的。他临床的一位多事兄弟，看到张在惠今天一反常态的样子，估计出几分缘由，就神秘兮兮地走过去。

这个人外号叫“十里地一抬头”。说起这个人，只要你从大化三号门门岗走进来，向左一拐，到机械车间大门打听“十里地一抬头”，没有人不知道他的。

他将嘴贴在张在惠的耳边，诡秘而小声地说：“听说了吗？李秀凯昨晚带了他的师兄弟去三山岛打鱼了，他怎没找你去？”

“你怎么知道李秀凯找他师兄弟打鱼去了？”张在惠心虚地问。

没想到，“十里地一抬头”说：“我昨天下班时，看到李秀凯到机动处那边的破布堆上拽了一块苫布，还让他兄弟送到船上去了。”听到这里，张在惠才放下心来。

尽管“十里地一抬头”爱说大话，但人们还真找不出他别的毛病。机械车间的工人都喜欢和他干一个晚班，因为有了他，夜班就不觉得那么长了。

就说这个绰号的来历吧。也是在一个晚班上，他对几个低头打瞌睡的人说：“唉，你们听我说，今天上边让咱们报一下自家的成分。你说我们家应该怎么报，我爷是开镖局的。”

几个正犯困的工人，马上围在他的车床左右说：“开镖局的有什么了不起，不就是在有钱人身前身后转转吗？”

“你们懂什么，我爷那个镖局是护水运的，他们护航时不在船上，而是在水里，跟船一起走。他们两帮人分别在船的两侧，我爷在水里，是与船同行的。有时他会突然从水中抬起头来，向船上老大喊一声：‘有没有动静？’如果船老大回答‘没动静’，他就又一个猛子扎下去。你知道这一个猛子扎下去，再一抬头，就是十里地。”

就这样，大家才给他起了“十里地一抬头”这个绰号。

可今天晚上，他吹得可就没那么神气了。到了半夜，大家都有些困了，这时“十里一抬头”就喊了几个人到张在惠的车床旁边，他以为张在惠是因为李秀凯出海没找他，才闷闷不乐的。他对正在打瞌睡的张在惠说：“兄弟，你知道李秀凯他们打了多少鱼吗？”

张在惠抬起头来看看他，心想：以往你说什么，我都没能找到你不实的把柄，我看你今天晚上还怎么吹。

“不知道。”张在惠看着他，慢吞吞地回答道。

“你可没看见，那条大鱼有多大。”他继续说。

“有多大？”张在惠继续慢条斯理地问。

“那家伙，这么粗，这么长。”他一边说一边用手比量。说到粗时，他把两只手往胸前一比量，足有他大腿根那么粗。说到长，两只胳膊，向东西两侧一拉，足有一米长。

“你看着了？”张在惠仍然不紧不慢地继续问。

“可不是吗，我还帮他们抬下船的，那条鱼溜滑，一点不好抬。”

听到这里，张在惠脸上露出了一天一夜都没有过的笑容，这个笑容不是得意，而是胜利。他一边用摇晃的二拇指指着“十里地一抬头”的鼻子，一边慢悠悠地说：“你他妈的，你成天吹，我们都驳不倒你，今天你可真让我堵着了，李秀凯打鱼，我去了……”

“十里一抬头”大叫一声：“你去了！”说完，转身就向他的车床走去，身后响起一片笑声。

前些年听说他病逝了，机械车间的老工友都要去送送他。

那天，几位年龄都在80岁上下的老工友，一大早就聚集在殡仪馆的大厅里等候。一会儿，只见“十里地一抬头”的儿子一个人来了，老人们问他儿子：“家人都来了吗？”

“我先来打个前站，大队人马在后头。”他儿子说。

大家一听又都笑了，真是有其父必有其子。

一位老工段长的情怀

李永金当市长前，是大化公司的经理。一次，时任化工部部长顾秀莲视察大化，李永金邀她参观了侯氏制碱法的新碱车间。在新碱车间门口，李永金为顾部长介绍新碱车间主任王恒顺时说：“这是新碱车间的王主任，也是我的师傅，我的人生起步就是从这里开始的。”

被李市长尊称的这位师傅，会是一个什么样的人？又会有一个怎样的地位？带着这个好奇心，我通过王恒顺的徒弟找到了他，我们相约第二天上午九点在王师傅家的楼下见面。

一大早不到八点，我就接到王师傅的徒弟，在他的指引下，我的车弯过几条马路，来到了友好广场玉光街17号楼前。

远远地就看到一位身体健硕的老人站在路旁。徒弟高兴地下车，与王师傅又是握手，又是拥抱。我坐在车里，打量着这位穿着干净利索，说起话来眉宇间流露出无比自信的人。心想：这个人在大化，恐怕不只是当个车间主任吧？

徒弟拉开车的后门，一边请王师傅上车，一边对我说：“这位就是王恒顺，王主任。”

我一听乐了：“您好，王主任！”

王恒顺师傅与我握过手，坐定后说：“都退十年了，还什么车间主任，那都是过去的事，就叫我王师傅吧，给他们当了一辈子师傅。”说着，他用一种大人看小孩的目光，看了看他的徒弟。

“是啊，我进厂时才刚满19岁。我这位师傅，不仅是我们那伙进厂徒工的师傅，还是制碱操作技术方面的大拿，我们都很佩服他。”徒弟看着师傅并向我介绍。

王恒顺老师傅不等徒弟说完，就忙着问我：“听徒弟讲，你要写大化，还主要是写制碱方面的人和事，我听了以后，是几天几夜都没有睡好觉。我早就想过，难道这段历史就这么过去了吗？哎呀，真没想到，还真有人要写这段历史。别的我不会说，就制碱来说，从开头到末尾，你说你想了解什么吧……”

工人出身的王恒顺，就是这样爽快。我也不用客气了：“您就先从侯氏制碱法的试验，在大化怎样实现工业化生产的过程说起吧。”

王恒顺老师傅皱皱眉头，眼睛往车棚上望去，又眨了几下说：“我是碳化小组出来的，你知道大化有个碳化小组吗？”

“第一任组长叫王德志。”我肯定地说。

“你在大化干过吗？”他惊愕地问我。

“在‘五七’楼住的时候，我们是同住一层的邻居。”我摇摇头解释道。

“哦……那是个好人，也是个能人，他在大化工人中的威信可以达到一呼百应呀。真可惜呀，因为护着一个‘坏人’被逮捕了。后来他又回来了，干得挺好，但在今年春节时病逝了，我还去送他了。”

说到这里王师傅低下了头。我明白他此时此刻的心情，便从书包里拿出笔记本和笔，以此用来拖延时间，好让他的心情平复一下。

他看到我打开笔记本，就又提高了声音说：“你记吧，我慢慢说。碳化小组是制碱车间的心脏，它既定产量又定质量。我在这个岗位上倒了二十几年的班，每个星期换一个班倒，比如这个星期倒的是三班，那就是半夜零点上班，早晨七点下班。

在七点下班后，我从不马上走，而是坐下来讨论，今晚这一班的产量比上一班是高了还是低了。高了，为什么？低了，为什么？找差距，做总结。有时会议开的时间长了，来不及回家，就在车间里待一天，等到半夜再接着接班。

上二班是下午四点接班，到半夜零点下班，当我回到家时都快到下半夜一点半了。天亮还要跑回厂里开讨论会，开完会也不回家，就直接连着上晚班。

从1958年入厂，我就在新碱车间的前身，也就是氯化铵车间的侯氏制碱试验工段工作。直到退休我都是这样干的。

因为试验工段是侯氏制碱法的试验车间，在李祉川的煅烧炉还没研制成功之前，我这个工段生产出来的碱液，都是要返回老的制碱法设备那里去过滤，再煅烧出碱。”

“侯氏制碱法与老的制碱法有什么不同？”我打断他的话问道。

我的疑问提出来之后，我又很担心这种不礼貌的做法会让他不高兴，可他却一点不在意，还表扬我：“你问得好！很多在大化工作的人，都不清楚这一点。大化从小日本开始，用的就是索尔维制碱法生产纯碱。这种方法生产纯碱的同时，要排出大量的固体氯化钙、液态废物和气体。如每生产一吨纯碱，就要排十立方米的废液和废渣。而大化的废渣废液，是直接排到海里去的。当年那白色的氯化钙，从大化的海域一直漂到了棉花岛。

而用侯氏制碱法生产纯碱是没有废料的，它把废料变成了氯化铵。这种制碱法是制碱与制化肥氯化铵的过程交替进行的，是一种既没有废料，又可同时出两种产品的制碱工艺。”

“如果不用侯氏制碱法的话，我们现在去山东，就可以开车过去了，海大概早就填满了。”我开玩笑地说。

“可不是吗？在新工艺侯氏制碱试车前，侯德榜曾四次来到车间，那时车间的小楼梯是窄窄的，几位青年工人是把他推到反应塔上的。那天正赶上我和韩行智两人都在班上。

而当侯氏制碱法成功后，我们这个车间，就变成保密的车间了。我们这个碳化岗位工作人员，都需要进行严格审查才能上岗。就连大连工学院毕业的实习生，在两年之内也不准许进入这个车间的。”

王恒顺的表情告诉我，他作为这个岗位上的工作人员，很自豪。但与此同时，我更明白，这是个培养干部的岗位，从这里走出的分厂厂长、总公司的领导不计其数。可他为什么不走？为什么在这个碳化岗位，在这新碱车间，竟能一干就是二十几年，难道他不知道上夜班的日子不好过吗？还是他就喜欢这种“黑白颠倒”的生活？

“像您这样，在这个岗位一干就是20几年的人还有吗？”我不解地问道。

“我当工段长时，我这一班的产量始终高于其他班，质量也是第一，年年都是厂里的先进集体，因为这个，领导每个月还多给我一块或两块钱的奖金。我干的是很好的，车间也舍不得放我，另外我也不想到上边当干部，这个岗位的活，我干起来很顺手。冰机是很容易出现问题的，尤其在检修后，重新开动冰机时，一旦开错了阀门，就会错把液态氮放进去，如果液态氮进到冰机里，那么，就会引起冰机爆炸。我就是因为不放心这个，才没有离开这个车间。”

看着一批一批的同事、工友相继被提到厂部做了领导，他对此很淡然：“我一点也不眼热，我觉得我挺好的。”

看着他那安然的神态，我在想：如果没有一群这样的人，大化是决不能干起来的!

六九届中学生　小马拉大车

自1970年的春节，到正月十五，大化的决策层几乎将所有的制碱专家、工程师、技术人员通通赶到了农村，生产的重任就落在了刚刚进厂的六九届中学生身上。

六九届的毕业生，大部分是在1970年下乡的，只有大约20%是于1969年年底被选送到工厂的。这些学生在学校时大都是班干部、连长、排长、红代会级的人物，若论文化程度，实际上只有小学六年级的水平。可对那届毕业生而言，他们算是幸运的了。走进大化的几百名幸运儿当中，孙常强、贾恒训就是其中的两位。

两个人就像一双筷子似的，走到哪里都不拆棒。他俩一块上的小学，一块进的体校。一个乒乓球台子上练球，一攻一守，又一块进入大化。他们俩是幸运的，因为没下乡，但他们俩又是辛苦的，因为他们是小马，可拉的是大车的活。

1969年的一天，大化的捷克进口大车开进了大连市第八中学的操场。孙常强、贾恒训与八中近百名优秀学生，登上了这台在大连市少有的敞篷大车，来到了大化三号门门岗。这些年轻人在厂东俱乐部里，做了暂短的进厂教育后，就被分到各个车间。

贾恒训被分到碱厂的盐水车间，孙常强被分配到合成氨厂的硫铵车间。

他们在车间里，工作不到一个月，连车间干部的名字还没记清楚，大化就开始有组织地分批让干部走“五七”道路。

栈桥——传送带

孙常强、贾恒训两个17岁的孩子，也默默地随着车间里的工人师傅，到这些被点名下乡的工程技术人员家里帮助打包行李、装车。

可回到车间里一看，剩下的人，老的是工人师傅，小的就是他们这样刚进厂的学徒工了。一种责任感，不由得涌上心头，他们觉得自己好像一夜之间长大了。

贾恒训所在的盐水车间，是侯氏制碱法的第一道工序。这个工序主要担负着两个任务，一是把中间产品二次盐水送往重碱车间，二是洗盐。洗盐，是将原盐用饱和粗盐水洗涤，在除去盐中大部分钙、镁等杂质后，由粉碎机粉碎，立洗桶洗涤，然后再经过滤盐分离机，分离后就得到洗盐。洗盐是用皮带运输机送往氯化铵车间的。

一条长长的运输带，将两个车间连在一起。贾恒训的工作是负责看管洗盐能否顺利地从这个运输带运到氯化铵车间。这个工作没什么技术含量，也不是很累，但就是三班倒熬人。

干二班时，是半夜11点30分下班。下班后他必须在20分钟内，赶到甘井子火车站，坐上大化职工的通勤火车回家。这个火车的车厢，就像从沙河口通往火车站的那个老电车一样，车厢大而空，只是靠窗两侧，各有一排木椅可坐。尽管这样，他也是高兴地每天都唱着歌儿去上班。

因为除工资外，每月还有八块钱的保健，这八块钱的保健，是可以在厂里的食堂买馒头、买麻花的，而每次他都把买回来的麻花带回家，让全家人共享这个保健，自己却从来不舍得吃。

有一次，在回家的班车上，他闻着饭盒里麻花散发出的香喷喷的气味，忍不住夹一小块放在嘴里。过了许久，麻花的香和甜味早都没有了，他还是不肯吞下这块小麻花，因为那是细粮，细粮放在嘴里即便是不吃，也比粗粮舒服。

20世纪70年代，不是年节，几乎没有副食供应，人们吃的东西都一样，除了规定的几斤细粮外，剩下的全部都是苞米面。饼子是好东西，但是没有菜，没有肉，光吃饼子，那真是难咽。

人和植物是一样的，需要阳光雨露的滋润，才能茁壮成长，没有肉、蔬菜、粮食的滋润，人干起活来也是没力气。可大化的工人，在这样艰难的时候，面对每年一次的大检修，没有一个人因体力不支而回家休息，他们仍坚持在自己的工作岗位上。

大化为了安全起见，每年都要对设备进行一次停产检修，而一般的检修时间都在夏天。当检修工人把设备的阀门打开时，一股浓烈的气味迎面扑来，人立即就有头昏恶心的感觉，同时迎面扑来的还有设备里散出的高温。如果要等设备内的高温降下来，需要三到四天，检修是要抢时间的。

设备内由于长时间物料流过，在设备壁上有时会结巴，这个疤在检修时必须清除，而清除的方法，只能是让人进到设备里用镐刨。孙常强认为自己年轻，就用麻袋浇上水，顶在头上，光个脊背冲进去，顶着高温，刨几下就得出来，再换第二个人进去。

一些老工人不忍心让这些十几岁的孩子干这样的活，都争先恐后地上。孙常强在大修期间，连续几个晚上不回家，他白天干活，晚上就睡在车间的长凳上，第二天早晨再继续干。这是纯粹的苦干、实干。

大检修时，厂领导李东冶看到工人们太辛苦了，就让职工食堂特意给工人们做了一顿可口的饭菜。主食是玉米面碗糕，这是粗粮细作的主食，做法是把玉米面磨细，加上糖精再发起来蒸，好吃极了。菜是大头菜和肥肉炼油剩的渣炒在一起，五分钱一盘，工人们吃得嘴唇外边都是油，这就是大检修的待遇。

上夜班的人是最容易饿的，尤其是在那个年代。一天晚上，还没到下夜班时，贾恒训就有点饿了。别说厂里规定工作时间不准吃东西，就是可以吃东西，也没东西可吃。

正在这时，值班电话响起："小贾吗？你过来一下。"

说话的人，是运盐皮带到氯化铵车间那一端接盐的人。贾恒训和这个人的工作岗位，是一条运输带的两端，两端代表着两个车间，一端是送料，一端是接料。可工作时谁也见不到谁，只有用电话联系。

打电话的老工人一辈子单身，老家在山东，今天他刚探亲回来，就给贾恒训打了电话。

贾恒训接完电话就过去了，老工人给了他一捧花生。那花生不仅颗粒大，还饱满，这捧花生让饥饿的他，口香了一辈子。

70年代的年轻人，不都像孙常强、贾恒训那样不比吃、不比穿而比谁能干，也有喜欢穿奇装异服、玩自行车的人，往往被看作是不正经的、不务正业的人。尽管如此，年轻人对自行车还是非常向往，那个劲头不亚于今天想买轿车的一族。

当时一辆自行车的价格在百元左右，大连产的“海燕”自行车，是档次最低的，这种车只有30岁以上的人或家庭比较困难的人去买，而上海产的“凤凰”、“永久”自行车则是年轻人喜爱的名牌。

买自行车对于学徒工来说，就是天上的月亮，只能看却摸不着。学徒三年，每月的工资标准是第一年17元，第二年19元，第三年21元。出徒后每月开33.5元。这样的工资，即便不吃不喝，也要大半年才能攒够买车钱，而且是买“海燕”牌的，“凤凰”和“永久”是想都不敢想，因为这样的车在上海也是凭票供应的。但有这样一群大连小伙，他们宁肯“苞米面肚子”，也要骑上自行车。有一位年轻工人，为了买自行车，把每月单位发的“保健”，高价卖给同事，还把每月供应的细粮作价换给别人。一年下来肚子里装的是苞米面，穿的是工作服，但他最终买了个“海燕”牌自行车。

上班时他把自行车骑到了车间，大家看了都说，不如“凤凰”的神气。他也觉得差点，便利用业余时间，找到一块白钢铁皮，又是锉又是上颜色，最终做成一个和“凤凰”自行车后盖上那个商标一样的“标志”，包在自行车的后盖上，神气地骑了回家。

一个冬天的早晨，他骑着这台有“凤凰”标志的“海燕”牌自行车行驶在金家街到大钢厂前的车河中，几百台自行车，像一条河似的流过大街。当这个年轻人的车碾过一条爆裂的地下管时，由于车体颠簸，夹在他车后座上的饭盒摔落在地上，饭盒里的饼子滚到了马路对面，油炒的干咸萝卜片撒了一地。

这时后面骑车的人看到了，就喊他：“哎，你的饭盒掉了！”

那个时代虽然吃得差，但每家给上班人带的饭还是尽可能地用细粮。但他买自行车了，没有细粮了，所以上班带的是苞米面饼子。其实他知道饭盒已经掉了，但他听到有人喊他时，却头也不回地大声说："我带的不是饼子，是馒头！"

继六九届中学生进厂后，1970年厂里又分来一批老五届的大学生，这些有知识有思想的大学生，被当作最年轻的"臭老九"，下放到车间与工人们一起劳动"接受工人阶级的再教育"。

时间长了，一位大学生发现贾恒训不仅工作勤恳，而且还爱钻研工艺技术，于是他主动走近贾恒训："年轻人在车间工作，一定要学会看设备图纸，这样在设备大修期间，对于检修和调换设备零件，就会得心应手。反之，你若不会看图纸，发现故障，就不知道怎么维修。"

贾恒训看着这位比自己大不了几岁的大学生，点了点头，心想：这点在学校里老师没教，进厂师傅也没说。

知道了会看设备图纸的重要性，贾恒训就在每天的工作做完之后，翻看设备图纸，一个设备一个设备地看，不会的就去请教车间里的大学生。

一天，贾恒训正在聚精会神地看设备图纸，没有发现车间的一位领导正在查岗。领导走到他面前，见他在看图纸，就不高兴地说："年轻人不要一天到晚地捧着书呀图纸呀瞎看。要知道，路线对了头，一步一层楼。"

这个领导的意思是说，你无论有没有技术，只要你的脚是站在革命路线上，就会有成绩，就会一步一层楼地进步。

年仅17岁的贾恒训，在前进的道路上没有找到岔口，但他能自己创造一个岔口。从此之后，他就不在上班时看图纸了，而是下班后把图纸带回家里看。

卸车大会战

大化的职工习惯把厂内生产化肥的地方称为北厂，而把生产纯碱的地方称为南厂。当南北两厂用侯氏制碱法合并生产纯碱时，北厂的合成氨和二氧化碳就成为南厂新碱车间的原料。

北厂还有个硫铵车间，主要生产硫酸、硫酸铵、液体二氧化碳等化工产品，而这些产品的主要原料是硫铁矿石。

运输硫铁矿粉石的火车直接驶进大化厂里，停在厂内的专用铁路线上。深秋时的南方还是温暖的，雨水多，硫化矿石粉是连石头带水一起被装进车厢里。火车从南方跑到北方，矿石粉随着天气渐凉而凝固，最后到大连已是寒冬腊月，它就像岩石一样坚硬。卸车时铁锹、洋镐都派不上用场，只有用钢钎。

每到这个时候，各车间都是由年轻人组成突击队参加卸车，抢时间争速度完成任务。突击队是一个临时性的组织，这个组织的人没有待遇，没有奖金，只是义务奉献。

1971年的冬天，是建国以来最冷的一个冬天，降雪量很大。据老人讲，多少年没下过这么大的雪了，不仅雪下得大，而且持续时间长。有一次，鹅毛大雪从前一天的下午开始，一直下到第二天早晨，还刮起大风。刚刚运来的硫铁矿石粉被死死地冻在车厢里。

大化厂内铁路运输线(之一)

厂革委会周副主任在青年突击队的动员大会上，号召全体青年突击队员们在卸车时要发扬“一不怕苦、二不怕死”的革命精神，苦干、实干加巧干，打好这场会战。

周副主任在读秘书写的发言稿时，可能由于风大的关系，他把“巧”字看成了数字“23”，就大声说：“我们一定要苦干、实干加‘23’干，打好这场会战。”

大家听了哄堂大笑，事后大家与他打招呼时常调侃说“‘23’干来了”。

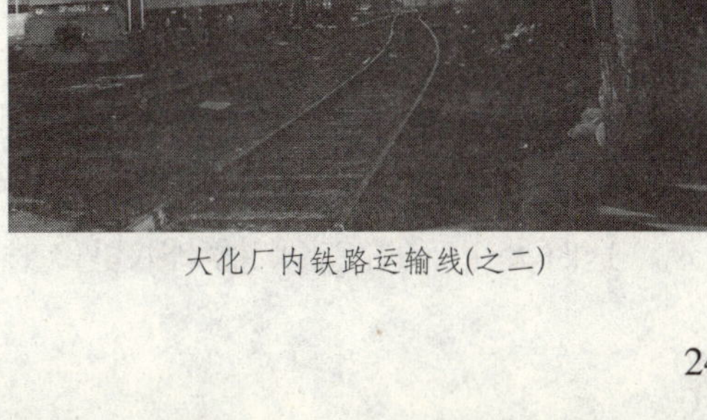
大化厂内铁路运输线(之二)

机械厂的青年突击队里，有一部分人是我中学时的同班同学。其中一位叫姚永经的同学，在回忆这次会战时说："车厢上插着各色彩旗，那真是彩旗招展。我们从一大早就开始，两三人一伙打钢钎。打锤的人累了，就换成扶钎的，每个车厢里都站满了人。当几个钢钎同时打到一定深度时，就会有一块大的硫铁矿石粉块被撬动起来。人们喊着口号'同志们哪，加油干哪'，就把它推下了车。青年人干劲高涨时，时常是中午饭都顾不上吃，一直干到下午三点。"

70年代初，这些十七八岁进厂的"小孩"，真是给大化做了很大的贡献，因为当时真正应该干活和能干活的壮年精英，大部分都被下放到农村去了。直到1972年9月份，这些工程技术人员才陆续被抽回了厂里。当这些既懂技术又熟悉工艺的人回到了自己的岗位时，大化的纯碱生产才又轰轰烈烈地搞起来。

大化的领导没有忘记这些年轻人的功绩，于1975年成立了大化七二一工人大学。各车间把表现好的年轻人保送进了工人大学，经过四年的学习，这些年轻人又回到生产车间，从事管理工作。孙常强、贾恒训，都是从这个厂办的七二一大学毕业，也都同时走上了领导岗位。

守望时间碎片的人

1970年的春节，是我生命中的拐点。

年三十的下午，我为过年而忙活着。先是到居民委领取专为过年发放的副食品供应小票，然后再抄下贴在外墙上的供应明细表，如：1号票豆腐1块，2号票猪肉半斤，3号票桃酥1斤，4号票鸡蛋2两……

在仔细检查没有错误之后，我小心翼翼地将这些小票放在用牛皮纸叠的大钱包里，急急忙忙向甘井子二门市跑去。一路上我不知看了几遍这个大钱包，生怕有个什么闪失，要知道这是全家人的年货，如果把它弄丢了，那真是没法过这个年了。

领年货的人们排着长长的队伍，从二门市一直排到东托儿所。我也兴奋地挤在队伍里，等待领取这严格按人头配给的一点点年货。

这时大化厂的高音广播喇叭里传来《白毛女》的旋律："北风那个吹……"

女高音歌唱家朱逢博的歌声，让我在与旧社会的对比中，获得虚幻的满足，并也让我因此而由衷地感恩。白毛女因为有一个红头绳而欢欢喜喜过个年，可我现在又能买到肉，又能买到蛋，这与旧社会的白毛女相比，可是幸福多了。

在下午四点前，我就把所有供应的东西全部搬回了家里。一进门，我把领到的盖着红纸的一包蛋糕和一包桃酥放在柜子上，这是过年走亲戚时的礼物。平时没有这些美食，现在即便有了，也不能吃。把猪肉放在菜板上，肥瘦分开，肥的炼油，准备过年时炒菜用，瘦的今天晚上包饺子。

我妈的推门声，打断了我的美好向往，同时也击碎了我少年时代的梦。

“马上收拾东西，我们家被通知，下乡到复县炮台公社。”由于生活的艰辛，在我妈的身上很难找到女人那种妩媚的性格，她的声音和说话内容，让我顿时感到这不是说话，而是一声雷鸣。

我不知道该怎么说，也不知道发生了什么。

就这样，16岁那年，大年初二的早晨，我们全家和大化300多名制碱专家、工程技术人员及其家属，作为第一批“五七战士”，被解放牌大汽车送到了农村。

像李祉川、王良骥这样的老制碱专家，他们在往农村搬家时，把厂里分给每个“五七战士”用来装被褥、衣服的20条麻袋，全部装上了他们的制碱工具书。他们是一车家具半车书，就这样去了农村。

当地的农民在卸车时，指着那些比家具还重的书说：“我们这儿没烧的了，你带来的这些书够烧一年的。”

从此，这些曾为国家制碱业做出卓越贡献的人，便开始了拾草、挑水、种地的生活。

工二代——刘同军

合成氨塔拆迁后，与制碱装置一起被运送到新建的大化松木岛化工基地。

新大化在合成氨、制碱两大装置的工程施工、系统调试几乎完成的时候，于

2009年7月陆续开始各岗位的上岗考试。考试工种分为车、钳、铆、电、焊、化工操作、扫罐。扫罐岗位的名额仅限20人。

扫罐岗位考试那天，阳光明媚。在碱厂办公大楼的二楼会议室里，考官席上坐着副厂长陈学军、高志兴，还有几位副科长，主考的是劳资科一位年轻的工作人员。参加考试的有50多人，其中绝大部分是年轻的新工人。

53岁的刘同军，先通过了口试，然后再面试。考试的内容都是他很熟悉的，工艺、劳动纪律还有厂里规定的“四不准”等等。在刘同军对答如流的考试结束后，考官对这位接近退休年龄的人，出于好奇多问了一句：“为什么还要竞聘上岗？”

已经起身走到门口的刘同军，慢慢地转过身来，对那几位已经准备离席的领导和考官说：“我父亲是建国前的老党员，他在这个岗位上干了一辈子，退休后因患职业病，没几年就病逝了。大化现在就像我的母亲一样，虽然她已经老了，但我不能因为她老了就离开……”

刘同军是大化子弟中学七六届毕业生，他与我弟弟张黎光同年同班还是同桌。我弟弟是班长，而他是班里最调皮的学生，是老师和同学眼里的“差生”。

所谓的差生就是上课不听老师讲课，下课又常与临班的同学打架的学生。但这种打架的原因并非都是无理取闹，时常是为所谓的班级荣誉。据我弟弟回忆，有一次学校大清扫，各个班级都是女同学负责擦玻璃和黑板，男同学负责清扫教室里墙上与地上的灰尘，并把这些脏土集中送到楼外存放垃圾的地方。

别看刘同军上课不听讲，可班级里组织活动他可是积极得很，还主动协助我弟弟进行大清扫，并将班里的垃圾送到楼外。可就在他送完垃圾返回教室时，发现教室门口围了许多学生，还听到检查卫生的老师批评的声音：“老师三令五申要把垃圾送到楼外，可你们班还是把它扫到走廊里……”

刘同军一听到老师这样批评，不由得愣在那里，这时一名男同学走到他面前耳语道：“是邻班的几个男同学偷懒，将垃圾扫到我们班门口。”

刘同军一听这话连耳朵里都伸出了拳头，他转身就跑进邻班的教室，抓起那个扫垃圾的男同学就打。事过之后没有人再提垃圾是谁扫的，而是全力批判这名打架的“坏学生”。

为了帮助这名“坏学生”，老师安排刘同军与我弟弟同桌，并说这叫“一帮一，一对红”。我弟弟知道刘同军本质是好的，所以很善待他。

记得我第一次见到刘同军，是在1978年春节之后，这时他已经在农村当知青有一年多了。他是在1976年毕业后下乡插队的，在新金县乐甲公社对峰大队当知青。农村生产队的领导在春节期间都给知青放假，而在假期中，女知青们又都喜欢互相到家里走走串串，男知青更愿意聚到小饭店里喝喝啤酒聊聊天。而这年的春节正赶上“严打”，所谓严打就是严厉打击违法犯罪活动，如抢军帽、打群架、盗窃、抢劫等，其中打击力度最大的莫过于拦路抢劫这一罪行了。如果被定性是这个罪，那么少则被判三五年，多则十到十五年。

一天，刘同军与两名比他大两三岁的老知青，在椒树房街6路车站附近的一家小饭店里喝了一下午的酒。傍天黑，两位大哥见刘同军喝得太多，就送他回家。一路上，他们三人相互搀扶，摇摇晃晃地向甘井子方向走去。当他们走到花园山（现在的甘井子花园山）时，天已黑了下来，其中一位说要方便一下，就独自向一棵大树的后面走去，刘同军就与另一位大哥原地蹲下来等那个人回来。

一会儿就听有人喊叫，并伴有冲撞的声音，刘同军一听就知道肯定是去方便的大哥出事了，他跳起来，撒腿就往那棵大树方向跑去。本来是他喝得最多，醉得最厉害，可一听到喊叫声，他就像触电了一样精神起来，一顿胖揍，就把骑在大哥身上的那个人打得爬不起来。这时从地上爬起来的大哥似乎清醒了一些，知道此地不宜久留，就喊：“大包，赶快走！”“大包”是刘同军的外号。说起刘同军大概没有多少人知道，但若提起“大包”，恐怕在甘井子公安局就没有不知道的了，因为打架，他不知几进甘井子派出所了。这个大哥万没想到，他这一声喊，使他们几个当晚就被捉了。

刘同军并不知道大哥因为什么跟人打起来，他只关心哥们儿被打了，又被他救了出来。他高兴地同两位哥哥一路走回了他的家，并让他们住在自己的家里，说是等天亮再让他们回家，以免再出什么差错。没想到，甘井子派出所已接到报案：说是有三个人在花园山上拦路抢劫，抢一块手表，领头的是一个叫“大包”的人……

就这样刘同军当夜就进了甘井子公安局。在公安局里，他一个人承担了这件事的全部责任，尽管他并不知道抢手表的经过，尽管那位大哥到他家后也没有告诉他有手表在手的事，可他还是说这事与两位大哥无关。刘同军是重视友情，拿朋友似亲人，但他这次却是盲目讲“哥们儿义气”。其实他在当时只要把事情的来龙去脉说清楚，本可以不必承受牢狱之灾。

在大连体育场召开的全市公审大会上，刘同军以抢劫罪、窝藏罪被判刑五年。入狱服刑前，办案人员告诉刘同军可以回家与家人告别，或者拿些衣物什么的。可当办案人员问他家在哪儿时，他却说："我不回家，我就去老对儿家看看他。"

那是一个冬天的下午，傍晚四点半左右，我端着煤油炉子走出家门，准备在走廊里点火做饭，突然听见楼梯上响起杂乱的脚步声。我家所在的这栋楼是以走廊为厨房的三层楼，此时各家都在做晚饭，炒菜的声音在通透的走廊里此起彼伏，如果不是人多，那走路声不会那么大。我端着煤油炉子愣在门口，仔细地听着这些脚步声由远而近。走廊里没有灯，靠东西两侧的廊窗里透过来的微微光线，我看到几个人前后顺次排着，小心翼翼地绕过一家家门口的煤油炉子，后边跟着同楼的几个孩子，从二楼的楼梯口向西走来。渐渐地我看清楚了他们的面孔，前面的一个人和后边的一个人都身着警服，中间的好像是个中学生，但两手却被铐着。

奇怪的是他们走到我家门口停了下来，前边的那个警察看了看我，转过头问："是这门吗？"

"是，246号。""中学生"没有抬头看我，小声地说道。

我一听就紧张起来，心想这可是"严打"期间，我弟出差不在家，一向老实的他不会出什么事的，莫非是我两个舅舅出什么事了？

这时走廊里顿时安静下来，所有人家的煤油炉子都灭了火，就听人们在小声私语："小光家怎么了？小光做什么事惊动警察，还带来个同案犯？"

"不会吧？这孩子老实，是不是他姐小燕出的事？"

我来不及问他们找谁，放下手中的煤油炉子转身关上房门并死死地倚在门上，对屋里正在切菜的姥姥说："姥，警察来到咱家，不知发生什么事，你别害怕，有我哪！"我姥一听说是警察来家了，一阵惊慌，手上的菜刀落下，险些砍在脚背上。

这时门外传来一阵敲门声，并带着不耐烦的口气："开门吧！刘同军是来向张黎光告别的。"

我一听这话，提到嗓子眼的心才放回肚子里。原来那个"中学生"是弟弟的同学刘同军。打开门，他们三人依次跨越放在门口的煤油炉子进了屋，并排站在那里。我以前没有同刘同军说过话，因为我工作在辽阳，常年不在家，今天也只是沉默地看着他。我姥更不敢看他的脸，把头转向窗外。警察说："刘同军被判刑了，服刑前他不回家，就要求来看看同学张黎光，他在哪儿？"

"他出差了。"我机械地说。

"那好，打扰了！"警察说完，又问刘同军："还回家吗？"

"不回了。"刘同军没抬头，低声回答道。

我没有再说什么，只是默默地跟在他们后面走，听着自己的脚步声在黑暗的走廊里回响，终于在沉默中把他们送走出了大院。

回到家里，我看到姥姥还在窗前站着，就说："他们走了。"

我姥姥"嘿"的一声坐在靠窗的床上说："说到底也还是个孩子，他能坏到哪儿？还至于判刑？这孩子今后就是放出来，背着这污点，还怎么过？谁家有闺女愿嫁给他！"

我姥的担心还真有点多余，刘同军由于表现较好，提前一年半就从营口劳改总队释放出来。起初几年他没有回大连，在鞍山的一个建筑工地干活，后来才回到大化的知青队。

刘同军的父亲刘树勋是建国前入党的老工人，他一直在碱厂工作，并从事着最繁重最危险对身体最有损害的工作——扫塔。据他的车间主任王恒顺讲，干这个工作的劳保护具是全厂最高劳保级别的，一双水鞋，一套消防队那样的雨衣，还要带上像大象鼻子那样的防毒面具。刘树勋老师傅在这个岗位上干了一辈子，直到退休，但退下来没几年就去世了。在这种危险的岗位上工作的人都是这样，因常年与毒为伍，寿命都不长。

1983年，在父亲的坚持下，刘同军进入大化知青队。所有进入大化的知青几乎都是大化子弟，家长们都想方设法地找劳资部门给自己的孩子安排个好工种，比如仪表工、电工等既有技术又不累的好活，可刘同军的父亲则不是这样，他对儿子说："厂里安排什么工作，就干什么，要听党的话，哪里艰苦到哪里去。"

同年10月，刘同军被分配到供销公司装卸队，因为他在卸硫铁矿的会战中表现突出，被评为厂级青年突击手，后来又被评为全厂十大新闻人物。这在大化这个近万人的厂里，可以说是天大的荣誉了，给一直在众人面前抬不起头的老父亲挣足了面子。

我在今年采访他时，曾开玩笑地问他："你是不是用在劳改总队的那个干劲在大化干的？不然怎么能获得这么高的荣誉。"他笑了笑，没有回答我。

在90年代初“下海”浪潮的冲击下，刘同军“下海”了。他先是在山东路开了个小饭店，后来又在开发区的西太平洋公司附近开了一个饭店，生活逐渐得到了改善。可他的心里总是放不下大化，放不下那些关心过他，不嫌弃他，并在他人生最低点时接纳他的大化。尽管他已经过上衣食无忧的富足生活，可他还是在2002年又回到了大化，饭店的事情全扔给了老婆。

这次他去的是盐水车间，干的是扫罐工作（也就是扫塔，只是过去叫塔，现在叫罐），与他父亲是同一个工种，但比他父亲的工作有更高的技术含量，他把扫罐时所需要的技术如车钳铆电焊逐一地学习了一遍。因为这在化工设备大修时，是经常遇到的工作，比如塔罐里有结巴，有断裂，就必须进行清除，而清除结巴就要用到钳工、管工、铆工、焊工的技术。刘同军的动手能力远比他学习文化的能力高得多。由于他的努力好学，仅用三年时间，他就当上了这个工种的大班长。在这个岗位上要坐上这把交椅，绝非靠关系，用行家的话说，这得有料!

当上大班长之后的第一次扫罐，是盐水车间的一个盐水大罐。刘同军首先放净了罐内的剩余物体，然后切断了电源，打开银孔盖，放出罐内的气体后，就用海水进行置换，直到没有异味了才让化验员取样化验，几次化验合格，也就是罐内的有害气体含量降低到人可以接受时，他便第一个跳进罐内干活。罐内虽然没有多少气味了，但罐底部沉淀的淤泥一经翻动后，就有浓烈的一氧化碳气体和二氧化碳气体散发出来，他在炎热的夏季里穿着非常厚的水鞋、雨衣，脸上带着防毒面具，一下一下清理着罐底的淤泥。有人看到他进罐干了很长时间，就说要替换他，他却摆摆手示意能坚持住。

有时在清理完罐后，他发现罐壁上有缝隙，就喊在罐体外边的人把焊枪递进来，蹲下就焊，直到检查没有任何问题，才从罐里出来。他在大家的帮助下脱掉脚上的靴子，而靴子里能倒出大半碗水来。

在设备检修期间，脏活累活他是抢着干，而危险的工作他更是冲锋在前。检修期间，不是所有的设备都停下来才检查修理，还有设备是照常运行的，这就需要在物体的运行管线上抽加盲板，以此来改进物料与气体的走向，这是个很危险的工作，一旦出岔子就会发生事故。每每这个关口，刘同军总是对大家说：“让我来，你们靠后！”

就这样年复一年，家里开的店都是媳妇在打理，就像与他一点关系都没有似的，他成了盐水车间里专业的抢险队、突击队的大队长。

刘同军当上大班长后，每年的先进非他莫属。可他自己不要，他把荣誉保留给自己班里表现好的、出过力的员工，让他们都有机会获得荣誉，获得先进。

2008年10月末，大化宣告拆迁。厂里明文规定，55岁以上的男职工都退回家，53岁的可走可留。刘同军正好53岁。按道理来讲，他真的没必要再费力考试上岗，去松木岛那么远的地方上班了。还剩几年的时间就退休了，不如回家和媳妇一块打理店里的事，舒舒服服地过几年轻松日子。父亲病逝前那痛苦的表情，是他一生中永远的痛。

父亲在扫罐的岗位上干了一辈子，由于长期呼吸有毒气体，他和同事患上了严重的职业病：哮喘、肺气肿。得了这种职业病的人，退休后没几年都陆续地逝去，死前两膝肿大，一口气一口气地拔，直到剩下口腔里的三寸气时，慢慢憋死。

在计划经济时代，人们一般无法选择自己的工作岗位。劳资科把你分配到哪里，你就要像钉子一样钉在哪里。可现在不一样了，大化也拆迁了，你完全可以自己选择干什么工作。不知为什么，刘同军还要坚持留在大化，留在他父亲倒下的地方。难道是要子承父业吗？就是真的子承父业，也可选择其他岗位。大化不是就有一个扫罐岗位，它还有很多适合他干的工作，可他却不这样想，非要去报名参加竞聘上岗的考试，不但要考，而且还要备考扫罐岗位。

刘同军的父亲是在53岁时发现患上了哮喘病，他明知道离开这个岗位病情就会缓解，但他选择了坚持。他的儿子在53岁时也可重新选择，却选择了再次上岗，原来“犯傻”也可以遗传。为了这个“母亲”，他坚定地走上了父亲走过的路。

大化动迁后，除了放假的、分流的，剩下所有的职工都面临重新竞聘上岗的压力。但是大化的广大职工能充分理解政府对大化搬迁所做的正确决策，并落实在行动上，未出现过任何过激行为。

在此，我要向这些为大连城市建设与发展做出巨大贡献的大化人致敬！

尾声

这本书第一稿快完成时，我内心突发一种想要看新大化的冲动，而这种冲动立刻使我无法在案前续写本书的尾声部分。于是我与弟弟说定，第二天一早开车去新大化，并让他联系那位名叫刘同军的同学，在厂门岗接我们，以免我们被门岗工作人员拒之门外而白跑一趟。

这一年的春天真是来得太晚，都快到三月了，气温还在零度上下徘徊。我和弟弟穿着厚厚的羽绒服，一大早就将车子发动准备上路。这时已年过八旬的老父老母，不知在什么时候听我们说要去新大化，也要跟着去，无论我怎么劝说，他们坐在车后座上就是不下车，无奈只有一起去了。

我们的车上了沈大高速后，太阳才升起来。虽然车外寒冷，但车内却是温暖如春。父母虽然年事已高，但情绪却非常高昂，一路上不时地议论着窗外的风景。看着他们比我还兴奋的样子，我不禁为早上拒绝他们感到后悔，若知这样，何不昨晚就告诉他们。当然，如果昨天就告诉了他们，他们就会像我们小时候听说第二天要去劳动公园一样，一夜不会合眼。

车从炮台站出口下道，几个转弯就到了位于普湾新区松木岛的新大化。远远地，我就看到了那座被安放在海边不远处的合成氨塔。看到了这座老塔，一直牵挂着大化的老爸和老妈流下了眼泪，那个感觉，就像找到了丢失多日的孩子一样。我们的车在新大化门前停下，刘同军比我们早到，看见我们下车，他跟门岗师傅说了几句，就把我们带进了厂区。

厂区的基本布局与老大化相似，一条宽宽的马路直通海边，各种颜色的管线在空中伸延，有灰色的，有蓝色的，还有黄色的。在这占地2.1平方公里的厂区里，竖立着年产30万吨合成氨、年产60万吨纯碱和年产60万吨氯化铵的大型装置，还有年产10万吨硝酸、年产3万吨浓硫酸的中小型装置，以及与其相配套的

21公里铁路线和码头。样样都同原来的老大化一样，只不过它们都是新的、干净的，材质也都是上乘的。

然而，即使这里的生产条件和工作环境都超过了以前的老大化，可它不是我心中的大化。我心中的那个大化，永远是陪我一起长大的而且空中飘着硫酸雨的那个大化。

刘同军带着我们一边走一边讲，硫酸车间在哪儿，码头在哪儿，简直把我们当成了头一次走进大观园的刘姥姥。他正介绍在兴头上，一转身见我这么长时间没说一句话，便问我："大姐，你看现在的大化怎么样？好不好，大不大？"

我说："好，大。可它不是我的大化，它是你们的大化。"

刘同军眨了眨眼，显然没听懂我的意思。

快到中午时，刘同军要请我们全家吃饭，我却觉得胃口满满的，所以执意要回大连再吃。

回来的路上，老爸老妈高兴地议论着他们在新大化看到的一切，我却一路都在默默地想：我的大化，就这样远离了甘井子，远离了我的视线……我越想心里越不是滋味，再加上早晨起来得早，有些困倦，便随着车的颠簸，渐渐进入了梦乡。

在梦里，我回到大化的南海头，看到拉盐的"可乐沙"在往盐库卸盐，然后就是一船船的纯碱远离了码头。可是，我知道自己做梦了，梦境却不是我想念的大化。

一个急刹车把我从梦里拽了出来，睁眼一看，车子已经过了进市区的收费口。一辆从开发区方向开过来的面包车突然一个急刹车停在我们前面，司机下车慌忙向我们走来。我弟弟摇下玻璃窗，刚要冲他发火，那个人焦急地问："大哥，大化在哪里？去大化怎么走？"

"大化？搬松木岛了。你要去大化，怎么往市里走？反了。"我弟一听是去大化的，语气缓和了许多。

"你去大化干什么？"我不解地摇下后车窗问他。

那个司机看上去有三十几岁，他来到车窗前说："大姐，我是开发区一家化工厂的，有个合成罐发生了爆炸，伤了一个20多岁的工友，因伤势太重，厂里的同事告诉我快去大化，要是去别的医院，人就没救了。我一边开车跑，一边打电话问朋友，他们告诉我大化搬了，我心一急，就来个急刹车，想问问你们大化搬哪儿去了。”

我明白了，他找的不是大化，而是大化医院。我指了一条近路让他快跑。

大化搬走了，大化医院还在。也许哪一天，它也会搬走吧？想到这里，心里又涌出一丝酸楚。

大化厂和大化人，写到这里就要收笔了。这本书我已经写了两年，在这两年里，我一直与大化厂耳鬓厮磨，一直与大化人窃窃私语，这是大化整体搬迁后它带给我的最幸福的时光。

当然，我深深知道，我在这本书里所写的，只是我心灵里的大化，我记忆中的大化。我想，如果还有人写大化，一定会写出大化在他们眼里的模样。如果有一百个人写，就会有一百个大化。

参考文献

1．李金沂．范公旭东生平事略．海王，1946（17，18，19）．

2．侯德榜．追悼范旭东先生．科学，1946,28（4）．

3．余啸秋．永利碱厂和英商卜内门洋碱公司斗争前后记略．文史资料选辑，1982(80)．

4．陈歆文．永利和卜内门的斗争．纯碱工业，1982(5)．

5．李祉川，陈歆文．祖国 事业 科学 人才——纪念范旭东诞辰一百周年．工商经济史料丛书，1983(2)．

6．李祉川，陈歆文．范旭东与永久黄事业//寿乐英．中国近代工商人物志．北京：中国文史出版社，1996．

7．陈歆文．七八十年前的一场商战．纯碱工业，2001（4，5）．

8．化学工业部．中国化学工业大事记 1949—1990．

9．中国纯碱工业协 会．中国纯碱工业大事记 1917—1996．

10．中华人民共和国化学工业部．中国化学工业大事记 1949—1994．

11．陈歆文．纯碱工业，1990（1，2，3，4，5，6）．

12．大化志编委会．大化志 1933—1985．

13．大化志编委会 大化志 1986 1996．

14．陈歆文．中国化学工业发展剪影——陈歆文文集．2001．

15．李祉川，陈歆文．侯德榜．福建：福建科学技术出版社,1994．

16．卢作德．卢作德文选．2002．

本书照片由大连化学工业公司、大化集团及张在慧、王铮、李世昌、卢作德、素素等提供。在此一并表示感谢！

补 记

在你读完我写的这个故事后一定会若有所思：原来中国制碱是这么一回事，原来大化厂是这样的一个厂，原来大化曾经有这样的一群人……

虽然这本书已创作完成，可我的心情非但没有大功告成般的喜悦，反而因为一个遗憾，一个让我永远不能原谅自己的遗憾——那就是我应该写而没有写的高维祥老人而让我不能释怀。

高维祥老人是我中学同学高继福的父亲，今年八十有五。在我搜集资料的过程中了解到，高维祥老人在解放前就已加入中国共产党，是“满化”时期为数不

作者与永利公司调入大化最后一人（时年93岁的李世昌）

多的我党地下党员之一。1947年11月，高维祥在金家屯（现在的金家街）和他的工友们试验生产出用于“四一式山炮4炮弹”的发射药。

于是我联系了高维祥老人的儿子高继福，希望可以采访高维祥老人。高继福满口答应：“没问题，老爷子身体健康且记忆力很好，你什么时间来都可以。”

由于我急于采写那些身体不太好的老人，就把采访高维祥的事儿先放下了。不久之后，当我再次联系高继福准备近期采访高维祥老人时，他沉默了良久，终于他开口了：“前一阵我父亲听说你要采访他关于大化厂的事，他兴奋得像个孩子，而且嘴里不停地念叨着当年在大化发生的一幕幕。可就在几天前，我父亲突然什么事儿也想不起来了……”

随着采访的不断推进，大化厂那辉煌的一面逐渐展现在我的面前，让我对它刮目相看。

大化是中国最早的基本化工生产基地之一，从新中国成立初期到20世纪90年代，大化的纯碱产量都占全国同期总产量近50%，硫酸累计产量位居全国第二。

大化在纯碱、硫酸、无机盐生产和化工机械制造方面创造了国内13个“第一”，即：第一套联合制碱装置；第一台2400马力氮气压缩机；第一台制碱用蒸汽煅烧炉；第一套高压空气分装置；首创连续法碳酸氢铵新工艺；第一套捣固装煤焦炉荒煤气治理装置；第一台硫酸中压自然循环翅片发热锅炉；首创硝酸镁浓硫酸新工艺；首次在二氧化碳离心压缩机上应用铸钛合金叶轮；首创连续铸管新工艺；首创冷冻法二氧化硫新工艺；首家生产硝酸钠、亚硝酸钠；首创液体三氧化硫新产品。

这些成绩的取得是与像高维祥这样的老一代化工人密不可分的。尽管他们中有的早已离世，有的因住宅的搬迁，已联系不到了。但是我还是能记得他们中一些人的名字：

孙本强，陆兆基，朱锡鹏，杨盛烈，党鸿昌，李嘉松，陈奕俭，蒋坤良，章化有，熊宗文，夏靖，程绍滨，王克贤，宋孚成，徐义满，孙启明，杜宗仁，鲍岱枝，江培发，张万林，孙天道，高诚，窦长富，藏忠仁，江志贤，刘庭乐，李传波，宋德行，陈忠德，金馥庆，罗继常，葛延芝，翟清路，鞠远振，李大庚，赵鹤年，肖振，苏明玉，刘允安，原海聚，周传久，朱始德，蔡梅英（女），关世坦，孙文焕，孙忠良，刘喜才，马立民……

记住他们吧！他们是大化厂的骄傲，他们是中国制碱业的奠基人，他们永远和我们在一起。

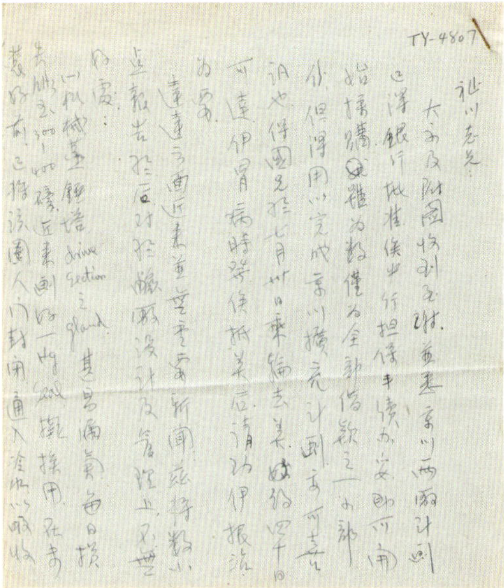
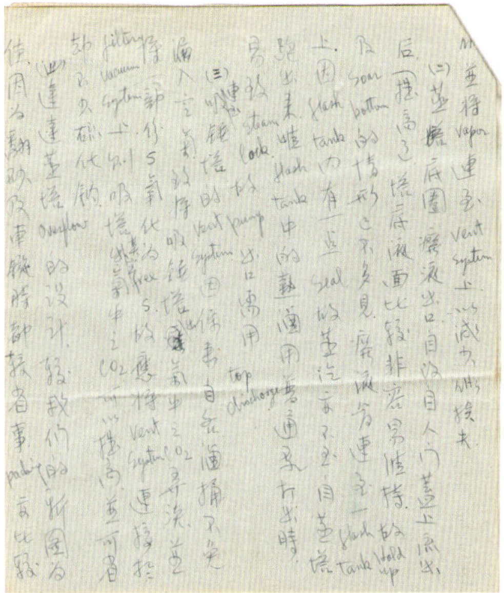
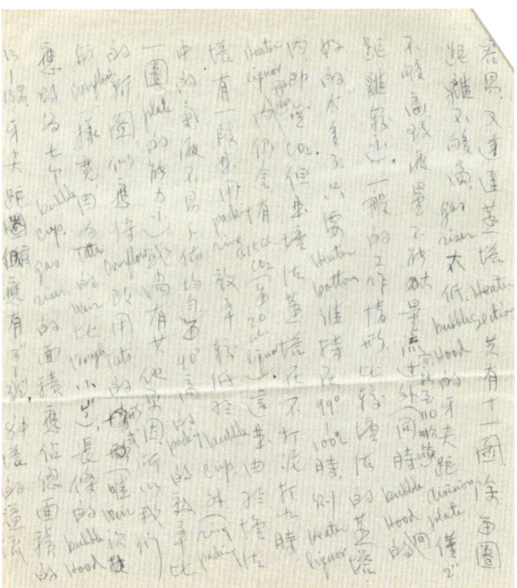
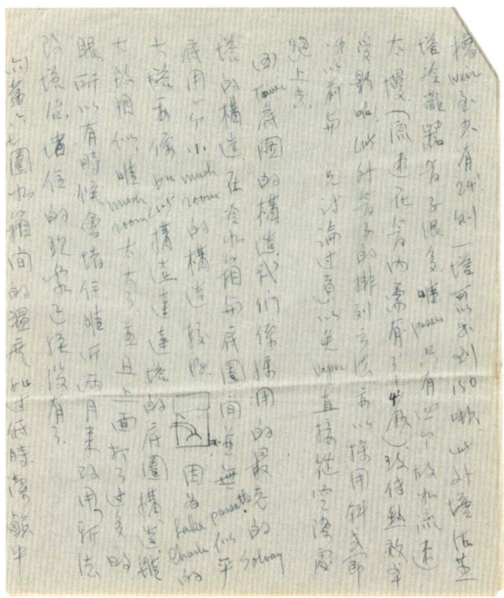

1947年，侯德榜给李祉川关于回国建厂的书信（之一）

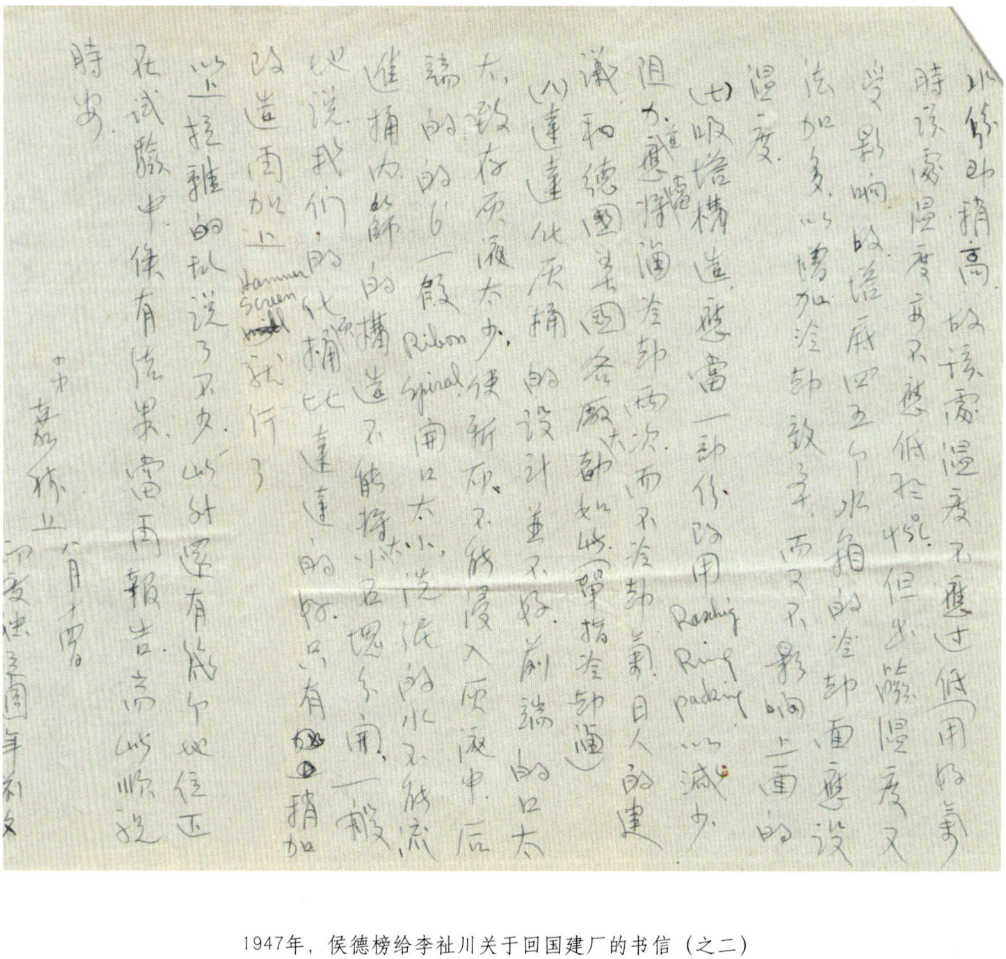

1947年，侯德榜给李祉川关于回国建厂的书信（之二）

中华人民共和国化学工业部

祉川学兄：

你的十一月十日来信已收到。兹将各节答复如下：

1) 印度方面之来信，一系工程师两人，一系其总经理。我想均可复信。侯氏法已试验到大批生产否？结晶器是关键设备。

2) 寄来蒸汽煅烧炉及侯氏法资料已收到。有问时再问。关于你处蒸汽煅烧炉，我认为每24小时产量至少应有30吨，或者25吨。你以为如何？这炉能达到其产量否？

3) 出氨温度低为结成水，倒流入锅头，是因蒸汽进入不畅，说是出口能需要太多了。我建议：

a) 出水用6根管（不仅用3根），(b) 其出口设在圆周上如下：这水由离心力排出，应更爽快。

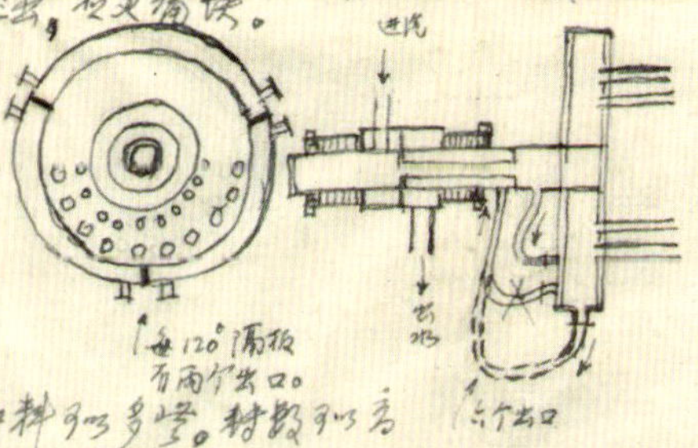

4) 蒸汽传热快，加料可以多些。转数可以高些，使碱往后走快些。这样可以利用管子全长传热，产量可以大大提高，就要出凝水畅顺些，进汽就可加多。

5) 在12½ r.p.m.时重碱投入量每小时若干？蒸汽流量能否更加大？

6) 传热系数 6,260 Kg-Cal/M²/时，是由分解的 $NaHCO_3$ 重算出，抑直接由蒸汽消耗及凝水温度计算出？这是紧要的数据。没有平均数字。

7) 出氨温度是保持封高至少105°C。后面蒸汽能充分进入，则出氨可高。若用 Co-current 加入蒸汽，出氨温度易保持高，但出水也须畅顺，免后面积水，使后部管子无效。锅内有碱质淹盖后部管子。

1000吨小炉可以有12.5 r.p.m. 但若2,500吨则似已快些。你以为如何？

侯德榜给李祉川关于蒸汽加热炉改进的一封信（之一）

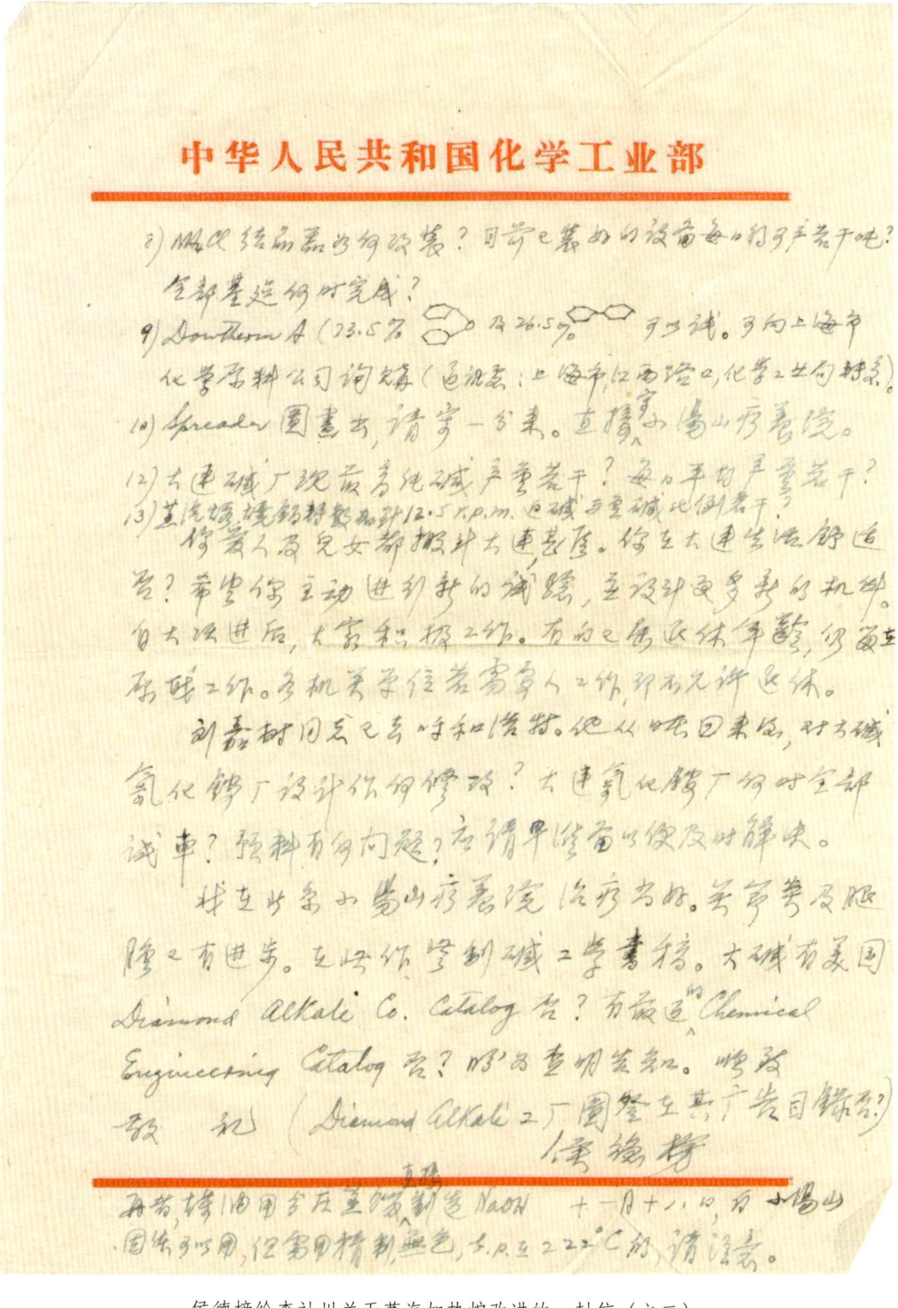

中华人民共和国化学工业部

8) NH₄Cl结晶器如何改装？目前已装好的设备每日约可产若干吨？全部基建何时完成？

9) Dowtherm A（73.5%［diphenyl oxide］及26.5%［biphenyl］）可以试。可向上海市化学原料公司询购（通讯处：上海市江西路[illegible]，化学工业局转交）。

10) Spreader图画出，请寄一份来。直接寄小汤山疗养院。

12) 大连碱厂现在纯碱产量若干？每日平均产量若干？

13) 蒸汽煅烧[illegible]转数如为12.5 r.p.m.，返碱与重碱比例若干？

你家人及儿女都搬到大连去否。你在大连生活舒适否？希望你主动进行新的试验，并设计更多新的机械。自大跃进后，大家积极工作。有的已届退休年龄，仍要求在厂工作。各机关学校若需要人工作，即不允许退休。

刘嘉树同志已去呼和浩特。他从呼回来后，对大碱氯化铵厂设计作何修改？大连氯化铵厂何时全部试车？原料有何问题？应请早些留心以便及时解决。

我在此养小汤山疗养院治疗尚好。关节炎及肠胃亦有进步。在此修订制碱工学书稿。大碱有美国Diamond Alkali Co. Catalog否？有最近的Chemical Engineering Catalog否？盼即查明告知。此致

敬礼（Diamond Alkali工厂图登在其广告目录否？）

侯德榜

再者，[illegible]用分压蒸馏制造NaOH [illegible]可以用，但需用精制无色，b.p.在222°C的，请注意。

十一月十八日，于小汤山

侯德榜给李祉川关于蒸汽加热炉改进的一封信（之二）

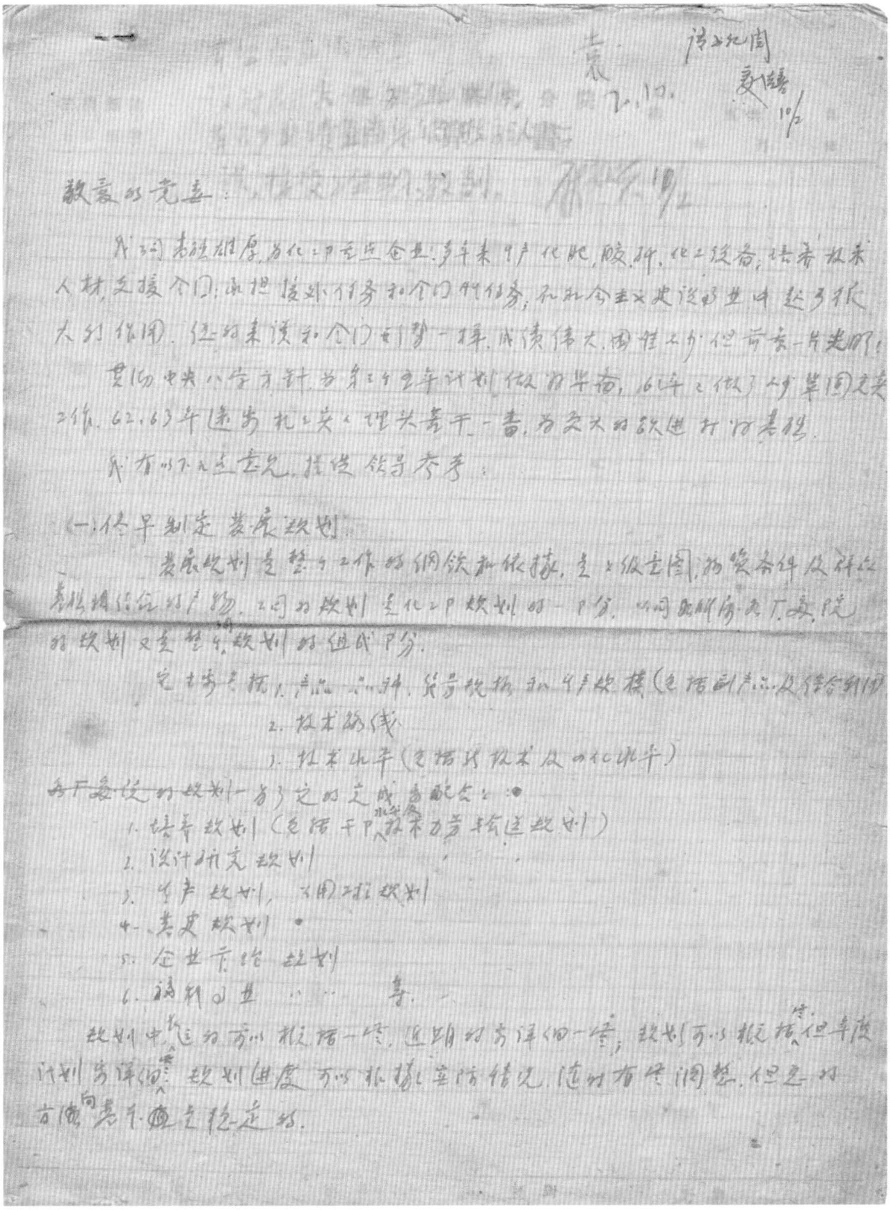

敬爱的党委：

我们大化基础雄厚，为化工部重点企业，多年来生产化肥、酸碱、化工设备，培养技术人材支援全国，承担援外任务和全国性任务，在社会主义建设事业中起了很大的作用。[illegible]和全国形势一样，成绩伟大，困难不少，但前途一片光明！

贯彻中央八字方针，为第三个五年计划做好准备，62年要做好[illegible]工作，62、63年适当扎扎实实埋头苦干一番，为更大的跃进打好基础。

我有以下几点意见，提供领导参考：

（一）及早制定发展规划

发展规划是整个工作的纲领和依据，是上级主管部门[illegible]产物，公司的规划是化工部规划的一部分，公司所属各厂、研究院的规划又是整个规划的组成部分。

它包括：1. 产品品种、质量指标和生产规模（包括副产品及综合利用）

2. 技术路线

3. 技术水平（包括新技术及自动化水平）

[illegible]之成套配合：

1. 培养规划（包括干部、技术工人、力量培训规划）
2. 设计研究规划
3. 生产规划、[illegible]规划
4. 基建规划
5. 企业管理规划
6. [illegible]

规划中近期的可以[illegible]一些，远期的[illegible]一些；[illegible]计划[illegible]。规划进度可以根据实际情况随时有所调整，但方向是不[illegible]稳定的。

1962年春节，李祉川给大化党委的建议书（之一）

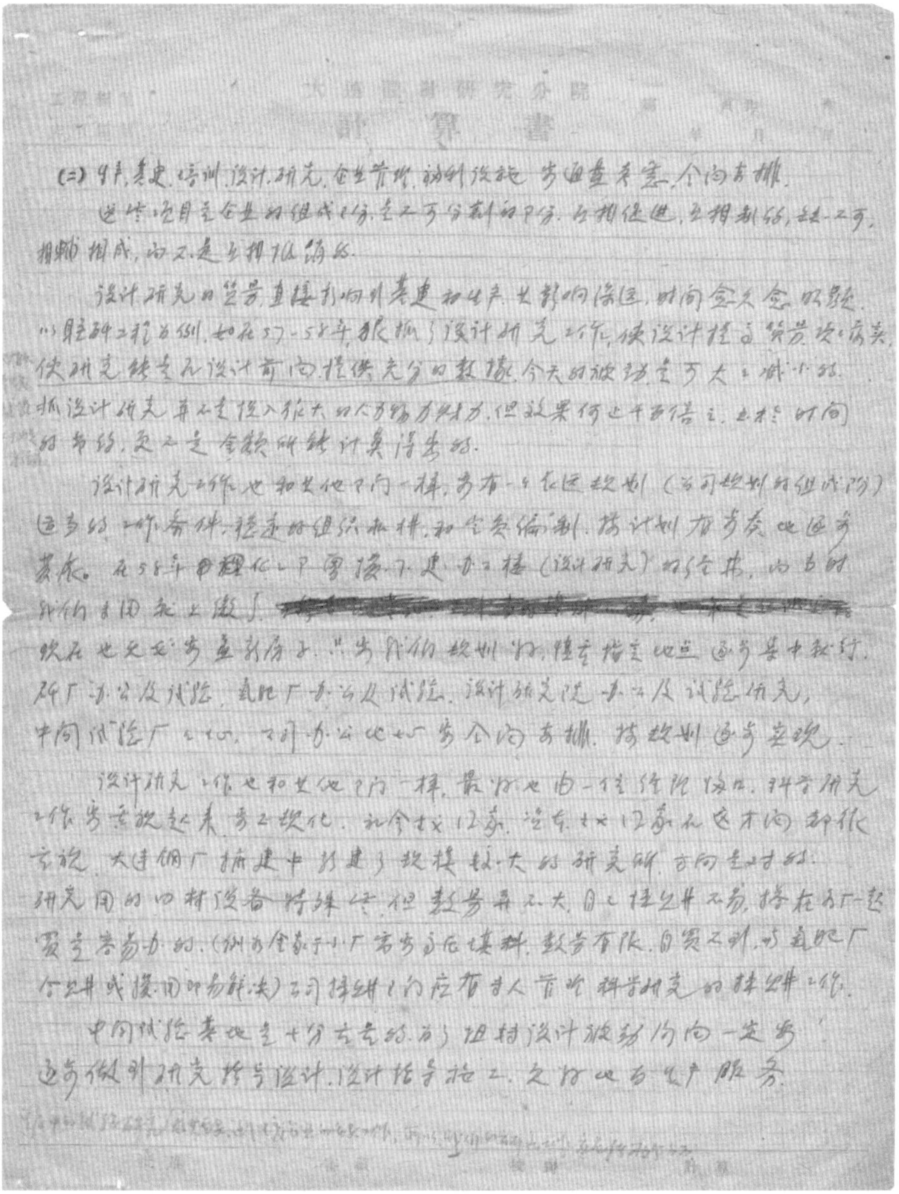

1962年春节，李祉川给大化党委的建议书（之二）

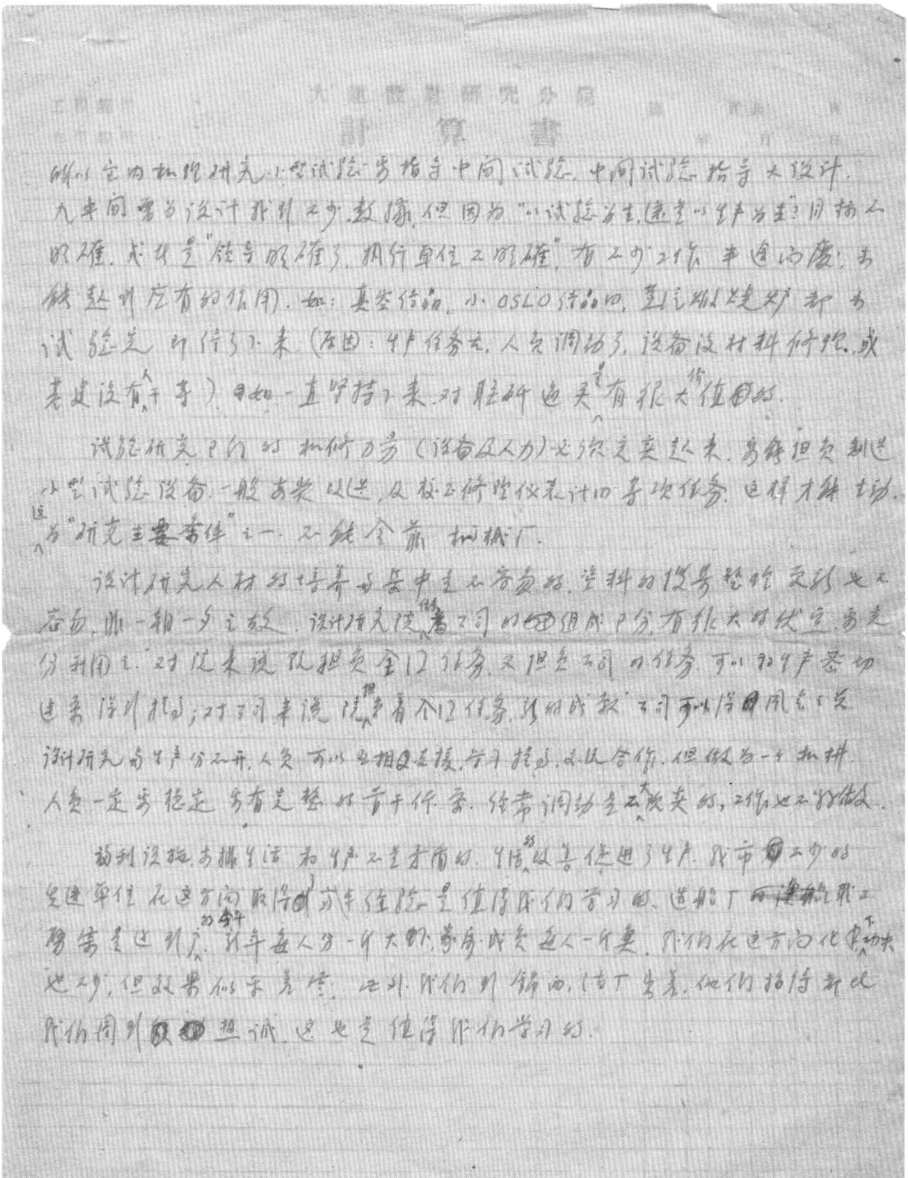
大連化學研究分院
計算書

1962年春节，李祉川给大化党委的建议书（之三）

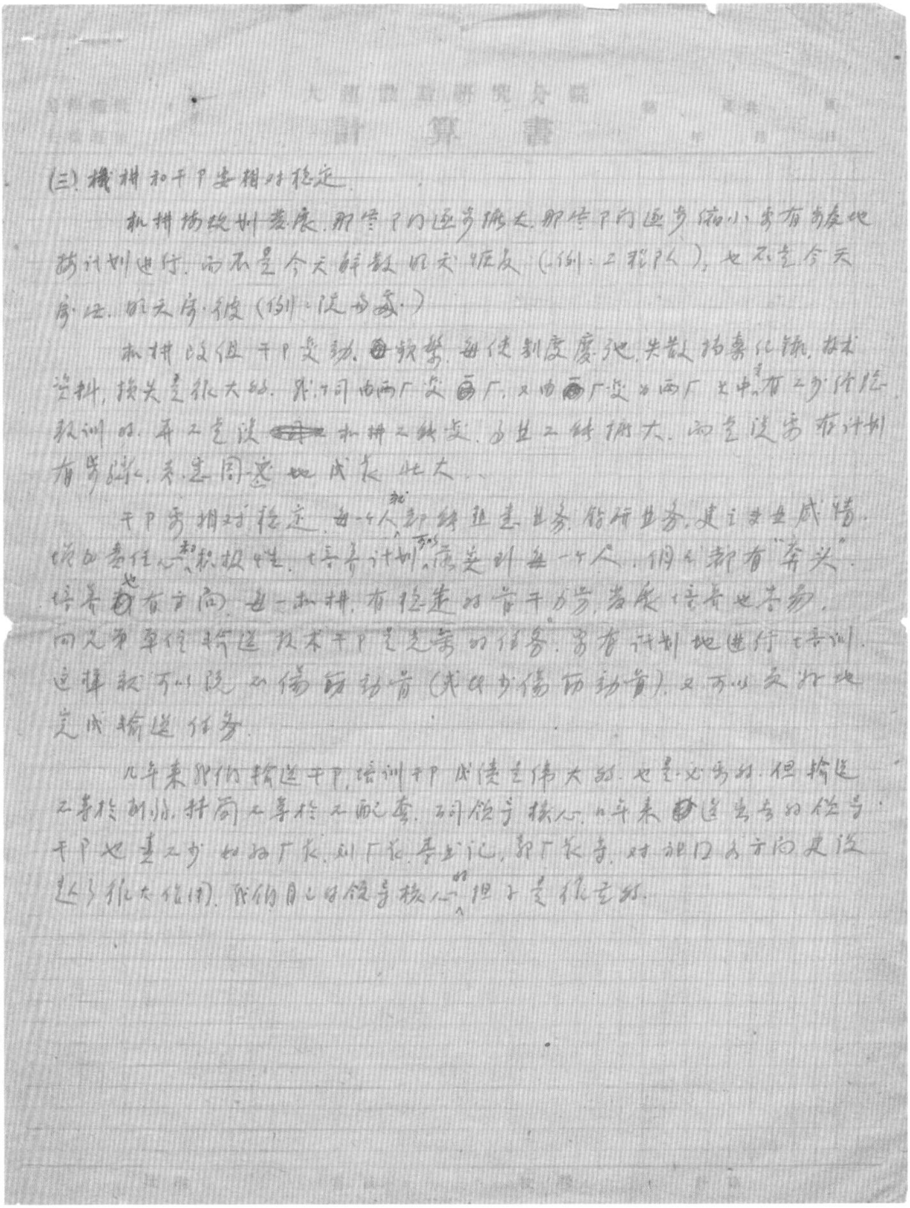
(三) 机构和干部要相对稳定
机构按照计划发展，那些部门应当扩大，那些部门应当缩小，要有步骤地按计划进行，而不是今天解散明天恢复（例：工程队），也不是今天分出明天合并（例：设计处）。
机构改组干部变动频繁，会使制度废弛，失散档案化验、技术资料，损失是很大的。我们同由两厂变一厂，又由一厂变为两厂，其中有不少经验教训的。并不是说机构不能变，不能扩大，而是说要有计划有步骤的，要适合客观的发展壮大。
干部要相对稳定，每一个人都熟悉业务、钻研业务，建立业务感情，培养责任心和积极性。培养计划要落实到每一个人，使人都有“奔头”，培养也有方向。每一机构有稳定的骨干力量，发展培养也容易。而且每个单位输送技术干部是光荣的任务，要有计划地进行培训，这样就可以说不伤筋动骨（或少伤筋动骨），又可以更好地完成输送任务。
几年来我们输送干部、培训干部成绩是伟大的，也是必要的。但输送工作存在缺点，培训工作存在不配套，因而领导核心几年来变动也多，科级干部也变动，如好厂长、副厂长、书记、部厂长等，对部门的方向是起了很大作用。我们自己的领导核心也要相对稳定的。

1962年春节，李祉川给大化党委的建议书（之四）

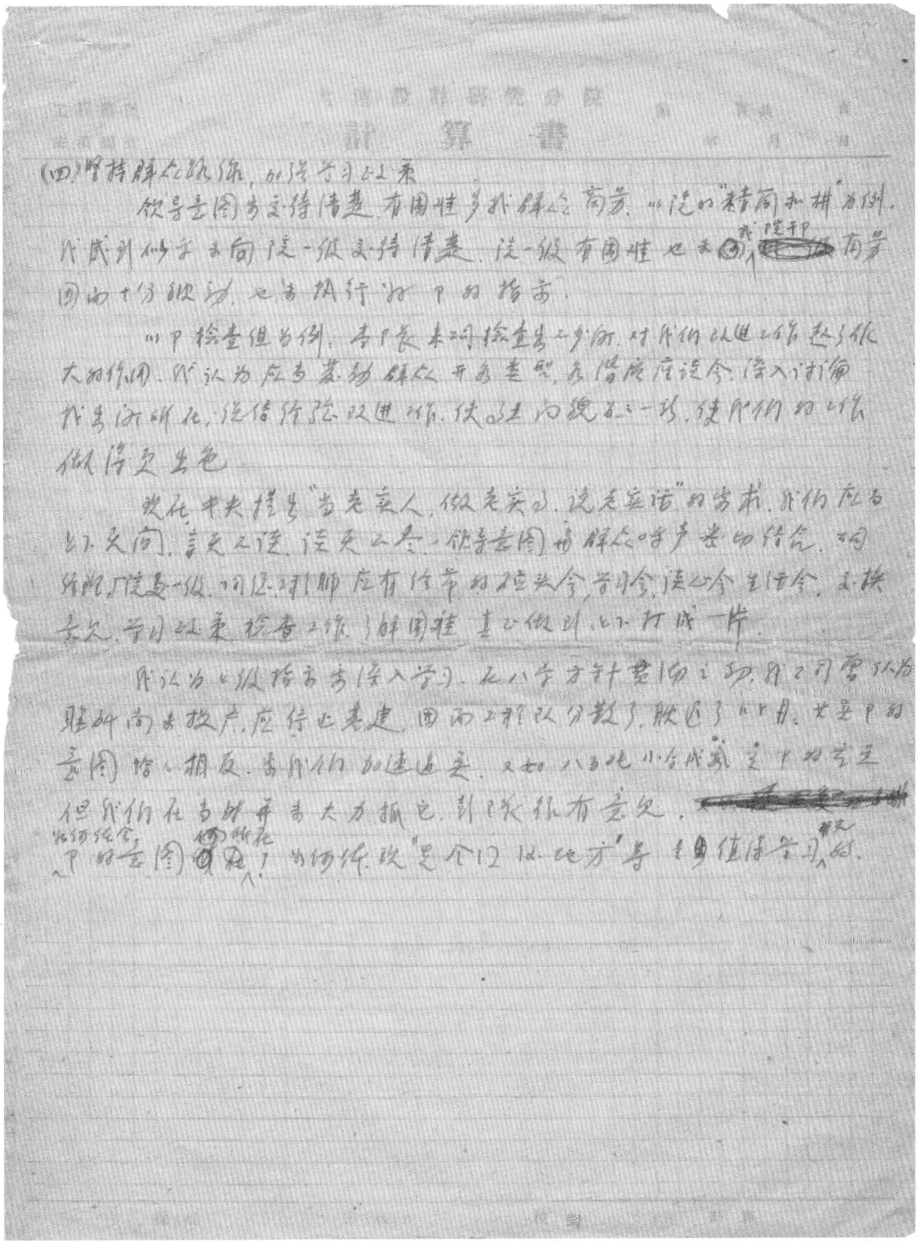

1962年春节，李祉川给大化党委的建议书（之五）

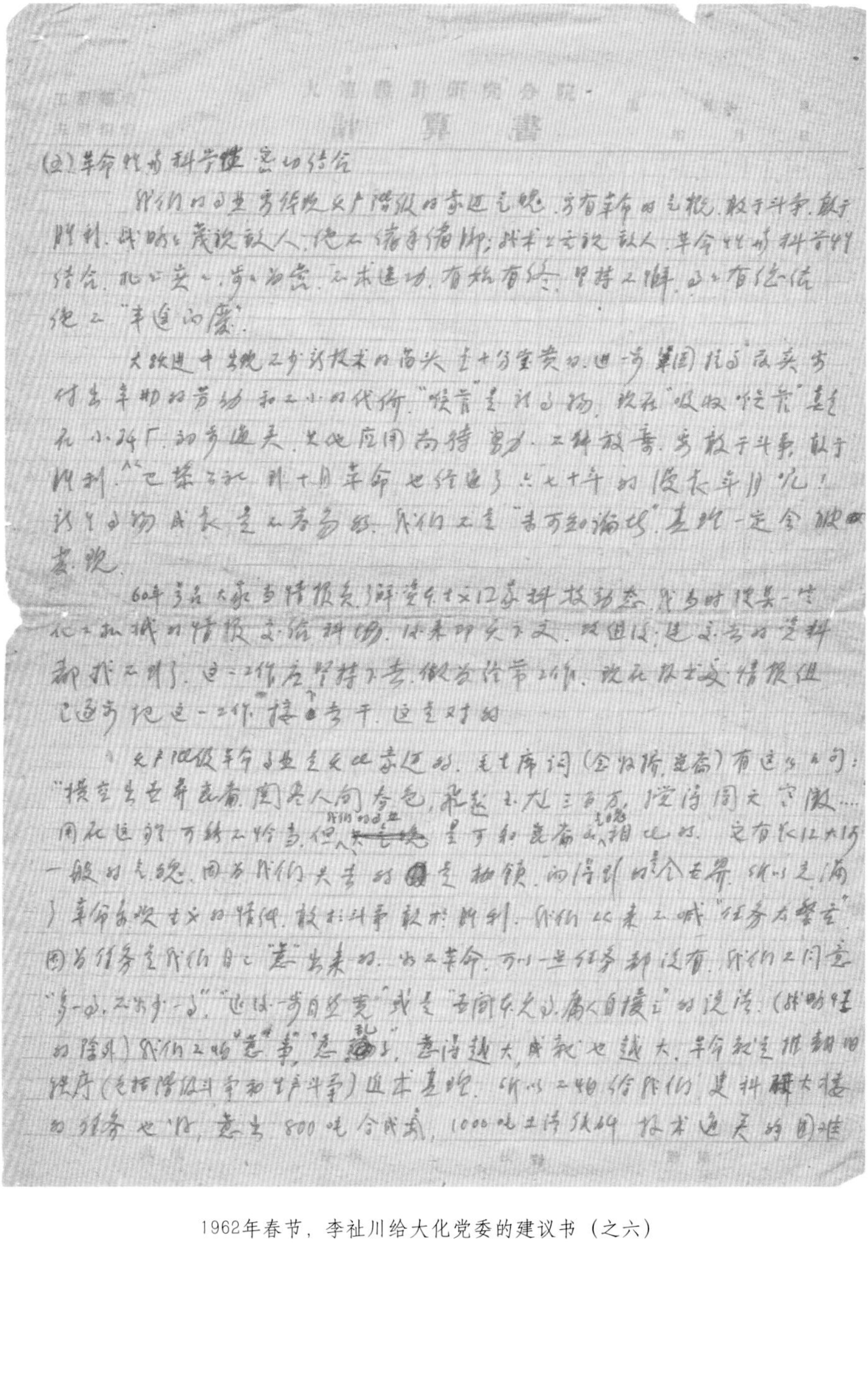

1962年春节，李祉川给大化党委的建议书（之六）

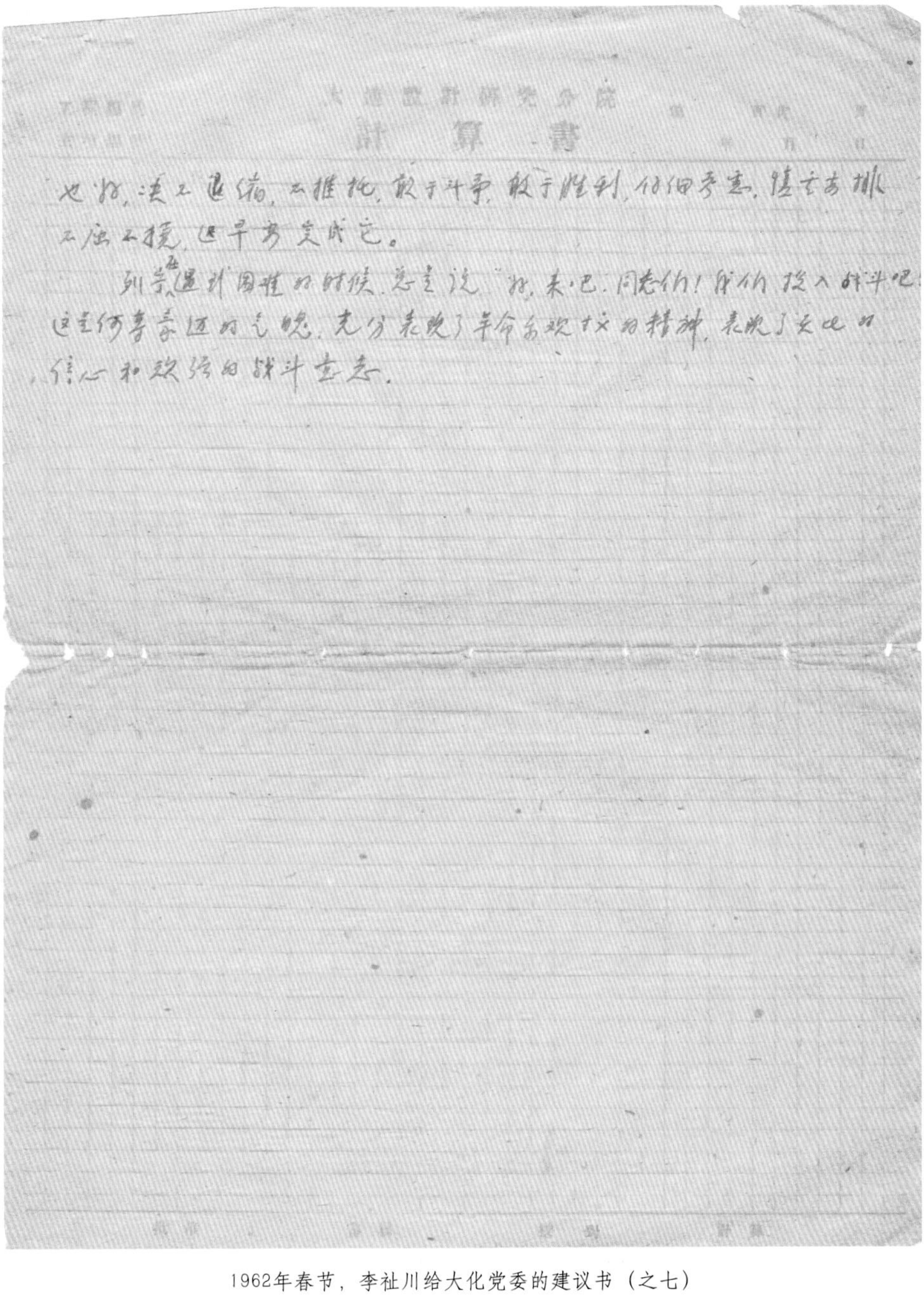

也好，决不退缩，不推托，敢于斗争，敢于胜利，仔细考虑，慎重安排，不慌不忙，迅早为实现它。

列宁在遇到困难的时候，总是说：“好，来吧，同志们！我们投入战斗吧！”这是何等豪迈的气魄，充分表现了革命乐观主义的精神，表现了必胜的信心和欢乐的战斗意志。

1962年春节，李祉川给大化党委的建议书（之七）

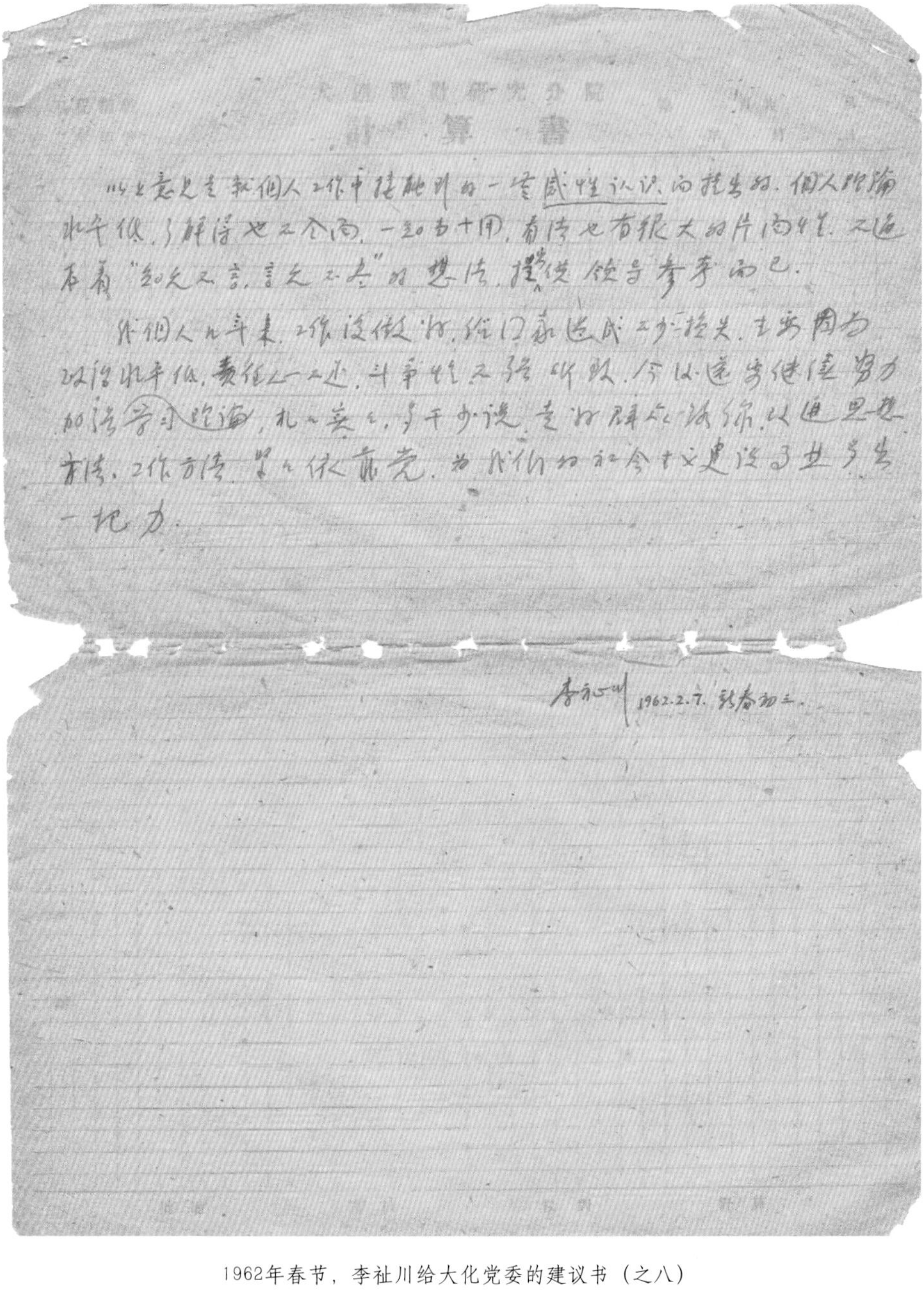

计算书

以上意见是我個人工作中接触到的一些感性认识而提出的。個人理論水平低，了解得也不全面，一知当十用，看法也有很大的片面性。不過本着"知无不言，言无不尽"的想法，提出供领导参考而已。

我個人几年来，工作没做好，給国家造成不少损失。主要因为政治水平低，責任心不强，斗争性不够所致。今以后决心继续努力加强学习理論，扎扎实实，多干少说，虚心钻研技术，以改进思想方法、工作方法，紧紧依靠党，为我们的社会主义建设事业贡献一把力。

李祉川 1962.2.7. 新春初三。

1962年春节，李祉川给大化党委的建议书（之八）